国家文化公园精品文丛

国家文化公园

NATIONAL
CULTURE PARK

40讲

周庆富 ◎ 编著

中国旅游出版社

前　言

　　文化是一个国家、一个民族的灵魂。文化兴国运兴，文化强民族强。2019年7月，中央全面深化改革委员会审议通过的《长城、大运河、长征国家文化公园建设方案》指出，建设长城、大运河、长征国家文化公园，对坚定文化自信，彰显中华优秀传统文化的持久影响力、革命文化的强大感召力具有重要意义。2020年10月，《中共中央关于制定国民经济和社会发展第十四个五年规划和二〇三五年远景目标的建议》明确指出，建设长城、大运河、长征、黄河等国家文化公园。2022年1月，长江国家文化公园建设正式启动，国家文化公园的数量从4个增加到5个。

　　国家文化公园的灵魂是文化。无论是长城、大运河，抑或长征、黄河，乃至长江，都是中华民族独一无二的、承载着深层文化记忆的符号。

　　长城凝聚了中华民族自强不息的奋斗精神和众志成城、坚韧不屈的爱国情怀，已经成为中华民族的代表性符号和中华文明的重要象征。习近平总书记要求，要做好长城文化价值发掘和文物遗产传承保护工作，弘扬民族精神，为实现中华民族伟大复兴的中国梦凝聚起磅礴力量。

　　大运河是祖先留给我们的宝贵遗产，它是一条波澜不惊的命脉之河、文脉之河——它在沉默无私付出中，孕育着沿线土地；在引动交流融合中，汇通着南北人文。大运河是中华民族最具代表性的文化标识之一，具有独特的精神内核与历史文化价值。习近平总书记要求，要把大运河文化遗产保护同生态环境保护提升、沿线名城名镇保护修复、文化旅游融合发展、运河航运转型提升统一起来，为大运河沿线区域经济社会发展、人民生活改善创造有利条件。

伟大长征是中华民族的不朽史诗。中国工农红军转战大半个中国，浴血奋战，视死如归，用坚定的信念和不屈的精神传播着中国共产党人改天换地的革命理想。长征是宣言书，长征是宣传队，长征是播种机。习近平总书记说，长征的胜利，靠的是红军将士压倒一切敌人而不被任何敌人所压倒、征服一切困难而不被任何困难所征服的英雄气概和革命精神。

黄河文化是中华民族的根和魂。九曲黄河，奔腾向前，以百折不挠的磅礴气势塑造了中华民族自强不息的民族品格，是中华民族坚定文化自信的重要根基。黄河流域有3000多年是全国政治、经济、文化中心，孕育了河湟文化、河洛文化、关中文化、齐鲁文化等。习近平总书记指出，要深入挖掘黄河文化蕴含的时代价值，讲好"黄河故事"，延续历史文脉，坚定文化自信，为实现中华民族伟大复兴的中国梦凝聚精神力量。

长江是中华民族发展的重要支撑，同黄河一起，哺育着中华民族，孕育了中华文明。通观中华文明发展史，从巴山蜀水到江南水乡，长江流域人杰地灵，陶冶历代思想精英，涌现无数风流人物。千百年来，长江流域以水为纽带，连接上下游、左右岸、干支流，形成经济社会大系统，今天仍然是连接丝绸之路经济带和21世纪海上丝绸之路的重要纽带。习近平总书记指出，长江造就了从巴山蜀水到江南水乡的千年文脉，是中华民族的代表性符号和中华文明的标志性象征，是涵养社会主义核心价值观的重要源泉，要把长江文化保护好、传承好、弘扬好，延续历史文脉，坚定文化自信。

文化的凝聚力源于对传统的保护，文化的生命力在于传承与发展。新时代，人民群众对文化和旅游的高质量发展有了新的要求。展示最有辨识度、生命力和传播力的文化景观，有利于体现文物保护、资源利用和文化传承的统一。随着长城、大运河、长征、黄河和长江五大国家文化公园建设的逐步开始，流淌在中国人血液中、凝结在共同记忆里的社会主义先进文化、革命文化和中华优秀传统文化，将以国家文化公园为载体展现出永恒的魅力。

编　者

2021 年 11 月

目　录

第一篇　长城文化——中华民族的精神象征

第1讲　长城文化是天下一统、众志成城的文化 …………………… 02

第2讲　长城文化是大漠孤烟、凿空中西的文化 …………………… 06

第3讲　长城文化是金戈铁马、封狼居胥的文化 …………………… 10

第4讲　长城文化是坚韧不屈、血荐轩辕的文化 …………………… 17

第5讲　长城文化是雄关漫道、交流交融的文化 …………………… 25

第6讲　长城文化是道阻且长、行则将至的文化 …………………… 28

第二篇　大运河——一条流淌着的文脉之河

第7讲　大运河文化是道法自然、天人合一的和合文化 …………… 36

第8讲　大运河文化是聚沙成塔、功不唐捐的琢玉文化 …………… 39

第9讲　大运河文化是各美其美、相互融通的多元文化 …………… 42

第10讲　大运河文化是残月扁舟、舍我其谁的抗争文化 ………… 46

第11讲　大运河文化是小桥流水、古道西风的乡土文化 ………… 49

第12讲　大运河文化是千金报德、撄而后宁的上善文化 ………… 51

第13讲　大运河文化是背水牵滩、逆水行舟的铸魂文化 ………… 54

第14讲　大运河文化是吐故纳新、生生不息的传承文化 ………… 56

第三篇　长征文化——中国革命文化的壮丽诗篇

第15讲　长征文化是一种鱼水情深的军民文化 …………………… 60

第16讲　长征文化是一种解民倒悬的唤醒文化 …………………… 68

第17讲　长征文化是一种顶踵捐糜的热雪文化 …………………… 77

第18讲　长征文化是一种砥柱中流的自觉文化 …………………… 83

第19讲　长征文化是一种斩关夺隘的铸魂文化 …………………… 90

第20讲　长征文化是一种信念如磐的跟上文化 ………………… 104

第21讲　长征文化是一种乐观向上的纯真文化 ………………… 111

第22讲　长征文化是一种肝胆相照的民族文化 ………………… 122

第23讲　长征文化是一种破茧化蝶的浴火文化 ………………… 129

第四篇　黄河文化——中华民族的根和魂

第24讲　黄河文化的民本精神 …………………………………… 134

第25讲　黄河文化的创造精神 …………………………………… 143

第26讲　黄河文化的抗争精神 …………………………………… 155

第27讲　黄河文化的融合精神 …………………………………… 164

第28讲　黄河文化的奉献精神 …………………………………… 173

第29讲　黄河文化的凝聚精神 …………………………………… 180

第30讲　黄河文化的守望精神 …………………………………… 186

第31讲　黄河文化的善治精神 …………………………………… 194

第五篇　长江文化论纲

第32讲　长江文化之"桥"文化 ………………………………… 202

第33讲　长江文化之"楼"文化 ………………………………… 207

第34讲　长江文化之"戏"文化 ………………………………… 211

第35讲　长江文化之"搏"文化 ………………………………… 215

第36讲　长江文化之"祭"文化 ………………………………… 220

第37讲　长江文化之"御"文化 ………………………………… 227

第38讲　长江文化之"通"文化 ………………………………… 230

第39讲　长江文化之"红"文化 ………………………………… 234

第40讲　长江文化之"求"文化 ………………………………… 239

第一篇
长城文化——中华民族的精神象征

　　说到长城，我们首先想到的是毛泽东《清平乐·六盘山》中的名句"不到长城非好汉"。这是毛泽东翻越六盘山、登上彭阳境内战国秦长城时构思的。六盘山是中央红军长征中翻越的最后一座高山。登上六盘山主峰之一的牛盘山顶，毛泽东坐在一块石头上，对张闻天等同志说："这里可观三省，快到陕北了。"之后，他诗兴勃发，吟出了："天高云淡，望断南飞雁，不到长城非好汉，屈指行程二万。六盘山上高峰，红旗漫卷西风。今日长缨在手，何时缚住苍龙？"

　　长城是中华民族的伟大象征，历经千年风雨依然屹立。中华民族也将一如既往大步向前，迈入新时代。习近平总书记 2019 年 9 月 20 日在嘉峪关考察时强调，当今世界，人们提起中国，就会想起万里长城；提起中华文明，也会想起万里长城。长城、长江、黄河等都是中华民族的重要象征，是中华民族精神的重要标志。我们一定要重视历史文化保护传承，保护好中华民族精神生生不息的根脉。从弘扬传承中华优秀传统文化的角度，长城文化共有六个方面的精神内核。

第1讲

长城文化是天下一统、众志成城的文化

　　1986年大型电视纪录片《话说运河》有这样一段描述：长城与运河所组成的图形是非常有意思的，它正好是中国汉字里一个最重要的字眼"人"，人类的人，中国人的人。你看，这长城是阳刚、雄健的一撇，这运河不正是阴柔、深沉的一捺吗？长城和运河是中国人为人类创造的两大人工奇迹。它们是人类历史上由中国人设计并施工的两项最大的建筑工程。

　　在中国，一道绵延21196.18公里的高墙，从大海到沙漠，它翻过高山跨过平原，由于它的体量太过庞大，总长度超过万里，被人们称为万里长城，西方索性称它为"伟大的墙"。公元前221年，秦始皇统一六国，秦王命蒙恬大将军率兵30万，在原来燕、赵、秦等战国长城的基础上，增建与修补了一条完整的长城，十多年后，一条西起今甘肃岷县（临洮），东至今朝鲜半岛（辽东）的秦长城，横亘在了帝国北部的边境。

　　蒙恬出身名将世家，自幼胸怀大志。率军攻破齐国，拜为内史，深得秦始皇宠信。秦统一六国后，率领30万大军北击匈奴，收复河南之地，威震匈奴，被誉为"中华第一勇士"。中国西北最早的开发者，是古代开发宁夏第一人。监修万里长城和九州直道，克服了国内交通闭塞的困境，大大促进了北方各族人民经济、文化的交流和融合。曾经改良毛笔，被誉为"笔祖"。秦始皇去世后，中车令赵高、丞相李斯、公子胡亥暗中谋划政变，导致蒙恬吞药自杀。

　　据说，蒙恬带兵在外作战，要定期写战报。当时，人们用竹签写字，很不方便，蘸了墨没写几下又要蘸。一天，蒙恬打猎时看见一只兔子的尾巴在地上拖出了血迹，心中不由来了灵感。他立刻剪下一些兔尾毛，插在竹管上，试着用它来写字。可是兔毛油光光的，不吸墨。蒙恬随手把那支"兔毛笔"扔进了门前的石坑里。有一天，他无意中看见那支被自己扔掉的毛笔，发现湿漉漉的兔毛变得更白了。他将兔毛笔往墨盘里一蘸，兔尾竟变得非常"听话"，写起字来非常流畅。原来，石坑里的水含有石灰质，经碱性水的浸泡，兔毛的油脂去掉了，变得柔顺起来，传说这就是毛笔的来历。事实上中国毛笔发明的时间比之要早得多，也可能是蒙恬改良了毛笔的制作工艺吧。

万里长城确保了边防的巩固和国家的安全，给中原的农业生产提供了一个稳定的环境，就如贾谊《过秦论》中所说："乃使蒙恬北筑长城而守藩篱，却匈奴七百余里；胡人不敢南下而牧马，士不敢弯弓而报怨。"

长城修筑的历史可上溯到西周，发生在首都镐京（今陕西西安）的著名典故"烽火戏诸侯"就源于此。春秋战国时期列国争霸，互相防守，长城修筑进入第一个高潮，但此时修筑的长度都比较短。秦灭六国统一天下后，秦始皇连接和修缮战国长城，始有万里长城之称。明朝是最后一个大修长城的朝代，今天人们所看到的长城多是此时修筑的。

烽火戏诸侯，指西周末年的历史事件。周幽王为博褒姒一笑，点燃了烽火台，戏弄了诸侯。褒姒看了果然哈哈大笑。幽王很高兴，因而又多次点燃烽火，导致诸侯都不相信烽火，也就渐渐不来了。后来犬戎攻破镐京，杀死幽王。幽王的儿子周平王东迁，开始了东周时期。

到了汉代，汉武帝将目光投向了西域，骠骑大将军霍去病降服河西匈奴后，相继在河西设置两关四郡，为防止匈奴南下侵扰，汉武帝在河西大规模修长城。此后的各个中原王朝，都把修长城作为国家的重要防御措施，甚至一些入主中原的少数民族政权，将原来汉人用来防他们的长城加以修筑。

明长城是一场空前的超级大营建。1368年，统治了中国近百年的元朝，被明王朝击退至长城以北，为防止蒙古人卷土重来，明朝借鉴前朝的长城建造技艺，先后三次大规模修长城，其中最后一次的修建规模最为浩大，由谭纶和戚继光组成的长城修建队伍相继提升了长城的整体防御能力，戚继光时期所建的空心敌台，更是成为明长城的经典之笔。

在明朝统治的270多年中，修长城几乎没有停止过，有记载的大规模修建达到20多次，加上沿途天险，明长城总长度超8800公里。至此一个集合了边墙、烽燧、敌台、关隘、城堡的大型综合性防御系统将帝国边境的防御连成一个整体。由于年代久远，早期各个朝代的长城大多数都残缺不全，保存得比较完整的是明代修建的长城，所以人们一般说的长城指的是明长城，所称长城的长度，一般指的是明长城的长度。

国家文物局和国家测绘局 2009 年 4 月 18 日联合公布，明长城东起辽宁虎山，西至甘肃嘉峪关，从东向西行经辽宁、河北、天津、北京、山西、内蒙古、陕西、宁夏、甘肃、青海 10 个省（自治区、直辖市）的 156 个县域，总长度为 8851.8 公里。

长城的修建一方面保护了农民的耕地，另一方面则促进了草原部落的结盟与壮大，而草原部落的结盟对欧亚大陆政治格局产生了极为深远的影响。历史学家斯塔夫里阿诺斯在《全球通史》中说："攻不破中国长城，以及蒙古族富有侵略性的部落联盟的形成，往往使牧民不断向西入侵、挺进，在经过一系列的冲击波式的向西入侵之后，最终形成了渡过奥克苏斯河、多瑙河和莱茵河的大规模蛮族入侵。"

长城在中华民族多元一体格局的形成和发展上也起了重要作用。长城的修建和戍守、长城区域的争战，促使了中国古代汉族和十几个少数民族的融合。汉宣帝甘露三年（公元前 51 年），南匈奴归汉，实现了中原农业区的华夏汉族与北方畜牧民族的会合，这便是中华民族的形成之始。唐代，唐太宗大破突厥军后，使数十万降众居住在边境长城沿线一带，设置六个都督府，任命突厥人为都督。突厥人接受了汉族先进的经济和文化，进一步加速了民族融合的步伐。金元时期，雁门关外由起初的"不植桑榆不种麻"，发展到后来的"生民何处不桑麻"。明代在长城沿线开放"马市"，表现了汉蒙互相依存、渐趋融合的密切关系。清政府采取怀柔政策，进一步促进了长城一带的民族大融合。

长城是战时的防卫墙，是家门、是关口，长城的每块砖都浸透着鲜血和汗水，每个缝隙都是用不屈的精神黏合的。长城更是和平的门，华夏民族为了和平奉献了太多的智慧，也付出了太多的血汗，长城是文明的体现，是和平的标杆。可以说，没有长城，就没有华夏！

威廉·埃德加·盖洛是美国一位著作等身的多产作家。1907 年 2 月 14 日，驻俄罗斯圣彼得堡的一位英国外交官写了一封信给盖洛，信里夹了两幅古北口长城的照片。这两幅照片激起了盖洛对长城的兴趣。1908 年 4 月，盖洛告别家乡多埃斯顿，乘火车横穿美国，从费城到旧金山。4 月 27 日，盖洛在旧金山登上"香港号"客轮，开始了横穿太平洋之旅。5 月 31 日，从山海关出发，徒步开始长城之旅……

　　他是这样评价秦始皇修长城的："在我们看来，长城是被设计来维护和平的。在这一点上，它仍然是古代和现代最突出的一个例子，哪个是和平最有力的推动者，是海牙法庭还是秦始皇的长城……不管如何，堆筑石头总比抛掷石头好，保护生灵的城墙比掩埋死尸的壕沟要强。"他终于到达长城的最西段，这段城墙的外层曾经用砖石包着的长城，位于宽阔而峻峭的山谷当中，现在只剩下它的黄土芯了。盖洛问一个当地农民为什么不维修长城，他答道："我们连自己的城镇都修不起，何况长城？"这个农民还声称，建造巨大的长城是为了防止北方的夷狄带着他们的骡子和驴子进来吃掉豌豆。

　　对长城的未来，他提出了一个十分浪漫的建议："把它变成一个巨大的种满向日葵的空中花园。这个人造的鲜花堡垒要超过巴比伦崇高的花床。这伟业也许可以被中国人实现，他们的祖先曾经使西部的成都沙土平原上鲜花绽放。让我们期盼有一天登上气球，俯视长达 1200 英里的花床吧。"

　　1909 年，他的著作《中国长城》问世，是第一部外国人所写的关于长城的著作。这本书使得在更多外国人心目中，长城代替了长袍马褂或者小脚，成为中国的标志。

　　据统计，自 1954 年起，已经有 500 多位国家元首、政府首脑以及 8000 多位部长级以上贵宾登临过八达岭。他们留下了上千幅珍贵的照片和 200 多件宝贵的题词手迹，更留下了一句句真诚的话语和一个个难忘的趣闻故事。

　　1954 年 10 月，周恩来总理陪同印度总理尼赫鲁游览八达岭长城。这是万里长城接待的第一位外国领导人。从那一刻起，这座雄浑苍劲的古老雄关开始了它新的历史使命。

　　1972 年 2 月，美国总统尼克松访华，他游览八达岭长城后认为，只有一个伟大的民族，才能建造出这样一座伟大的长城，这是地球的标志，也应该是人类和平的标志。

第2讲

长城文化是大漠孤烟、凿空中西的文化

长城是中华民族的伟大象征，历经千年风雨依然屹立，中华民族也将一如既往大步向前，迈入新时代。

公元前 139 年，张骞奉汉武帝之命，从大汉帝都长安出发，由匈奴人堂邑父担任向导，率领 100 多人出使西域，打通了汉朝通往西域的南北道路，即赫赫有名的"丝绸之路"，之后，由于张骞随卫青出征立功，"知水草处，军得以不乏"，被武帝封为"博望侯"。

司马迁称赞张骞出使西域为"凿空"，意思是"开通大道"。张骞先后两次出使西域，打开了中国与中亚、西亚、南亚以至通往欧洲的陆路交通，从此中国人通过这条通道向西域和中亚等国出售丝绸、茶叶、漆器和其他产品，同时从欧洲、西亚和中亚引进宝石、玻璃器等产品。张骞被誉为"丝绸之路的开拓者""第一个睁开眼睛看世界的中国人"。张骞于长安出发，经匈奴，被俘被困十年，后逃脱。西行至大宛，经康居，抵达大月氏，再至大夏，停留了一年多才返回。在归途中，张骞改从南道，依傍南山，但仍为匈奴所俘，又被拘留一年多。公元前 126 年，匈奴内乱，张骞乘机逃回汉朝，向汉武帝详细报告了西域情况，武帝授以太中大夫。因张骞在西域有威信，后来汉所遣使者多称博望侯以取信于诸国。张骞出使西域本为贯彻汉武帝联合大月氏抗击匈奴之战略意图，但出使西域后汉夷文化交往频繁，中原文明通过"丝绸之路"迅速向四周传播。因而，张骞出使西域这一历史事件便具有特殊的历史意义。张骞对开辟从中国通往西域的丝绸之路有卓越贡献，至今举世称道。

从公元前 139 年出发，至公元前 126 年归汉，共历 13 年。张骞出使时带 100 多人，历经 13 年后，只剩下他和堂邑父，还有他的匈奴妻子三个人回来。这次出使，虽然没有达到原来的目的，但对于西域的地理、物产、风俗习惯有了比较详细的了解，为汉朝开辟通往中亚的交通要道提供了宝贵的资料。张骞回来以后，向武帝报告了西域的情况。这就是《汉书·西域传》资料的最初来源。

汉通西域，虽然起初是出于军事目的，但西域开通以后，它的影响，远远超出了军事范围。从西汉的敦煌，出玉门关，进入新疆，再从新疆连接中亚、西亚的一条横贯东西的通道，再次畅通无阻。这条通道，就是后世闻名的"丝绸之路"。"丝绸之路"把西汉同中亚许多国家联系起来，促进了它们之间的政治、经济、军事、文化的交流。由于中国历代封建中央政府都称边疆少数民族为"夷"，所以张骞出使西域促进了汉夷之间的第一次文化交融。西域的核桃、葡萄、石榴、蚕豆、苜蓿等十几种植物，逐渐在中原栽培。龟兹的乐曲和胡琴等乐器，丰富了汉族人民的文化生活。汉军在鄯善、车师等地屯田时使用地下相通的穿井术，习称"坎儿井"，在当地逐渐推广。此外，大宛的汗血马在汉代非常著名，名曰"天马"，"使者相望于道以求之"。那时大宛以西到安息国都不产丝，也不懂得铸铁器，后来汉的使臣和散兵把这些技术传了过去。中国蚕丝和冶铁术的西进，对促进人类文明的发展贡献很大。

张骞从长安出发的时候，整个世界东方与西方还相互隔绝，就在张骞到达中亚各国 1100 多年后，意大利旅行家马可·波罗的双脚，才踏上中国的土地；而西班牙探险家哥伦布开往东方的船队，在张骞出使西域 1300 多年之后，才从西班牙的巴罗斯港扬帆启程。汉武帝开通通往西域各国的道路，最初的想法只是为了征讨匈奴，开拓大汉疆域。但战争结束了，被张骞带到西方的中国丝绸，却源源不断地走向世界，西方的珍宝黄金，也沿着这条闪烁着丝绸光芒的道路，涌进西汉首都长安。丝绸之路，一条由开拓者张骞走在最前面的万里通途，把古老中国和遥远的西方世界连在了一起。

《敦煌壁画》邮票"出使西域"送别的场景，选自敦煌莫高窟 323 窟北壁右半部壁画，此画分为三个部分，即"汉武帝甘泉宫拜祭金人""汉武帝送别张骞""张骞到大夏国"。

敦煌莫高窟 323 窟北壁右半部壁画中，右上角的第一幅画面，一座挂着

"甘泉宫"匾额的宫殿内，立着两尊佛像，一位帝王正带着群臣礼拜。帝王下方的榜题上写着："汉武帝将其部众讨匈奴，并获得二金长丈余，列之于甘泉宫。帝为大神，常行拜谒时。"下方的第二幅画面是故事的主体，画面上的汉武帝骑马和身后一批着僧装的随从，以佛教双手合十的礼节相送，而马前是跪持竹笏向汉武帝辞行的张骞。他们之间的榜题写："前汉中宗既获金人莫知名号，乃使博望侯张骞往西域大夏国问名号时。"左上角的第三幅画面，一位使者带着两位持旄节的侍从经行山间，向一座城池进发。城内中心为一座佛塔，城门口站着两名僧人，这个画面表现了张骞最后到了大夏国，见到了佛塔，知道了金人实际上是佛像。

敦煌莫高窟 323 窟北壁右半部壁画邮票出过两次。第一次是 1992 年 9 月 15 日发行的《敦煌壁画》邮票第四组第 4 枚画面上"唐·出使西域"图的局部。第二次是 2012 年 8 月 1 日发行的《丝绸之路》邮票上的小型画面上，不同的是这次发的《唐·出使西域》全图。

东汉时期，汉光武帝命班超出使西域，给西域带去了先进的生产技术，并从西域带回了当地的土特产。不仅使东西得以交流，而且促进了民族的团结。班超为人有大志，不修细节，但内心孝敬恭谨、审察事理。他口齿伶俐、博览群书，不甘于为官府抄写文书，投笔从戎，随窦固出击北匈奴，又奉命出使西域，在 31 年的时间里，收复了西域 50 多个国家，为西域回归做出了巨大贡献。官至西域都护，封定远侯，世称"班定远"。

昭君出塞是中国历史上的一个故事。王昭君，名嫱，原为汉宫宫女。公元前 54 年，南匈奴呼韩邪单于被他哥哥北匈奴郅支单于打败，向汉朝称臣归附，曾三次进长安朝觐天子，并向汉元帝自请为婿。元帝遂选宫女赐予他。昭君到匈奴后，被封为"宁胡阏氏"（阏氏，音焉支，意思是王后），象征她将给匈奴带来和平、安宁和兴旺。后来呼韩邪单于在西汉的支持下控制了匈奴全境。

公元前 54 年，王昭君出生于南郡秭归（今湖北省兴山县），王昭君天生丽质，聪慧异常，琴棋书画，无所不精，"峨眉绝世不可寻，能使花羞在上林"。昭君的绝世才貌，顺着香溪水传遍南郡，传至京城。

根据民间传说和记载，王昭君被选入宫以后，由于不肯贿赂宫廷画师毛延寿，毛延寿故意将昭君画丑，因此没有被选入汉元帝的后宫之中。

公元前 33 年，元帝以宫人王嫱赐呼韩邪单于为阏氏；昭君入匈奴，生二子；呼韩邪死，从成帝敕令，复为后单于阏氏。元帝时，汉强匈奴弱，昭君出塞，是元帝实行民族和睦政策的具体表现。杜甫《咏怀古迹》："群山万壑赴荆门，生长明妃尚有村。一去紫台连朔漠，独留青冢向黄昏。画图省识春风面，环佩空归夜月魂。千载琵琶作胡语，分明怨恨曲中论。"

609 年，隋炀帝率领着千军万马后宫嫔妃等浩浩荡荡地出了洛阳城直奔河西走廊，沿渭水西行，过扶风，越陇山，到天水郡……一路西行，6 个月后到达甘肃山丹县附近的焉支山下，举办了著名的万国博览会。这次博览会共有高昌、伊吾、鄯善等 27 个国家和地区的使者来参加，在这个集会中各国使节争相进献礼物，隋朝的国威因为这次博览会而名扬西域。司马光《资治通鉴》云："隋氏之盛，极于此也。"

第3讲

长城文化是金戈铁马、封狼居胥的文化

　　有"天下第一雄关"之称的嘉峪关位于明长城的最西端，是明初为抵御日益强大的吐蕃而修筑的，是古代丝绸之路的重要关口，也是古代出关的必经之路。嘉峪关修筑的奇特之处更在于在缺水的荒漠地区能做到用水充足。相传，在明代弘治年间，由兵备道李端澄负责修建嘉峪关。当时的嘉峪关是天苍苍、野茫茫，前看戈壁滩、后看鬼门关的地方。要在这样一个不毛之地建一座关城，再加上建筑材料的奇缺，难度是非常大的。负责建关的李端澄，招募了全国数百名能工巧匠让大家献计献策。有一位聪明的建筑师易开占，提出要想节省材料必须先绘出整个关城的图样，根据图样制作出小模型，然后再按比例放大，就会精确计算出全部用料。易开占经过运算，算出关城全部用砖共九十九万九千九百九十九块。负责修建关城的官员，如数给易开占运来了这么多砖，当即说道："好，你说多少就是多少，我一块不少的给你，若是到时候多一块少一块我定当饶不了你，我必定禀报上级砍了你的头，你的这群工匠就等着被罚去边疆做苦役。"到了竣工那天，工匠都欣喜万分，经过长时间的努力，这座雄伟的建筑终于完工了。可此时，一名工匠却捧着一块剩余的砖交到易开占手中，这可吓得众人满头大汗。这时监事工头也闻讯赶来，要将易开占拉下去砍头。只见易开占从容地拿着砖头走向城头阁楼处，大声地说道："此乃定城砖，若无此砖，此关不保！"而那工头也只好灰溜溜地离开。

　　嘉峪关关城在嘉峪关市区西南6公里处，位于嘉峪关最狭窄的山谷中部、地势最高的嘉峪山上，城关两翼的城墙横穿沙漠戈壁，向北8公里连黑山悬壁长城，向南7公里接天下第一墩，是明代万里长城西端主宰，自古为河西第一隘口。嘉峪关由内城、外城、城壕三道防线成重叠并守之势，与长城连为一体，与远隔万里的"天下第一关"山海关遥相呼应，形成五里一燧、十里一墩、三十里一堡、一百里一城的军事防御体系。1961 年 3 月，被国务院列为全国第一批重点文物保护单位。因地势险要、建筑雄伟而有"天下雄关""连陲锁阴"之称。陈运和诗云：

> 从山海关跋涉过来的著名史诗
> 向西，向西，直到这儿步履中止
> 万里长城的句号述说着过去
> 那高踞海拔1700多米的伟大功绩
> 并城北倚的马鬃山抖动古老记忆
> 都市南依的祁连山雪映亮崭新世纪
> 远行的驼铃敲响戈壁景观 历代的蹄迹回报边疆警惕

2021 年年初推出的电视剧《山海情》讲述了 20 世纪 90 年代以来，西海固的人民和干部响应国家扶贫政策的号召，完成易地搬迁，在福建的对口帮扶下，通过辛勤劳动和不懈探索，将风沙走石的"干沙滩"建设成寸土寸金的"金沙滩"的故事 。有人评论道：不夸张地说，《山海情》可能是我们看过的最"苦"的电视剧。故事发生的地方——宁夏西海固，这里在 1972 年就被联合国粮食署评为地球上最不适合人类居住的地区之一，西海固以"苦瘠甲天下"声名远扬。

大地把最艰涩难读的一个章节留给了黄土坡上的人民，生在漫天飞沙，眠于一捧尘土。一望无际的黄土地中，西海固的人民就像飞扬的一粒粒黄土，掰开来，半颗在喊饿、半颗在喊渴。西海固被形容为"天上无飞雀，地上不长草，风吹沙石跑"的不毛之地。

西海固，就是 1953 年成立的西海固回族自治区，下辖西吉 、海原 、固原三县—— 取三县名称首字，即为"西海固"，在当时，还属于甘肃省管辖，此后行政区划几经变迁，"西海固"变成了宁夏南部山区的代称。范围包括固原地区的西吉县、海原县、固原县、泾源县、隆德县、彭阳县六县，以及同心县部分（东部和南部），不是一个标准的行政区划，没有严格的定义。这里地处黄土高原丘陵沟壑地带，山高坡陡，雨水稀少，十年九旱。直到 20 世纪 70 年代，仍有 70% 的群众吃不饱、穿不暖，人畜喝的是苦咸水。

水花——聪明、坚韧、外柔内刚，接受现实但不逆来顺受，眼睛里永远闪着希望的光。她就像戈壁上的一株小草，在艰苦的环境里坚强地生长。虽然日子很苦，但只要有一点希望就会努力向着阳光。水花——人如其名，她像穿石的水滴，至刚至柔，也像苦难里开出的花，越是风吹日晒，越是不折不挠。这不就是中国人勤劳智慧的写照嘛！

张承志在其《大陆与情感》一书的《离别西海固》章节中这样说："西海固，若不是因为我，有谁知道你千山万壑的旱渴荒凉，有谁知道你刚烈苦难的内里？西海固，若不是因为你，我怎么可能完成蜕变，我怎么可能冲决寄生的学术和虚伪的文章；若不是因为你这约束之地，我怎么可能终于找到了这一滴水般渺小而纯真的意义？"

我们将视野移至萧关。李敬泽的长篇散文《寻常萧关道》开篇即如此叙述固原："如果我是几百年前的将军，我会久久地凝视固原，血与剑与风的固原，马群汹涌的固原，烽燧相望、坚城高垒的固原。在广大的帝国版图上，固原是一个微小的点，但两千年间，任何一个目光锐利的战略家都会一眼盯住这个点。这是帝国的要穴，是我们文明的一处要穴，他无比柔软因而必须坚硬。你的面前是地图，地图上的北方是无边的大漠和草原，骑马的民族正用鹰一样远的眼睛望着南方。南方有繁华的城市、富庶的农村，有无穷无尽的珍宝、丝绸，还有令人热血沸腾的美丽女人。他们耐心地等待着，但是他们终有一天会失去信心，猛扑过来，那么，他们的剑将首先指向哪里？你看看地图，一目了然。固原。如果突破固原，整个甘肃就成了被切断的臂膀，而通向中原的门就轰然洞开。固原曾如同帝国的咽喉。"

萧关，在今宁夏固原东南。六盘山山脉横亘于关中西北，为其西北屏障。自陇上进入关中的通道主要是渭河、泾河等河流穿切成的河谷低地。渭河方向山势较险峻，而泾河方向相对较为平易。萧关即在六盘山山口依险而立，扼守自泾河方向进入关中的通道。萧关是关中西北方向的重要关口，屏护关中西北的安全。萧关具有特殊的地理位置，出东南可直驱中原大片沃土，北过黄河直至广阔的大草原，向西可通向甘肃、新疆等辽阔地域。

中央电视台 30 集大型专题片《走遍关中》，关于萧关的由来、故址和战略地位描述得既形象又恰当："萧关是一种地名，萧关是一种形态，萧关是一种情结，萧关是一个变数，萧关是一个随着朝代的变化和防御对象的变化而变化的战争防御带"。

《长城》是阿尔巴尼亚著名作家伊斯梅尔·卡达莱的一部中篇小说集。在 2005 年获得首届布克国际文学奖之后，卡达莱一直是诺贝尔文学奖的热门人选，媒体盛赞其可与海明威、卡夫卡比肩。其作品被翻译为 30 余种文字在全球出版，得到了文化界及各国读者的一致好评。《长城》围绕对峙在长城两侧的一位明朝官员和一个蒙古士兵展开。征服了奥斯曼帝国的帖木儿却无法突破明朝的薄弱防线。

小说中这样描述长城：但是当你想到人们不仅会用英勇的虚假光环来粉饰长城，还会把它其余的部分——它的结构、它的高度——想象得与它真正的样子完全不同，你就不会再觉得有什么稀奇了。他们不会自己去看看，尽管长城有的地方建造得的确很高——确实，有时它高得如果你从它的顶端向下看，就像从我们此刻站着的地方往下看，你会感到晕得厉害——但沿着它一直那么走下去，你会看到它大部分都亟待修护，那副惨淡的样子真是可惜。

首领们已经聚集在忽里勒台，帖木儿可汗的命令已经抵达。"千万不要冒险越界到另一边"，上面写道，"因为那样你们将万劫不复"。可是越不让我去，我反倒越想跨过去看看那里的城镇和那里的女人，听说她们在锃亮的镜子中能变成两个人，可这些该死的石头堆不让我过去，它阻碍着我，压抑着我，真想用短剑将它刺上几下，虽然我也清楚，铁器对它不起什么作用，因为两天前的地震它都能经得起。当颤动的大地和那石墙在彼此较量的时候，我在震动中高呼："你是唯一能让它倒下的！"可最终还是没有什么作用，城墙胜出了，它让地震偃旗息鼓。

民间还流传着"帖木儿诅咒"的传说。"二战"初期，苏联考古学家格拉西莫夫等受斯大林委托，前往乌兹别克斯坦发掘帖木儿及其家族的陵墓。1941 年 6 月 19 日，格拉西莫夫一行人不顾撒马尔罕宗教领袖及陵墓管理者

Masood Alaev（此人声称帖木儿的棺椁上刻有一句铭文：当我从死亡中复活，世界将为之颤抖）的劝阻，执意打开了帖木儿的棺椁，并根据帖木儿的头骨绘制了他的肖像。帖木儿身高 173 厘米，在他那个时代已经很高了。而且通过对遗骸的检查，还证实了史料中关于帖木儿瘸腿、右臂因受伤而萎缩的记载。他膝关节的形状表明他一直保持双腿弯曲，有明显跛行的情况。据说棺椁中另一处的铭文写道："无论是谁打开我的坟墓，都会释放一个比我更可怕的入侵者。"而就在挖掘进行的 3 天后，纳粹德国撕毁了《苏德互不侵犯条约》，发动"巴巴罗萨计划"，苏联卫国战争爆发。

尽管与格拉西莫夫关系密切的人声称这个故事是捏造的，但这个故事仍广为流传。1942 年 11 月，苏联人根据伊斯兰传统重新安葬了帖木儿。此时恰逢红军发动"天王星行动"，取得了很大的战果。

甘肃酒泉因"城下有泉，其水若酒"而得名。西汉东方朔的《神异经》里写："西北荒中有玉馈之酒，酒泉注焉，广一丈，长深三丈，酒美如肉，澄清如镜。上有玉樽、玉笾，取一樽，一樽复生焉，与天同休无干时。石边有脯焉，味如獐鹿脯。饮此酒，人不生死，一名遗酒。其脯名曰追复，食一片复一片。"因为这篇文章，酒泉逐渐被大家认为是"城下有泉，其水若酒"的地方。民间传说里"酒泉"这个名字和西汉的年轻将领霍去病有关。汉武帝时期，大将霍去病攻打匈奴胜利归来后，汉武帝赏赐给霍去病一坛御酒，霍去病为了和将士同饮，就把酒倒在一条溪里，全军将士共同饮用，由此酒泉得名。

酒泉作为古代西部边塞的军事重镇、蜿蜒起伏的长城遗迹、高低错落的长城烽燧、闻名遐迩的关塞要隘，铺陈于亘古苍茫的戈壁大漠上，向历史和未来诉说着它曾有的辉煌与悲壮。

"明犯强汉者，虽远必诛！"出自西汉名将陈汤给汉元帝的上书，是表明击退北匈奴郅支单于的功绩。这句话是诛杀完郅支单于后说的而不是诛杀前所说。陈汤，字子公，汉族，西汉大将。西汉元帝时，他任西域副校尉，曾和西域都护甘延寿一起出奇兵攻杀与西汉王朝对抗的匈奴郅支单于，为安定边疆做出了巨大贡献。陈汤给汉元帝上书的原文是："臣闻天下之大义，当混于一，昔有唐、虞，今有强汉。匈奴呼韩邪单于已称北藩，唯郅支单于叛逆，未伏其辜，大夏之西，以为强汉不能臣也。郅支单于惨毒行于民，大恶逼于天，臣延寿、臣汤将义兵，行天诛，赖陛下神灵，阴阳并应，天气精明，陷阵克敌，斩郅支首及名王以下。宜悬头槀街蛮夷邸间，以示万里，明犯强汉者，虽远必诛。"

再看看另一位英年才俊霍去病和他的经典之战——"漠北之战"。《汉书·霍去病传》曰："骠骑将军去病率师躬将所获荤允之士，约轻赍，绝大幕，涉获单于章渠，以诛北车耆，转系左大将双，获旗鼓，历度难侯，济弓卢，获屯头王、韩王等三人，将军、相国、当户、都尉八十三人，封狼居胥山，禅于姑衍，登临瀚海。"公元前119年春，汉武帝命卫青、霍去病率几十万雄兵，分两路横渡大漠追歼匈奴。霍去病率兵突入匈奴腹地2000余里，与匈奴左贤王遭遇，霍去病斩首七万余，而后乘胜挥军北进，直到大漠深处的狼居胥山。到此山下，强敌远遁，放眼四顾，悲风扬沙。霍去病命人堆土增山，然后他登临山顶，南面中原设坛祭拜天地，并在山上立碑纪念，以示此地纳为汉家疆土。"封狼居胥"成语即来源于此，以此作为对将军们最大战功的旌表。经此一战，"匈奴远遁，而漠南无王庭"。

其实在漠北之战前，还有河西之战等也取得了极大成功，匈奴曾为此悲歌："失我祁连山，使我六畜不蕃息；失我焉支山，使我嫁妇无颜色。"

《中国国家地理》记载：祁连山对中国最大的贡献，不仅仅是河西走廊，不仅仅是丝绸之路，不仅仅是引来了宗教、送去了玉石，更重要的是祁连山通过它造就和养育了冰川、河流与绿洲做垫脚石和桥梁，让中国的政治和文化渡过了中国西北海潮的沙漠，与新疆的天山握手相接了，中国人在祁连山的护卫下走向了天山和帕米尔高原。据说张掖之名是取"断匈奴之臂，张中国之掖（腋）"之意，河西走廊就是中国之臂，它为中国拽回了一个新疆。

《中国国家地理》2006年第3期曾就祁连山对中国的意义有着这样的描述：东部的祁连山，在来自太平洋季风的吹拂下，是伸进西北干旱区的一座湿岛。没有祁连山，内蒙古的沙漠就会和柴达木盆地的荒漠连成一片，沙漠也许会大大向兰州方向推进。正是有了祁连山，有了极高山上的冰川和山区降雨才发育了一条条河流，才养育了河西走廊，才有了丝绸之路。然而祁连山的意义还不仅于此。

站在祁连山下重读席慕蓉《长城谣》肯定能够有不一样的感受：

长城谣

席慕蓉

尽管城上城下争战了一部历史

尽管夺了焉支又还了焉支

多少个隘口有多少次的悲欢啊

你永远是个无情的建筑

蹲踞在荒莽的山巅

冷眼看人间恩怨

为什么唱你时总不能成声

写你不能成篇

而一提起你便有烈火焚起

火中有你万里的躯体

有你千年的面容

有你的云　你的树　你的风

敕勒川　阴山下

今宵月色应如水

而黄河今夜仍然要从你身旁流过

流进我不眠的梦中

第4讲

长城文化是坚韧不屈、血荐轩辕的文化

1937 年春，上海艺华影片公司开始拍摄潘孑农编剧的《关山万里》，潘孑农邀请刘雪庵为影片配乐。由于上海"八一三事变"的发生，影片没有完成，但是刘雪庵把已经完成的影片插曲《长城谣》刊载在自办的刊物《战歌》上。很快《长城谣》被一些青年抗日宣传队演唱。不久 19 岁的青年歌唱家周小燕在武汉合唱团独唱领唱这首歌曲，次年她去法国留学，途经新加坡应百代唱片公司邀请，演唱灌制了《长城谣》唱片，从此这首歌曲更加广为传唱，感动了广大侨胞，他们踊跃捐款、捐物，有的愤然回国参加抗战，支援打击侵略者。

万里长城万里长，
长城外面是故乡。
高粱肥，大豆香，
遍地黄金少灾殃。
自从大难平地起，
奸淫掳掠苦难当。
苦难当，奔他方，
骨肉离散父母丧。
万里长城万里长，
长城外面是故乡。
四万万同胞心一样，
新的长城万里长。
万里长城万里长，

城外面是故乡。

四万万同胞心一样，

新的长城万里长。

山海关，又称榆关、临闾关，位于河北省秦皇岛市东北 15 公里处，是明长城的东北关隘之一，在 1990 年以前被认为是明长城东端起点（现已发现的明长城的起点位于辽宁省丹东市宽甸县虎山镇——虎山长城），素有中国长城"三大奇观之一"（东有山海关、中有镇北台、西有嘉峪关）、"天下第一关""边郡之咽喉，京师之保障"之称，与万里之外的嘉峪关遥相呼应，闻名天下。山海关是全国第一批重点文物保护单位，并于 1987 年被列入《世界遗产名录》。"天下第一关"的匾额长 5 米、高 1.5 米，每个字都一米有余，并没有落款。题字之说法很多，相传较多的是明成化八年（1472 年）进士、山海关人萧显所题，字为楷书，笔力苍劲浑厚，与城楼风格浑然一体，堪称古今巨作。

萧显题匾的故事：他大笔挥毫之后，叫人把巨匾挂上城楼，一看，却发现"下"字少了一点，怎么办？正当围观者议论纷纷之际，只见萧显抓起一块麻布，揉成一团，沾上墨汁，往上奋力一抛，恰好就打到了点儿上，这一下，匾额就更显得气势不凡了。此说虽然有趣，但一个读书人，能否有如此精准的眼力和非凡的臂力，恐怕只能是人们想象中的夸张与浪漫了。

据说，山海关城楼上"天下第一关"匾额真匾，在 80 多年前被日本侵略者掠到日本。《良友画报》1933 年第 74 期上著文说："日本又在新年初一用飞机和大炮轰击山海关。号称天下第一关的山海关不到第二天就失守了。'天下第一关'牌匾已经作为日本军国主义的胜利品，运到东京，陈列在九段上的'游就馆'了。"

现在山海关楼上收藏的牌匾是 1882 年摹刻的匾，而楼外悬挂的牌匾则是 1929 年摹刻的匾。

山海关战斗发生于 1933 年 1 月 2—3 日，是抗战初期的主要战斗之一。交战一方为中国守军，属于中华民国国民革命军之东北军第九旅，另一方则为日本之中国派遣军。中方指挥者为临（榆）永（平）警备区司令部司令何柱国，日方则为日本秦榆守备队队长落合正次郎，东北军主力营长安德馨阵亡。1月3日，日军控制山海关全境。1月18日报纸刊登："前天在前线，何柱国亲自对老百姓说：'榆关之失，是日本先用坦克冲进南门，而当时安德馨一营活活以肉体去拼命，试想以血肉之躯挡无畏的炮车，哪能不牺牲如此之多？'宁可毁个人躯肉，捍卫国家，可歌可泣，只此证明中华民族精神不死。"

何柱国在临永警备区发布的《告士兵书》：愿与我忠勇将士，共洒此最后一滴血，于渤海湾头，长城窟里，为人类张正义，为民族争生存，为国家雪奇耻，为军人树人格，上以慰我炎黄祖宗在天之灵，下以救我东北民众沦亡之惨。

历史上还有一场著名的山海关大战是1644年4月，清摄政王多尔衮率八旗军与明总兵吴三桂合兵，在山海关内外击败李自成大顺军的战役。此战开启清朝入主中原，征服南明政府与大顺、大西等政权，建立在全国的统治。

顾诚评山海关大战："李自成等大顺军领导人，在一片凯歌声中滋长了骄傲轻敌的思想，对于随着明王朝的土崩瓦解而必然出现的满洲贵族的武装干涉，缺乏清醒的估计。这首先表现在，大顺军渡河东征时调集的兵员不够。当时，大顺军兵力总数在百万以上，但平定西北地区后派驻各地的军队数量过多，占领山西、河北、山东等地后，又在各战略要地分别驻军，使兵力进一步分散。""他们的行动却给人一种强烈的印象，似乎在他们心目中明、清之战是'前朝'的事情，自己并没有同清方交恶，完全可以井水不犯河水，各自安心过日子。"

1944年，正好是清军入关、明朝灭亡300周年，郭沫若创作了著名的《甲申三百年祭》。此文于1944年3月19日在重庆《新华日报》上刊出，连载四日。《甲申三百年祭》文近两万字，有述有考有论，内容涉及明亡、闯兴、闯败。国民党宣传机构对郭沫若的《甲申三百年祭》反应激烈，24日，《中央日报》发表题为《纠正一种思想》的社论，指责郭沫若"为匪张目"。社论说："三百年前，蔓延于黄河流域及黄河以北的流寇，以李自成为首领，于外患方亟之时，颠覆了明朝。其所得的结果是什么？就是二百六十年的亡国局面。"影射之意昭然若揭。起草社论的是《中央日报》总主笔陶希圣，国共两大笔杆子对阵，一时引发轰动。

4月18日，《解放日报》全文转载《甲申三百年祭》，并加长篇按语，予以高度评价，其中有这样一段文字：在这篇论文中，郭先生根据确凿的史实，分析了明朝灭亡的社会原因，把明思宗的统治与当时农民起义的主将李自成的始末作了对照的叙述和客观的评价，还给他们一个本来面目，郭先生虽然推翻了流俗关于李自成等的无知胡说，但是对于他的批评也是极严格的。不过无论如何，引起清朝侵入的却绝不是李自成，而是明朝的那些昏君、暴君、宦官、奸臣、不抵抗的将军以及无耻的投降了民族敌人引狼入室的吴三桂之流。

《甲申三百年祭》一针见血地指出，正是因为明王朝统治的极端专制和腐败，又遇上所谓的"流寇"和"外族"的侵略，最终导致明朝的灭亡。灭亡的主因是明朝王室政治的腐败。文章还以较多笔墨描述了李自成起义军攻陷北京后，争权夺利，腐化堕落，很快自陷绝境，刚建立42天的大顺王朝迅速垮台。

1944年11月21日，毛泽东亲笔复信郭沫若："你的《甲申三百年祭》，我们把它当作整风文件看待，小胜即骄傲，大胜更骄傲，一次又一次吃亏，如何避免此种毛病，实在值得注意。"

1949年，党中央从西柏坡前往北平之际，毛泽东说："今天是进京的日子，进京赶考去""我们决不当李自成"，路上毛泽东又提起《甲申三百年祭》："这仅仅是读了个开头，这篇文章是要永远读下去的。"

平型关是内长城的一处关隘，处于冀晋边务的交界处，因其形如瓶而得名。宋代称瓶形塞，金代称瓶形镇，元代称瓶形寨，明代称瓶形岭，清代始称平型关。向西经团城口、茹越口与雁门关、宁武关、偏关"外三关"相接；往东越牛帮口、狼牙口与倒马关、紫荆关、居庸关"内三关"相连。

1937年9月25日，八路军第115师主力在平型关东侧的乔沟一线伏击进犯太原的日军，经过六个多小时的血战，歼敌1000余人，缴获了大批军用物资，这就是震惊中外的平型关大捷。平型关大捷，打破了"日军不可战胜"的神话，极大地鼓舞了全国军民抗战必胜的信心，提高了中国共产党和八路军的威信，在中国抗日战争史上写下了光辉的一页，是中华民族值得永远纪念的胜利。

老牛湾位于山西省忻州市老牛湾镇，和内蒙古自治区清水河县老牛湾镇以黄河为界。老牛湾南依山西的偏关县，北岸是内蒙古的清水河县，西邻鄂尔多斯高原的准格尔旗，是一处"鸡鸣三市"的地方。老牛湾西窄东宽，尾部圆满，恰似葫芦状。老牛湾以 1467 年建成的老牛湾古堡而闻名，黄河从老牛湾入晋，内外长城从这里交汇，晋陕蒙大峡谷以这里为开端，中国黄土高原沧桑的地貌特征在这里彰显，大河奔流的壮丽景观在这里再现。老牛湾是长城与黄河握手的地方，是中国最美的十大峡谷之一。壮丽的峡谷景观造就了两个 4A 级旅游景区，分别为内蒙古自治区境内老牛湾黄河大峡谷旅游区和山西省境内偏关县老牛湾景区。

建成于 1467 年的老牛湾古堡坐落在紧靠黄河大峡谷的悬崖峭壁上，是明代防御系统中的屯兵城堡，古堡北端的望河楼是兵营望风之处，它是明代建筑风格的精品，也是老牛湾的标志之一。老牛湾另外一个标志就是古村落民居，它们依山而建，错落有致，所有建筑都就地取材，全部采用当地的石头、石片堆砌而成。石墙、石院随形而就，石碾、石磨、石仓、石柜随处可见，整个村庄就是一个经典的石头博物馆。

相传在远古洪荒时期，有一年，这里下了七七四十九天的暴雨，大地一片汪洋，百姓尽失家园。太上老君得知后，便派自己乘骑的神牛下凡间犁地疏通水道，解救众生。当神牛犁到天黑时，附近的老百姓便点燃了一束束的火把前来照明，而一向未见人间烟火的神牛面对这突如其来的灯海，受到了惊吓扭头一跑便犁出个拐把子弯，于是老百姓就为当地取名老牛湾。"九曲黄河十八湾，神牛犁河到偏关，明灯一照受惊吓，转身犁出老牛湾。"

相传汉代昭君出塞，顺黄河北上到偏关县境内的墕村短暂休整了几日后，沿黄河继续北上来到老牛湾，昭君早晨起床出门后被老牛湾山上的美景深深吸引，便沿黄河岸边欣赏奇山异石，不知不觉走出了几十里。侍奉她的丫鬟及随从不见她的身影很着急，在驻地周围遍寻无果，时过晌午仍不见她归来，面对老牛湾险峻异常的悬崖峭壁，大伙认为昭君娘娘已遇难，心急之下丫鬟向天许愿，愿上天把她变成一只小鸟，守在这里永久陪伴昭君娘娘，随后就从仓口崖巅跳下，之后便变作一只灵巧的小鸟盘旋在望河楼上。直到现在，人们只要将石头击打到望河楼上即可发出"啾啾"鸟鸣声，这也让当地人对望河楼多了几分敬畏。

我们再看一看长城沿线的另一处关隘——杀虎口。杀虎口原为"杀胡口"，也称"西口"，也就是走西口的出发点。杀虎口地处山西境内的右玉县，是蒙晋两省的交界处，西边有高山对峙的大堡山，东边有塘子山，两山之间有开阔的卷头河谷地，地势十分险峻，从古至今就是南北的重要通道，史建于明朝，那时叫"参合口"，距今有2000多年的历史。城周长1公里，高11.7米，近现代历史上"走西口"就发生在这里。当时长城西部各口都到内蒙古西部各地"觅食求生"，当时难民由土默特向西，或向蒙民租地耕种，或入大漠私垦，形成"走西口"迁徙群体，一直延续到中华人民共和国成立以后才结束了这种苦难。

《走西口》是一首山西地方民歌，据说已经流传了一两百年。这首歌不但山西人会唱，山西邻近的内蒙古、陕西，甚至更远一点的宁夏、青海、甘肃也有许多人会唱。中国有句老话叫"十里不同音"，之所以西北许多地方的人会唱《走西口》，原因大概是，当时有许多山西人曾到过这些地方，他们中的一些人一直在唱这首歌，时间长了，当地人也学会了。歌曲《走西口》20世纪70年代经著名歌唱家朱逢博重新改编创作红遍大江南北，让歌曲焕发新姿，却保持了原曲的味道。

走西口

哥哥你走西口，小妹妹我实在难留，
手拉着哥哥的手，送哥送到大门口。
哥哥你出村口，小妹妹我有句话儿留，
走路走那大路的口，人马多来解忧愁。
紧紧地拉着哥哥的袖，汪汪的泪水肚里流，
只恨妹妹我不能跟你一起走，只盼哥哥你早回家门口。
哥哥你走西口，小妹妹我苦在心头，
这一走要去多少时候，盼你也要白了头。

紧紧地拉住哥哥的袖，汪汪的泪水肚里流，

虽有千言万语难叫你回头，只盼哥哥你早回家门口。

1696 年，清朝再举三路大军西征，爱新觉罗·玄烨御驾亲征，率雄兵铁骑三临绝塞，平定战乱，一统天下，杀虎口为西征大军的后勤大营，经过昭莫多之战，清朝一举歼敌数千，击溃噶尔丹主力军队，噶尔丹兵败流窜，众叛亲离，绝望而死，康熙西征胜利归来，驻军杀虎口，犒赏西征将士，御笔赐匾改"杀胡口"为"杀虎口"。从此"杀虎口"息战事、兴贸易，散硝烟而响驼铃，千年军事要塞集天下客商，汇聚八方财源名扬中外，晋商巨富从此起步，黄金商路由此开端。

《义勇军进行曲》最早是电影《风云儿女》的主题曲。1934 年秋，田汉为该片写了一首长诗，其中最后一节诗稿被选为主题歌《义勇军进行曲》的歌词，歌词写完后不久，田汉被国民党当局逮捕入狱。1935 年 2 月，导演许幸之接手《风云儿女》的拍摄，去监狱探监的同志辗转带来了田汉在狱中写在香烟盒包装纸背面的歌词，即《义勇军进行曲》的原始手稿。当时，聂耳正准备去日本避难，得知电影《风云儿女》有首主题歌要写，主动要求为歌曲谱曲，并承诺到日本以后，尽快寄回歌稿。聂耳在收到歌词后很快就完成了曲谱初稿。1935 年 4 月 18 日，聂耳到达日本东京后，完成了曲谱的定稿，并在 4 月末将定稿寄给上海电通影片公司。之后，为了使歌曲曲调和节奏更加有力，聂耳和孙师毅商量，对歌词进行了 3 处修改，从而完成了歌曲的创作。

1931 年"九一八事变"后，在中国东北大地上燃起了民族自卫抗争的烽火。东北各地抗日义勇军纷纷兴起。不到 1 年的时间，东北抗日义勇军已达 30 万之众。2 月起，部分东北各抗日武装力量改编为抗日联军，继续在各地区进行抗日斗争。在抗日联军艰苦抗战的时候，一首歌曲从上海的一座监狱里传出：这是作家田汉为当时的电影《风云儿女》写的一首歌词，由聂耳谱曲，它就是《义勇军进行曲》。

据上海国歌展示馆工作人员介绍，在电影《风云儿女》前期拍摄完成以后，田汉的主题歌歌词并没有确定歌名，而聂耳从日本寄回来的歌词谱曲的名称只写了 3 个字"进行曲"。《风云儿女》的主题歌歌词和"进行曲"两个名称如何成为一个名字呢？作为电影《风云儿女》投资人的朱庆澜将军，画龙点睛地在"进行曲"3 个字前面加上了"义勇军"3 个字，《风云儿女》主题歌的歌名就成了《义勇军进行曲》。最后，由上海百代唱片公司将《义勇军进行曲》灌成唱片公开发行。

1935 年 5 月 16 日，由田汉作词、聂耳作曲的《义勇军进行曲》发表。84 个字，37 小节，46 秒，这是令每个中国人热血沸腾的旋律。《义勇军进行曲》诞生后，立即就像插上了翅膀，在祖国的大地上传唱开来。伴随着"一二·九"运动的学潮、救亡运动的巨浪、抗日战争的烽火、解放战争的硝烟，遍及大江南北、长城内外。这首革命歌曲甚至享誉海外，在全世界传播。这也是聂耳短暂一生中的最后一个作品。1935 年 7 月 17 日，聂耳在日本神奈川县藤泽市鹄沼海滨游泳时不幸溺水身亡，年仅 23 岁。

第5讲

长城文化是雄关漫道、交流交融的文化

镇北台，中国的世界文化遗产，全国重点文物保护单位。位于国家历史文化名城榆林市城北 4 公里之红山顶上。镇北台是明代长城遗址中最为宏大、气势最为磅礴的建筑物之一，素有中国长城"三大奇观之一"（东有山海关、中有镇北台、西有嘉峪关）和"万里长城第一台"之称。镇北台据险临下，控南北之咽喉，如巨锁扼边关要隘，为古长城沿线现存最大的要塞之一，是长城的重要组成部分。秦灭六国后，在榆林地区设置郡县，修筑长城，镇北台长城即为其中一段。

镇北台东侧有同期所建的"款贡城"，为蒙汉官方敬献贡物、赠送礼品、洽谈贸易的城池。城池险要，与镇北台构成了完整的榆林长城建筑体系。镇北台西南 800 米处，有明代易马城遗址，面积约 6.5 公顷，是蒙汉民间自由贸易的城池，也是蒙汉民族和睦相处的历史见证。

镇北台是历史的见证：当战争远去，民族和睦相处，蒙汉互市一派繁华，"万骑辐辏"，蒙古牧民赶着牛、羊、驼、马，驮着各色皮毛，汉族商人携带大量布匹、绸缎、盐茶、烟酒从四面八方来到红山市。这里牛羊成群、帐包鳞次、驼叫马嘶、人声鼎沸，一派繁忙贸易景象。清初文人杨蕴在《镇北台春望》中写道："关门直向大荒开，日日牛羊作市来。万里春风残雪后，游人指点赫连台。"

大境门是中国万里长城众多关隘中一个十分特殊的关口。在国内外学术界已被列为与山海关、居庸关、嘉峪关同样重要的关口。

万里长城的关口都以"关""口"称谓，而只有张家口的这个关口被称作"境门"，这其中既包含着"商文化"和"武文化"的魅力，又有着民族融合的历史渊源。

　　从 1571 年起，张家口大境门外元宝山一带，逐渐形成了在历史上被称为"贡市"和"茶马互市"的边贸市场。来自蒙古草原和欧洲腹地的牲畜、皮毛、药材、毛织品、银器等在这里换成了丝绸、茶叶、瓷器和白糖，大境门外成为我国北方国际易货贸易的内陆口岸。封建王朝以长城和门为界，做生意的外族人只能在城外交易。"境门"意思是指边境之门。

　　1927 年，察哈尔都统高惟岳到此处巡察，挥笔写下"大好河山"四个颜体大字，每字有一米见方，笔力苍劲，气势豪放，置放在大境门门额之上，成为张家口的城市标志。后人戏言"大好河山"这四个字不管是顺着读还是倒着读，都有其深刻的内涵：门内象征着中原帝国的"大好河山"，门外象征着广阔疆域的"山河好大"。

　　1697 年第三次北征噶尔丹时，就是从张家口大境门誓师出发的。平定噶尔丹后不久，张家口晋籍文人张自成被长城内外祥和繁荣的景象所感动，于 1709 年挥笔写下"内外一统"四个大字，镌刻在大境门外的石壁上，表达了长城内外广大民众对祖国统一的要求和对和平的热爱。在"内外一统"的摩崖石刻下有满、汉、蒙、藏、梵等六种语言文字。自此，张家口 200 多年来无战事，终于发展成为中国北方著名的陆路商埠，出现了著名的张库商道，这条商道的集散点就是大境门。

　　电视剧《大境门》讲述了张家口巨商王瑞昌为修建张库大道历尽艰辛、奋斗不止、诚信为本的传奇故事。

　　长城大境门区域不但是历史上的军事要塞和陆路商埠，在中国近、现代革命战争史上均占有重要地位。20 世纪 20 年代，中国共产党早期领导人李大钊、何孟雄等就在大境门内外展开革命活动，1925 年在大境门外东湾子建立了农民运动协会，遗址保存完好。

　　1945 年 8 月，我冀察主力部队一举解放了被日伪蒙疆政府统治了 8 年之久的张家口，这是中国共产党领导的八路军从日本侵略者手中夺取的第一座较大城市，八路军雄赳赳地开入大境门，成为中国人民反法西斯战争取得伟大胜利的历史性纪录，大境门一时成为"第二延安""东方模范城市""文化城"的象征。

　　1948 年 12 月，我军在大境门外的西甸子、乌拉哈达等一带山谷中围歼国民党官兵 54000 多人，一举从国民党手中夺回张家口，取得平津战役西线张家口战役的辉煌胜利。解放军的威武之师就是从大境门进入市区的，可以说大境门是中国共产党的胜利之门、是中国革命的凯旋之门。

第6讲

长城文化是道阻且长、行则将至的文化

"道阻且长"出自《诗经·蒹葭》："溯洄从之，道阻且长。溯游从之，宛在水中央。"

"行则将至"出自《荀子·修身》："路虽迩，不行不至。事虽小，不为不成。"

八达岭长城，位于北京市延庆区军都山关沟古道北口，是中国古代伟大的防御工程万里长城的重要组成部分，是明长城的一个隘口。八达岭长城为居庸关的重要前哨，古称"居庸之险不在关而在八达岭"。八达岭之名，最早见于金代诗人刘迎的长诗《晚到八达岭下，达旦乃上》和《出八达岭》。元代，这里称"北口"，与南口相对。南口在北京北郊昌平县境内，从南口到北口，中间是一条40里长的峡谷，峡谷中有万里长城的著名关口"居庸关"，这条峡谷因此得名叫"关沟"。八达岭高踞关沟北端最高处。

八达岭长城典型地表现了万里长城雄伟险峻的风貌。作为北京的屏障，这里山峦重叠、形势险要。气势极其磅礴的城墙南北盘旋延伸于群峦峻岭之中，视野所及，不见尽头。依山势向两侧展开的长城雄峙危崖，陡壁悬崖上古人所书的"天险"二字，确切地概括了八达岭位置的军事重要性。据说长城在这里要转八道弯，越过八座大的山岭，当年兴建这段长城很艰难，工期迟迟完不成，曾先后有八个监工因其而死。最后通过仙人的点化，采取"修城八法"，即"虎带笼头羊背鞍，燕子衔泥猴搭肩，龟驮石条兔引路，喜鹊搭桥冰铺栈"，才把建筑材料运送到山上。所以人们就把这段长城称为"八大岭长城"，后来地名就谐音成"八达岭"。

京张铁路著名建筑师詹天佑主持修建并负责运营的铁路，它连接北京丰台区，经八达岭、居庸关、沙城、宣化等地至河北张家口，全长约200公里，1905 年 9 月开工修建，于 1909 年建成。是中国首条不使用外国资金及人员，由中国人自行设计、投入营运的铁路。京张铁路是袁世凯在清政府排除英国、俄国等殖民主义者的阻挠，委派詹天佑为京张铁路局总工程师（后兼任京张铁路局总办）修建的。

2018 年 1 月，京张铁路入选第一批中国工业遗产保护名录。

在技术方面，詹天佑对关沟段采取了一系列创造性的措施，如利用青龙桥东沟的天然地形，采用"人"字形展线，并结合用 33.33‰ 的坡度；八达岭隧道最长，为 1091 米，为加速工程进度，詹天佑采用南北两头同时向隧道中间点凿进的方法。同时还采用竖井方法在中部开凿两个直井，分别向相反方向进行开凿，增加工作面，依靠人力建成了中国筑路史上的第一条长大隧道。

"由南口至八达岭，高低相距一百八十丈，每四十尺即须垫高一尺。"中国自办京张铁路的消息传出之后，外国人讽刺说建造这条铁路的中国工程师恐怕还未出世。詹天佑说："洋人可为之者，中国人必能为之；洋人不可为之者，中国人亦能为之。"

京张铁路全程分为三段，第一段丰台至南口段，于 1906 年 9 月 30 日全部通车，第二段南口至青龙桥关沟段，关沟段穿越军都山，最大坡度为 33.33‰，曲线半径 182.5 米，隧道四座，长 1644 米，采用"人"字形铁路（两边都有火车头，一边拉，一边推，到了拐弯处就反过来），工程非常艰巨。

1909 年 8 月 11 日京张铁路建成，10 月 2 日通车，施工时间比原定计划缩短了两年，而建造成本亦比原来预算（729 万两白银）节省了 20 多万两白银。

京张铁路是中国人自行设计和施工的第一条铁路干线，是中国人民和中国工程技术界的光荣，也是中国近代史上中国人民反帝斗争的一个胜利。由中国人自己修建京张铁路，这虽然是当时特殊历史背景下的一个心酸胜利，但詹天佑和京张铁路，以及蕴含其中的民族精神却成为国人永远的骄傲。京张铁路作为工业文明走进中国的象征，它的发展与变迁映射着中国百年发展的年轮。

2019 年 12 月 30 日，京张铁路的姊妹铁路——京张高速铁路正式开通运营。

我们再把目光转向右玉县。右玉县地处山西、内蒙古两省（区）交界，是山西的北大门。全县国土总面积为 1969 平方公里，总人口 11.6 万。中华人民共和国成立初期，全县仅有残次林 8000 亩，林木绿化率不足 0.3%，年均气温只有 3.6℃，降水量不到 400 毫米，无霜期不到 100 天，生态环境十分脆弱。中华人民共和国成立以来，经过右玉人民 70 多年坚持不懈造林治沙，久久为功改善生态，如今全县有林面积达 169 万亩，林木绿化率达到56%，变成了闻名全国的塞上绿洲。

2011 年 3 月以来，习近平总书记先后六次对右玉精神做出重要批示和指示，指出右玉精神体现的是全心全意为人民服务，是迎难而上、艰苦奋斗，是久久为功、利在长远。右玉精神是宝贵财富，一定要大力学习和弘扬。2011 年 3 月 1 日，习近平总书记在中央党校春季学期开学典礼上强调指出，60 多年来，一张蓝图、一个目标，18 任县委书记和县委、县政府一班人，一任接着一任、一届接着一届，率领全县干部群众坚持不懈，用心血和汗水绿化了沙丘和荒山，现在树木成荫、生态良好，年降雨量较之解放初期已显著增加。老百姓记着他们、感激他们，自发地为他们立碑纪念。正可谓"金杯银杯不如老百姓的口碑"。右玉的可贵之处，就在于始终发扬自力更生、艰苦创业、功在长远的实干精神，在于始终坚持为人民谋利益的政绩观。我们抓任何工作的落实，都应该这样去做。

1949 年 6 月 23 日，雁北地委报请省委批准向刚解放不久的右玉派来了第一任县委书记。右玉县位于晋西北边陲，地处毛乌素沙漠的风口地带，是一片风沙成患、山川贫瘠的不毛之地，人民的生活极端困苦。1949 年 10 月 23 日，中华人民共和国成立 23 天后，第一任县委书记就在右玉的风神台主持召开了全县干部群众大会，在这次大会上他发出了"植树造林，治理风沙"的号召。这位刚刚从战场上走来的县委书记在风沙漫卷的风神台上铿锵有力地说道："右玉要想富，就得风沙住，要想风沙住，就得多栽树。"这是右玉这块贫瘠的土地上第一次发出植树造林的号令，而这一声号令一经发出，就一直伴随着共和国的脚步响彻了 70 多个年头。

河西走廊有一个古浪县。明长城古浪段全长 151.1 公里。汉长城古浪段全长 76.5 公里。古浪县位于甘肃的中部，地处河西走廊东端，是古丝绸之路上的重地之一，由于特殊的地理位置，早期这里也是军家必争之地。1936年在这里发生了著名的古浪三战。

1936 年 10 月，中国工农红军一、二、四方面军在会宁会师后，红四方面军五军、九军、三十军及总部直属部队共 21800 多名将士，于 10 月 24 日西渡黄河后组成西路军。11 月 9 日，西路军分左、右两翼向古浪挺进。红九军由军长孙玉清和政委陈海松率 7000 多人，从景泰镇房堡出发，突破马元海防线。11—12 日，在干柴洼与国民党马元海、马彪旅激战两天，突出重围。13 日横梁山狙击战后，14 日拂晓进驻古浪县城，二十五师布防城西南方面，二十七师布防城东北方面，县城内由直属部队构筑工事。驻古浪县城红军与国民党马步芳、马步青部浴血奋战四昼夜，歼敌 2000 多人，然自身亦损失惨重，伤亡 2000 余人，于 18 日在三十军 268 团的接应下撤离县城。古浪三战，九军伤亡 2400 多人，军参谋长陈佰稚、二十五师师长王海清、二十七师政委易汉文等军、师、团级干部 20 多人壮烈牺牲。"古浪三战，九军折半。"

在古浪战役纪念馆中我们能看到革命先烈血战古浪的感人故事，他们为我们留下了太多值得赞扬与敬佩的精神。不管历史过去多久，那些红色革命精神是我们永远无法忘记的，那些是我们中国人的根、中国人的魂、中国人的过去与现在。

距古浪战役纪念馆不远就是著名的八步沙林场。新时代愚公的故事更是令我们感叹、感动！我们顶住烈日前去八步沙林场寻访"六老汉"三代人治沙造林的故事。八步沙林场地处河西走廊东端、腾格里沙漠南缘的甘肃省武威市古浪县。40 年前的八步沙，风沙漫天，沙进田无。面对日益严峻的生存危机，郭朝明、贺发林、石满、罗元奎、程海、张润元六人，组建八步沙集体林场，承包治理 7.5 万亩流沙。那一年，郭朝明年纪最大，有 61 岁，而最小的张润元也已年近 50 岁。38 年来，以"六老汉"为代表的八步沙林场三代职工，矢志不渝、拼搏奉献、科学治沙、绿色发展，持之以恒推进治沙造林事业，以愚公移山精神生动书写了从"沙逼人退"到"人进沙退"的绿色篇章，为生态环境治理做出了重要贡献。

八步沙，位于腾格里沙漠南缘，是甘肃省古浪县最大的风沙口。20世纪80年代，沙化以每年7.5米的速度向村庄和农田推进。当地六位年龄加在一起300多岁的老汉，在一份承包沙漠的合同书上按下手印，誓用白发换绿洲。治沙的人，就是在拿自己的生命换绿色，为此，六位老人熬白了头，甚至有人过早走完了人生路。40年过去，六老汉如今只剩两位在世。老人们放不下那些柠条、花棒、红柳，走的时候约定，六家人每家必须有一个继承人把八步沙管下去。六老汉的后代"六兄弟"接过父辈的铁锹，把黄沙变林场，把林场变公司。

从啃着干馍馍、喝着雪水、住着"地窝子"开始，第一代治沙人开始了艰难的造林治沙之路。40载，三代人，从一棵草、一棵树，到1000万株幼苗、38万亩树林、21万亩良田，如今的八步沙，路两旁满眼绿色，早已不再是黄沙漫天、条件恶劣的沙漠。目前，八步沙林场已接待游客上万人次，成为政府以及教学科研单位的教育教学基地。2021年6月20日，八步沙"两山"实践创新基地正式揭牌，参观八步沙林场景区的客流量再一次达到新高峰。

习近平总书记2019年8月21日上午来到八步沙林场，实地察看当地治沙造林、生态保护等情况，实地了解"草方格压沙"作业。

习近平总书记指出，八步沙林场"六老汉"的英雄事迹早已家喻户晓，新时代需要更多像"六老汉"这样的当代愚公、时代楷模。要弘扬"六老汉"困难面前不低头、敢把沙漠变绿洲的奋斗精神，激励人们投身生态文明建设，持续用力，久久为功，为建设美丽中国而奋斗。

"我干不动了还有儿子，儿子干不动了还有孙子"。这是电影《八步沙》里最直击人心的一句话，是当代"愚公"的铿锵誓言，更是向漫漫黄沙"进军"的战书。电影《八步沙》以古浪县八步沙"六老汉"治沙为主线，全景展示了八步沙"六老汉"三代人治沙的艰难岁月，用行动践行了"绿水青山就是金山银山"的新发展理念。

在中国神秘而遥远的西域大地，祁连山千里素白、横亘长天，用她特有的方式，在沙漠中孕育了一片神奇的绿洲、一颗璀璨的沙漠明珠。1992年的夏天，开国元勋徐向前元帅病重期间，最后的遗愿便是把自己的骨灰，撒在这白雪皑皑的祁连山下。作为当年西路军的总指挥，他一直没有忘怀那些曾经牺牲在高台县城的红军将士，那是一段沉沦的岁月，那是一段屈辱的历史，中华民族曾经备受苦难，在风雨中飘摇，在黑暗中动荡。但是我们也拥有英雄，他们用血肉的身躯撑起中华民族的脊梁。

在高台中国工农红军西路军纪念馆里，有一张照片，黑漆漆的条凳上，并排放着3颗用药酒浸泡过的人头，红五军军长董振堂、政治部主任杨克明、四十五团团长叶崇本。一代名将董振堂打完最后一颗子弹后，宁死不屈，与两名警卫员一起跳下城墙，壮烈牺牲。是役，除极少数同志脱险外，3000余名将士血洒高台，包括军政治部主任杨克明、军供给部长傅兰荪、卫生部长陈春甫、政治部民运部长盛茂吾、四十五团团长叶崇本等一批军师团干部，在我军历史上写下了悲壮的一页。

董振堂、杨克明等牺牲后，他们的头颅被割下，挂在高台城门楼上示众，马匪还把董军长的头，连同相片一起送到南京，领了重赏。

习近平总书记2019年8月20日来到张掖市高台县，参观了中国工农红军西路军纪念馆。一件件实物、一张张图片，再现了当年西路军英勇奋战、血决祁连的那段悲壮历程。习近平总书记仔细端详，深情回顾西路军的英雄事迹。他强调："我心里一直牵挂西路军历史和牺牲的将士，他们作出的重大的不可替代、不可磨灭的贡献，永载史册。他们展现了我们党的革命精神、奋斗精神，体现了红军精神、长征精神，我们要讲好党的故事、红军的故事、西路军的故事，把红色基因一代代传承下去。"

张掖海升现代农业有限公司智能温室工业化栽培生态示范项目位于民乐生态工业园区，一期项目于2017年12月开工建设，2019年投产运营，项目主要采用集"智能升降温管理系统、精准水肥循环系统、基质吊架立体栽培系统、物联网中控系统"等高科技手段为一体的建造工艺和环控系统，主要生产串番茄、水果彩椒等。

行政总监杨柏桦为来访的游客和客户介绍道："你看，每棵植株小盆下面都有一根小管连接大管，大管中的水肥按科学配比统一供应，水肥液渗漏的部分流入沟槽我们会回收，经过27层的过滤再循环应用到水肥大管，这一切都由中控室的智能系统统一监控操作，确保了植株生产环境的环保和营养的均衡。此外，为更好地实现绿色授粉，确保挂果品质，我们还将引进比利时熊蜂，因为它授粉'不挑食'，对什么样的花蕊都一视同仁。经过熊蜂授粉后，小彩椒坐果大小、色泽一致，口感也会更好。"

我们欣喜地看到，伟大的万里长城不仅用他伟岸的身躯、博大的胸怀为世人讲述着过往……他的荣耀、他的屈辱、他的抗争、他的勇气、他的力量、他的智慧，他的雄傲天下、他的包容一切。他还正以崭新的姿态，向世人不断展现着中华优秀传统文化的博大精深、中国红色革命文化的丰富底蕴和社会主义先进文化的强大力量，万里长城，你是中国智慧、中国勇气、中国力量的无尽源泉。

第二篇
大运河——一条流淌着的文脉之河

　　提起我们的"母亲河"——黄河、长江，自古至今，多少文人雅士为之倾倒，诗歌词赋可谓汗牛充栋，名篇名著更是耳熟能详。大运河相较于二者，似略感寂寥。可是，当我们越仔细审视，就越会发现，大运河虽没有大江东去的豪迈，也没有黄河之水天上来的伟岸，但它却是一条波澜不惊的命脉之河、文脉之河——它在沉默无私付出中，孕育着沿线土地；在引动交流融合中，汇通着南北人文。因此也有人称大运河为"父亲河"，它作为中华民族最具代表性的文化标识之一，具有独特的精神内核与历史文化价值。

大运河文化是道法自然、天人合一的和合文化

世界遗产委员会认为，大运河是世界上最长的、最古老的人工水道，也是工业革命前规模最大、范围最广的工程项目，它促进了中国南北物资的交流和领土的统一管辖，反映出中国人民高超的智慧、决心和勇气，以及东方文明在水利技术和管理能力方面的杰出成就。可以说，大运河是中国古人与自然相互顺应、相互改造、相互成就的产物。大运河文化是在顺天法地、天人相合的过程中逐步孕育出来的，灌注着无数先人的智慧与血汗。

大运河体现了道法自然的文化智慧。中国国家图书馆善本特藏部收藏着一幅绘制于 1790 年的 9 米山水长卷——《九省运河泉源水利情形图》。在这幅长卷中，盛清时期中国大运河沿线泉源、引水、堰坝、船闸等水利情形的真实面貌，第一次被完整地描绘记录，为我们探寻已经消失的遗迹，提供了形象生动的历史依据。细细览之，可见绵延千里的运河，从江南一路上行到北方，我们的先民，为了实现航道的流畅贯通，克服了重重险阻，在看似不可能的地方巧夺天工。

郭守敬"白浮泉引水济漕"便是其中典范。郭守敬是元代著名科学家、建筑家以及杰出的天文、水利、数学、仪器仪表制造专家。他一生的科技成就有二十几项遥遥领先于当时的世界水平，为人类科学事业的发展做出了巨大贡献。1970 年，国际天文学会曾以郭守敬的名字将月球上的一座环形山命名为"郭守敬环形山"；1977 年 3 月，国际小行星中心又将小行星 2012 命名为"郭守敬小行星"。这是当代世界对历史上这位科学巨匠的认可和铭记。我国的郭守敬纪念馆有 2 处，一个在郭守敬的故乡邢台，另一个在北京什刹海西海北岸的汇通祠内，就是为了纪念他"引水通惠济漕"的功绩。

元大都建立后，北京城人口激增，郭守敬奉命修治元大都至通州的运

河，以解决用水问题，并疏浚运粮船道。因为北京地形西北高、东南低，郭守敬踏遍京北大地，终于在昌平东南方的龙山上找到高度合适、水质清澈、流量稳定的白浮泉，将其确定为通惠河的水源。但是，从白浮泉到昆明湖仅有两米高差，却相距数十公里，为了保证泉水自流流向东南面的北京城和通州，郭守敬通过精确的测量与调查，确定了一条呈递降趋势的引水路线：首先从海拔 53 米处的白浮泉，修一条弯曲的渠道，连接海拔 51 米的昆明湖，再从这里自流到海拔 48.8 米的北京城和海拔 27 米的通州，最终接入运河……要精确地测量出白浮泉与昆明湖两地地势的落差，因势利导，让向着低处流动的白浮泉水一路畅行，不因地势高低变化而受阻隔，即便现代的测绘工具也有一定难度，而几百年前的郭守敬竟然做到了，其中所体现的高超智慧，实在令人惊叹。

老舍先生曾到过世界上许多著名的城市，但是他唯独喜欢的是北京，最喜欢北京两个地方，一个是景山前街，另一个就是积水潭。民国张次溪《燕京访古录》中记载积水潭中有一小岛，岛上有鸡狮石，"积水潭上汇通祠……寺后立一石，层叠如云，相传为陨石所化，高六尺五寸，下承以石座。石之阳有天然一鸡一狮，鸡左向右走式，狮右向下伏式。石顶高处，另有镌刻一大鸡一大狮，鸡大四寸，居左向右走式，狮大七寸，居右向左卧式。此二鸡狮亦系天生形貌，后有镌刻家加以摹刻，愈觉形象逼真，堪称奇石，俗称鸡狮石。"在鸡狮石周围的水域便被称为鸡狮潭或鸡石池。元代修通运河之后，便音谐为积水潭了。元政府打造了 8000 多艘运河漕船，每天川流不息地把来自江南的漕粮运到大都积水潭码头。这条河道不仅解决了运粮问题，而且还促进了南货北销，进一步繁荣了大都城的经济。来自全国的物资商货集散于积水潭码头，使得其东北岸边的烟袋斜街和钟鼓楼一带成为大都城中最为繁华的闹市。除了商贾云集，海子的水色湖光也汇聚了四方游人骚客，在岸边的歌台酒榭中吟风弄月，盛况空前的积水潭充分显示了京杭大运河的活力和影响力，这些都离不开郭守敬的功绩。

大运河蕴含着天人合一的文化理念。黄河、长江等自然的大江大河都是自西向东的，而大运河却正好是南北沟通的，它是一条人工的河、是一条人文的河，更是天与人相和合的河。1986 年大型电视纪录片《话说运河》中有这样一段描述："长城跟运河所组成的图形是非常有意思的，它正好是中国汉字里一个最重要的字眼'人'，人类的人，中国人的人。你看，这长城是阳刚、雄健的一撇，这运河不正是阴柔、深沉的一捺吗？"大运河一路流淌浸溉，与自然江河沟通交汇，所经地区地形高低起伏，水源丰枯不一，其中涉及人工与自然，利用与改造，无不是这种天人合一和合理念的生动体现。

扬州"三湾抵一坝"，就是鲜活一例。扬州自古以来地势北高南低，上游淮河经扬州古运河流入长江时，水势直泻难蓄，行走运河的漕船、盐船常常在此搁浅。据《嘉庆重修扬州府志（卷九）》记载："万历二十五年四月，江都运河南门二里桥一带水势直泄，为盐漕梗。"当时的扬州知府郭光复为了改变这一状况，舍直改弯，率民工自河口起往西开挖新河，再折而南，复转弯向东，将原来近200米长的河道变成了1800米长，以增加河道长度和曲折度的方式来抬高水位和减缓水的流速。放水通航后，船只果然不再浅阻。后人称该段河道为"三湾子"，号称"三湾抵一坝"。这种尊重自然、体悟自然、顺应自然又改造自然的做法，遵循了中华传统文化天人相合理念，既给水以出路，也妙用水资源，实现了"旱能灌、涝能排、借塘水、保漕运"，创造了天人合一的"水工传奇"。

第8讲

大运河文化是聚沙成塔、功不唐捐的琢玉文化

隋朝大运河的开通，是大运河历史上的一个高峰。隋朝因运河而兴、又因运河而亡，也给人留下无限遐思。实际上，隋朝大运河是在一系列地方性运河的基础上形成的。605 年，隋炀帝杨广令宇文恺主持开凿大运河，主要是开凿通济渠和永济渠。"发河南诸郡男女百余万，开通济梁，自西苑引谷、洛水达于河（黄河），自板渚引河通于淮"，长 1000 多公里。通济渠施工时，充分利用了旧有的渠道和自然河道，从 3 月动工，到 8 月就全部竣工了，创造了人类开凿运河的奇迹。但同时，若没有一系列地方性运河为基础，要想开通隋朝大运河也是不可想象的。可以说，一部大运河开凿史，就是一部中华先民接续奋斗的历史，为了水的流动，为了航道的畅通，一代代中国人付出了千年努力。大运河文化也正是在这积沙成塔、集腋成裘中，切磋琢磨、积累发展而来的。

大运河彰显着积沙成塔的文化精神。大运河始建于春秋时期，公元前 486 年，吴王夫差北伐齐国，令伍子胥主持疏通胥溪和胥浦，开凿了历史上有名的"邗沟"，连通了长江和淮河水系。公元前 361 年，魏惠王两次大兴水利，西自荥阳以下引黄河水为源，向东流经中牟、开封，折而南下，入颍河通淮河，把黄河与淮河之间的济、濮、汴、睢、颍、涡、汝、泗、菏等主要河道连接起来，构成鸿沟水系。此后，从先秦两汉到南北朝时期的众多王朝都开凿了大量运河河道，分布地区几乎遍及大半个中国。西至河南，南达广东，北到华北平原，都有人工运河。这些四通八达的水道为后世开凿隋唐大运河奠定了基础。7 世纪初，隋朝重新开凿南北大运河，先后开挖了通济渠和永济渠，又投入大量人力正式疏通了江南运河，形成了一条以隋朝东都洛阳为中心的，将海河、黄河、淮河、长江、钱塘江五大水系连成一体的全

国运河系统。到了元代，全国的政治中心移到北京，大运河也随之改为直线形，并从通州延长25公里，直通到北京城里的积水潭……

2014年6月，在第38届世界遗产大会上，中国大运河项目成功入选《世界遗产名录》，成为中国第46个世界遗产项目。如今，列入世界文化遗产名录的大运河已经是包括隋唐宋时期以洛阳为中心的隋唐大运河，元明清时期以北京、杭州为起始的京杭大运河，从宁波入海与海上丝绸之路相连的浙东运河三条河流组成的庞大体系，涉及沿线8个省市27座城市的27段河道和58个遗产点，河道总长1011公里……

大运河滋养着功不唐捐的文化坚守。大运河孕育"雕琢"了中国文化史上无数伟大的作品，赋予了这些伟大作品灵魂和养分。《红楼梦》第十二回写道："谁知这年冬底，林如海的书信寄来，却为身染重疾，写书特来接林黛玉回去……作速择了日期，贾琏与林黛玉辞别了贾母等，带领仆从，登舟往扬州去了。"据考证，《红楼梦》中描写的黛玉登舟的地方就是现在北京通州张家湾大运河码头。

曹雪芹，名霑，号雪芹，祖籍辽宁铁岭，生于江宁（今南京），出身清代内务府正白旗包衣世家，是江宁织造曹寅之孙、曹頫之子（一说曹頖之子）。曹雪芹早年在南京江宁织造府亲历了一段锦衣纨绔、富贵风流的生活。史料记载，1692年，曹雪芹的祖父曹寅调任江宁织造，要通过大运河来往京城给皇家运送绸缎布匹。曹家为了来往京城方便，便在张家湾设立当铺和购置田地。1728年，曹家因亏空获罪被抄家，曹雪芹随家人迁回北京老宅，后又移居北京西郊，靠卖字画和朋友救济为生。1747年，33岁的曹雪芹移居北京西郊，卧佛寺、四王府、峒峪村、北上坡、白家疃都留下了他的身影。曹雪芹在隐居西山的十多年间，以坚韧不拔的毅力，将旧作《风月宝鉴》"披阅十载，增删五次"，写成了巨著《红楼梦》。

"生于繁华，终于沦落"，从鲜花着锦之盛，一下子落入凋零衰败之境，使曹雪芹深切地体验着人生悲哀和世道的无情，也摆脱了原属阶级的庸俗和褊狭，看到了封建贵族家庭不可挽回的颓败之势，同时也带来了幻灭感伤的情绪。他的悲剧体验，他的诗化情感，他的探索精神，他的创新意识，全部熔铸到《红楼梦》的创作里。周汝昌先生这样评价曹雪芹的一生：曹雪芹是不寻常的，坎坷困顿而又光辉灿烂。他讨人喜欢，也曾遭世俗的误解诽谤、排挤不容。他有老、庄的哲思，有屈原的《骚》愤，有司马迁的史才，有顾恺之的画艺和"痴绝"，有李义山、杜牧之风流才调，还有李龟年、黄幡绰的音乐、剧曲的天才功力……他一身兼有贵贱、荣辱、兴衰、离合、悲欢的人生阅历，又具备满族与汉族、江南与江北各种文化特色的融会综合之奇辉异彩。所以我说他是中华文化的一个代表形象……

　　《北上》是一部以大运河为背景的小说。它从1901年写起，当时整个中国大地风雨飘摇。为了寻找在八国联军侵华战争时期失踪的弟弟马福德，意大利旅行冒险家保罗·迪马克以文化考察的名义来到了中国。这位意大利人崇敬他的前辈马可·波罗，并对中国及运河有着特殊的情感，故自名"小波罗"。主人公之一谢平遥作为翻译陪同小波罗走访，他们从杭州、无锡出发，沿着京杭大运河一路北上。这一路，既是他们的学术考察之旅，又是他们对命运的反思之旅，更是他们的寻根之旅。当他们最终抵达大运河的最北端通州时，小波罗因意外而离世。同时，清政府下令停止漕运，运河的实质性衰落由此开始……100年后的2014年左右，中国各界重新展开了对于运河功能与价值的文化讨论。当谢平遥的后人谢望和与当年先辈们的后代阴差阳错重新相聚时，各个运河人之间原来孤立的故事片段，最终拼接成了一部完整的叙事长卷。这一年，大运河申遗成功……作者徐则臣曾这样自述："我初中时住校，校门前是江苏最大的一条人工运河，石安运河，一大早河面上水汽氤氲，河水暖人。后来在淮安生活过几年，每天在穿城而过的大运河两岸穿梭，一天看一点，聚沙成塔，对运河也知道了不少。"为了创作《北上》，徐则臣做了旷日持久的田野调查，全面了解了大运河工程及其历史，深入挖掘大运河灿烂辉煌的文化。他"带着眼睛、智商、想象力和纸笔"，把京杭大运河从南到北走了一遍，实为真正意义上的"北上"，前后共用了4年。大运河文化，不也正是由历史上一个个"徐则臣"，在一次次"北上""南下"中坚持守望而来的吗？

第9讲

大运河文化是各美其美、相互融通的多元文化

　　大运河上承春秋周敬王三十四年，下至清宣统末年，不仅是"流动的文化"，而且是以物态文化创造出的"流动的历史"。其文化史历时2400年，跨越了中国的奴隶社会、封建社会、半殖民地半封建社会、社会主义社会四种社会形态。其路径流经8省27市，所过区域也皆是历史上人文荟萃之地。

　　在相当长的一段时期，运河经济成为中国经济增长的主要动力来源，当时整个世界也在因为运河而重构。荷兰阿姆斯特丹因为市内运河纵横交错，成为欧洲重要的港口和贸易都市，17世纪还一度成为世界金融、贸易和文化中心。德国现代化工业区鲁尔，因为有了四条人工运河，将74个河港与莱茵河连成一体，7000吨海轮由此可以直达北海。1825年，美国开通伊利运河，五大湖的水运得以与纽约港连通，当时比费城和波士顿小得多的纽约，迅速发展成为全国最大的港口和都市。伊利运河的通航，开启了纽约的曼哈顿时代。而扼守世界脉搏的苏伊士运河和巴拿马运河的开通和争夺，甚至影响了人类历史的发展进程……

　　毫无疑问，世界运河发展史，为人们呈现出这样一幅清晰的景象：无论中外，运河都是推动历史前进的强劲引擎。有人以此为通道，有人视它为纽带，甚至脐带。而中国大运河，更是改变了中国文化的延展空间，从而使整个华夏文化呈现出丰富、多元、交融的格局。

　　大运河孕育着各美其美的多元文化。中原文化、江南文化、齐鲁文化、楚汉文化、岭南文化、良渚文化甚至巴蜀文化等，在大运河的流波中融通，充满了生机和活力。衣被天下的丝绸、名闻遐迩的陶瓷、香飘万里的茶叶，四大文学名著《三国演义》《水浒传》《西游记》《红楼梦》都诞生于运河沿

线。天津杨柳青年画、沧州铁狮子、吴桥杂技、淮扬菜、扬州八怪、枫桥夜泊，都是来自运河的文化记忆。

施耐庵，名耳，号耐庵，江苏兴化人，祖籍苏州。施耐庵因避战乱迁兴化隐居写《水浒传》。据民间传说，张士诚起兵反元，在平江（苏州）称吴王，聘施耐庵为军师。后张士诚降元，施耐庵屡谏不从，因而弃官去江阴祝塘东林庵坐馆。朱元璋发兵围攻平江，战乱波及江阴，施耐庵想起先后曾任松江同知和嘉兴路同知的同乡好友顾逖。于是差人给顾逖送一封信，并附诗一首：年荒世乱走天涯，寻得阳山好住家。愿辟草莱多种树，莫教李子结如瓜（当时有民谣云："李生黄瓜，民皆无家"）。顾逖见信后，马上给施耐庵回信，欢迎他来兴化避难。信中也答诗一首：君自江南来问津，相送一笑旧同寅。此间不是桃源境，何处桃源好避秦。施耐庵接信后，即渡江北上，在兴化以东人烟稀少的海滨白驹场隐居著《水浒传》。据说，《水浒传》中的许多地名，都取之于祝塘附近。如"三打祝家庄"的祝家庄写的就是祝塘镇。武松景阳冈打虎，据说是施耐庵在后阳岗散步，见有条黄狗睡在松树下，一名壮丁武阿二把黄狗打跑了。施耐庵便以此为原型进行创作，把后阳岗改作景阳冈，黄狗变成了吊睛白额大虫，武阿二成了武松。相传施耐庵在祝塘坐馆教书时，还经常教人画画，而且每次只教一幅人物画，直到学生画好后再教另外一幅。他前后教学生画了108幅。这些画，张张面孔不一样，个个动作不同，神态各异，个性有别，据说这就是《水浒传》里的一百单八将。

大运河带来了美美与共的文化交融。大运河开通后，从隋唐的洛阳，到北宋的开封、南宋的杭州，再到元、明、清的北京，历经沧海桑田、王朝更替，中国古代封建王朝的都城，再也没有离开过运河，都城依运河而建，固定成为一种新的格局。《清明上河图》是中国十大传世名画之一。它描绘了北宋时期都城汴京（今河南开封）的状况，主要是汴京以及汴河两岸的自然风光和繁荣景象。汴河是北宋时期国家重要的漕运交通枢纽、商业交通要道，从画面上可以看到人口稠密、商船云集，人们有的在茶馆休息，有的在看相算命，有的在饭铺进餐。还有"王家纸马店"，是卖扫墓祭品的，河里船只往来，首尾相接，或纤夫牵拉，或船夫摇橹，有的满载货物，逆流而上，有的靠岸停泊，正紧张地卸货。横跨汴河上的是一座规模宏大的木质拱桥，它结构精巧、形式优美、宛如飞虹，故名虹桥。有一只大船正待过桥。船夫们有用竹竿撑的、有用长竿钩住桥梁的、有用麻绳挽住船的；还有几人忙着放下桅杆，以便船只通过。邻船的人也在指指点点地像人在大声吆喝着什么。船里船外都在为此船过桥而忙碌着。桥上的人，伸头探脑地在为过船的紧张情景捏了一把汗。这里是名闻遐迩的虹桥码头区，桥头遍布刀剪摊、饮食摊和各种杂货摊，两位摊主正争相招呼一位过客来看自己的货物。这里名副其实是一个水陆交通的会合点，可称为画面的高潮片段。据北宋孟元老《东京梦华录》载，为满足市民夜生活的延长，当时开封城里还出现了"夜市""早市"和"鬼市"。各种店铺的夜市直至三更方尽，五更又重新开张；如果热闹去处，更是通宵不绝；而有的茶房每天五更点灯开张，博易买卖衣服、图画、花环、领抹之类，至晓即散，谓之鬼市。

北京城的建设和发展也与大运河息息相关。今天，漫步在北京故宫的人们也许很难想象，他们脚下的广场，是一个厚达15层的青砖堆砌层。北京故宫的城墙，宫室外地上铺的砖石，总数量高达一亿块，这些青砖全部来自同一个地方——400公里外的山东临清。皇家贡砖之所以选择临清，一是由于这一带土质好，细腻而无杂质，俗称"莲花土"，用这种土烧制的砖异常坚硬，敲起来有一种悦耳的金属声，是理想的建筑原料；二是临清的水质好，当时的漳卫河水质清澈，碱性较小，适宜制砖；三是临清紧靠运河，交通方便，烧出的砖可直接装船运往京城。此外，故宫前三殿内铺的"金砖墁地"，是由来自太湖底的淤泥烧制出来的。木料用的是来自两广、云贵的楠木。通过大运河这条人工水道，全国各地的建材、工匠、文化，被源源不断地运往、带至京城，不仅巍峨的故宫，甚至整座北京城，都被称为"运河上漂来的城市"。

北京通州的"三庙一塔"是国内唯一的三教合一建筑群。其中，文庙、紫清宫、燃灯塔及其附建的佑胜教寺三座庙宇，近距离呈"品"字形布局。文庙最大，突出了儒家学说，道教、佛教庙宇很小，且置于文庙之左右。儒、释、道三教在这里互为紧邻而又相互独立。燃灯塔全高56米，与古运河相距几百米，却能垂映运河，成为运河北端的标志，也是古通州的地标，古人称之为："无恙蒲帆新雨后，一支塔影认通州。"据考证，"三庙一塔"中最早的燃灯塔始建于北周，最晚的紫清宫建于明代中期，三教至今已和谐共存了 400 余年，这在全国也是唯一独有的人文景观，充分反映了大运河文化的开放性、包容性与融合性。

大运河文化是残月扁舟、舍我其谁的抗争文化

　　《永远的大运河》，是作家刘凤起 150 多万字的巨幅长篇小说。它以 1931 年"九一八事变"至 1939 年抗战转入相持阶段为背景，展现了京津地区北运河两岸人民的生存状况，描写了抗日英雄刘光汉及其周围的抗日群体从蒙昧到觉醒的思想转化过程。主人公刘光汉所在的刘氏家族，是一个颇具底蕴的传统大家族，在中华传统文化理念的影响下，家训成为维系家族生存和发展的核心纽带。1937 年的"七七事变"打破了一切善良人们的美好幻想，标志着中华民族反法西斯战争的全面展开。刘光汉在这一时期经历了三次生死考验，所带领的抗日队伍与日寇、汉奸进行了艰苦作战，最终取得胜利，达成了人物性格和思想的全面觉醒。刘凤起在小说中借政委成智声之口说道："只要我中华民族有一批刘光汉在，鬼子就永远甭想奴役中国。它可以用坚船利炮占领运河两岸，可它永远跨不过去中国人心中的那条大运河！"可以说，大运河文化，是一种独立自主、自强不息的抗争文化，团结共进的民族理念和顽强御侮的民族精神，是永远的大运河之魂。

　　大运河见证了残月扁舟的英勇抗争。微山湖区作为大运河借湖行运的航道之一，具有光荣的革命斗争历史。抗日战争时期，以微山湖为根据地的"微湖大队""运河支队""铁道游击队"等革命武装队伍凭借百里微山湖、千顷芦苇荡，开展了机动灵活的游击战争，开辟了湖区秘密交通线，创造出许多可歌可泣的动人故事，为中国抗日战争的胜利立下了不朽的功勋。微湖大队曾护送过刘少奇、陈毅、罗荣桓、肖华、朱瑞等一大批党、政、军负责同志过湖去延安。抗战期间，湖上交通线一直畅通无阻，安全护送了千余名过往干部，从未出过差错。陈光、罗荣桓、肖华、黎玉 4 位首长当时还联名写信给微湖大队，信中说："你们像一把尖刀插在敌人心脏，用你们的勇敢

和智慧，在星罗棋布的据点中，蹚出一条通往延安的坦途，保证了南北交通的畅通……"1943年年底，新四军代军长陈毅经微山湖去延安参加党的第七次代表大会，留下了壮丽诗篇《过微山湖》："横越江淮七百里，微山湖色慰征途。鲁南峰影嵯峨甚，残月扁舟入画图。"著名作家刘知侠创作的《铁道游击队》的故事也大都发生在这里。"西边的太阳快要落山了，微山湖上静悄悄，弹起我心爱的土琵琶，唱起那动人的歌谣，爬上飞快的火车，像骑上奔驰的骏马，车站和铁道线上，是我们杀敌的好战场……"电影《铁道游击队》的插曲《弹起我心爱的土琵琶》唱响大江南北，使微山湖名扬中外。

台儿庄运河是整个京杭大运河中唯一完全东西流向的一段，这里曾经历了一场对中华民族来说生死攸关的大战。1938年3月，日本侵略军第五、第十两个精锐师团分击合进，进攻台儿庄。中国军队第五战区司令长官李宗仁将军命令第二集团军孙连仲部的3个师沿运河一线布防。日军凭借优势武器，攻入城内，双方遂展开激烈巷战，战斗异常惨烈。日军一度占领城区的2/3，日本新闻媒体对外宣称："台儿庄已被我军占领，太阳旗已在台儿庄城内迎风飘扬。"孙连仲给李宗仁将军紧急电话："二集团军已伤亡十分之七……可否请长官答应暂时撤至运河南岸，好让第二集团军留点种子。"李宗仁严令孙连仲："我们在台儿庄血战一周，胜负之数决定于最后5分钟，援军明日中午可到，我本人也将明晨到台儿庄督战。你务必守到明日拂晓，如违抗，当军法从事。"孙连仲打消撤退念头，下决心死守到底。他给守城主将31师师长池峰城打去电话说："我们要用血肉之躯来填敌人的炮火，士兵打完了，你就填进去，你填过了，我就填进去，有谁胆敢再提过河者，杀无赦。"4月3日，战斗进入白热化状态，攻城日军向中国守军阵地发动全面进攻。紧急时刻，池峰城向全师官兵说道："台儿庄是我们全师官兵的坟墓！就是剩下一兵一卒也要坚守阵地，任何人不得撤退，违令者严惩不贷！"他命令工兵炸掉运河浮桥，破釜沉舟，背水一战。在不足10平方公里的范围里，敌我双方血战16天，美丽的运河小城房无完房、墙无完墙、尸横遍野，日军的钢盔堵塞了运河的水流，手榴弹的木柄碎片积存了一寸多厚，运河水为之染红。后来，这场战斗被称为"台儿庄大捷"。

大运河催生了革命文化的伟大作品。苏州革命博物馆的镇馆之宝，是一颗凝结着特殊历史而又令人憎爱交加的铁质弹头。这不是一颗普通的子弹，1939 年 9 月 21 日，这粒长 2.8 厘米、底部直径 0.7 厘米的弹丸，从"忠义救国军"一挺机枪中射出，嵌入一位 16 年后荣膺共和国中将军衔的新四军指挥员胸中，直至将军 1984 年谢世方得取出，伴随和见证了将军从战争到和平 45 年的军旅生涯。它被岁月的"利齿"咬噬得凹凸不平，似在诉说着它与寄居主人的爱恨情仇；深褐色的斑斑锈迹宛如凝结的陈年旧血，使人油然想起它蛰伏抗日英雄血肉之躯的年深日久。就是这颗子弹，引发了红色经典《芦荡火种》和《沙家浜》的创作。1939 年 9 月，叶飞率领的"江南抗日义勇军"（以下简称"江抗"）主力与敌军激战江阴，"江抗"政治部主任刘飞被一颗子弹击中，身负重伤，不得不转入阳澄湖上的"江抗"后方医院。湖上缺医少药，医护人员就蒸煮白布围挂成手术室，将竹筷和棉花高温消毒后代替镊子和脱脂棉，水放盐烧开冷却后作消毒液。在刘飞带领下，进出后方医院的上百名伤病员，战胜日伪袭扰、伤痛折磨、给养不足等困难，确保以阳澄湖为中心的东路抗日根据地红旗不倒。1960 年 1 月 17 日，由上海人民沪剧团根据这一真实故事创排的《芦荡火种》首次彩排，而后在上海人民大舞台公演，引起巨大反响。1964 年 7 月 23 日晚，毛泽东、刘少奇、周恩来等党和国家领导人在人民大会堂小礼堂观看了京剧《芦荡火种》。演出结束后，毛泽东提出三点意见：一是觉得剧中新四军的音乐形象不饱满，要鲜明地突出新四军战士的音乐形象；二是军民鱼水关系不够突出，要加强军民关系的戏；三是结尾不合适。移植改编的京剧保留了沪剧中新四军利用胡传魁结婚，乔装吹鼓手和轿夫喜堂聚歼敌酋的情节。毛泽东认为，这样一来，结尾成了闹剧，全剧就成为风格不同的两截子了，应该改为新四军正面打进去。要突出武装斗争的作用，用武装的革命消灭武装的反革命。毛泽东幽默地说，芦荡里都是水，革命火种怎么能燎原呢？再说，那时抗日革命形势已经不是火种而是火焰了嘛！故事发生在沙家浜，中国有许多戏用地名为戏名，我看这出戏就叫"沙家浜"吧。随后，剧组人员根据毛泽东的意见，进行了认真的修改，剧名也根据毛泽东的建议，按照故事发生地命名，这才有了后来的《沙家浜》。

第11讲

大运河文化是小桥流水、古道西风的乡土文化

　　历史上的大运河，曾给中国带来经济的繁荣、民族的振兴。一代代运河人，把血脉喷涌成运河的血脉，把骨肉凝结成运河的铜帮铁底。可以说，大运河既装满了王者的雄心、成就了他们的霸业，大运河也流淌着庶民的心酸，演绎着悲欢离合的故事。大运河文化中，满满的是乡土，浓浓的是乡愁。

　　大运河边，灌溉着小桥流水的乡土。《端午的鸭蛋》是当代作家汪曾祺于 1981 年创作的一篇散文。散文中这样写道："我的家乡是水乡。出鸭。高邮大麻鸭是著名的鸭种。鸭多，鸭蛋也多。高邮人也善于腌鸭蛋。高邮咸鸭蛋于是出了名。我在苏南、浙江，每逢有人问起我的籍贯，回答之后，对方就会肃然起敬：'哦！你们那里出咸鸭蛋！'上海的卖腌腊的店铺里也卖咸鸭蛋，必用纸条特别标明：'高邮咸蛋'。高邮还出双黄鸭蛋。别处鸭蛋也偶有双黄的，但不如高邮的多，可以成批输出。双黄鸭蛋味道其实无特别处。还不就是个鸭蛋！只是切开之后，里面圆圆的两个黄，使人惊奇不已。"英国人米范威·布莱恩特的《运河人家》出版于 20 世纪 30 年代的英国，描写了华北平原上大运河岸边一个基督教徒家庭生活的方方面面，展示了 20 世纪二三十年代普通中国人的面貌、普通中国家庭的日常生活情形以及当时中国的社会面貌、民间习俗等。与世界上其他所有伟大的河流一样，大运河承担着交通运输的功能，也灌溉着沿岸的农田，带来了沿岸村庄的繁荣。书中有这样的描述：华北平原上的人们，用一个柳条编成的、固定在两条结实的绳索上的篮子，将水从河里"打包"到堤岸顶部的水池中，再由这里流到农田之间的渠道里，干涸的土地靠喝着这样得来的水获得了生命，这些庄的繁荣兴旺，很大程度上依靠着大运河。书中还以外国人的视野描述了

中国独有的游戏——抽陀螺、踢毽子，独有的小吃——"如同公牛眼睛一般硕大"的糖葫芦，独有的民间绝技——转碟、吞剑，独有的祭祀活动（祭灶神）——"进贡一些甜食，会将糖汁抹到他的嘴唇上"。一切都充满了浓浓的乡土气息。

大运河上，也承载着古道西风的乡愁。朱自清在回忆故乡的文章《说扬州》中写道："扬州是吃得好的地方。这个保你没错儿。北平寻常提到江苏菜，总想着是甜甜的腻腻的。现在有了淮扬菜，才知道江苏菜也有不甜的；但还以为油重，和山东菜的清淡不同。其实真正油重的是镇江菜，上桌子常教你腻得无可奈何。扬州菜若是让盐商家的厨子做起来，虽不到山东菜的清淡，却也滋润，利落，决不腻嘴腻舌。不但味道鲜美，颜色也清丽悦目……北平现在吃干丝，都是所谓煮干丝；那是很浓的，当菜很好，当点心却未必合式。烫干丝先将一大块方的白豆腐干飞快地切成薄片，再切为细丝，放在小碗里，用开水一浇，干丝便熟了；逼去了水，抟成圆锥似的，再倒上麻酱油，搁一撮虾米和干笋丝在尖儿，就成。说时迟，那时快，刚瞧着在切豆腐干，一眨眼已端来了……"运河名镇高邮出生的作家汪曾祺，在散文《我的家乡》中有这样的描写："打鱼人把篙子一挥，这些鱼鹰就劈劈啪啪地纷纷跃进水里。只见它们一个猛子扎下去，眨眼工夫，有的就叼了一条鳜鱼上来——鱼鹰似乎专逮鳜鱼。打鱼人解开鱼鹰脖子上的金属的箍，把鳜鱼扔进船里，奖给它一条小鱼，它就高高兴兴、心甘情愿地转身又跳进水里去了。有时两只鱼鹰合力抬起一条大鳜鱼上来，鳜鱼还在挣蹦，打鱼人已经一手捞住了。"鲁迅先生在家乡绍兴运河里"远哉遥遥"看的"社戏"，更是让他感念一生："真的，一直到现在，我实在再没有吃到那夜似的好豆，——也不再看到那夜似的好戏了。"

第12讲

大运河文化是千金报德、撄而后宁的上善文化

《道德经》云："上善若水，水善利万物而不争，处众人之所恶，故几于道。"孔子"见大水必观"，都指出了水中所蕴含的"德"与"道"。《庄子·大宗师》中更是对这种上善之道进行了细致描述："其为物，无不将也，无不迎也，无不毁也，无不成也，其名为撄宁。撄宁者，撄而后成者也"，意为接触外界事物却不为其所扰乱而保持宁静。可以说，大运河文化就秉承了水的上善之德、撄宁之道。大运河的这种撄而后宁的上善文化，蕴藏在运河边流传的各种的历史传说与神话故事中，口口相传，无声无息地孕育着中华民族的宝贵精神品格与两岸人民的崇高价值追求，引导着人们尊道守德、向上向善。

其中有"千金报德"之高义。伍子胥不仅是开凿京杭大运河的第一人，而且被苏州人视为"苏州古城之父"。伍子胥"一夜白头"的故事可以说是家喻户晓。据西汉司马迁《史记·伍子胥列传》中记载，伍子胥是楚国太师伍奢之子，公元前522年，楚平王欲废太子建，因此一面派人去杀太子建，一面逼伍奢写信给他的两个儿子伍尚和伍子胥叫他们回来。大儿子伍尚回到郢都跟父亲一起被杀，小儿子伍子胥携太子建之子公子胜出逃他国，被楚兵一路追杀至昭关，因昭关有重兵把守，很难过关而"一夜白头"。后在东皋公帮助下蒙混过关。公元前514年，从楚国逃亡到吴国的伍子胥受到当时的吴王阖闾的重用，奉命设计并建造了阖闾大城——也就是今天的苏州城的雏形。后人为了纪念他，将苏州古城中的一道城门改名为胥门。相传伍子胥逃楚入吴时，在今天运河名城镇江高淳的沙滩头村附近迷失方向，有浣纱女知伍子胥为忠良，以浆纱米汤为其充饥，并指明通往吴国的道路。伍子胥行走片刻，回头见浣纱女立在原地，疑其为追兵指点行踪，又折返回身。浣纱女

知其心意，遂转身跳入河中，舍生取义。伍子胥对河感慨良久，咬破手指，在石头上写了二十个大字：尔浣纱，我行乞；我腹饱，尔身溺。十年之后，千金报德！伍子胥既入吴国，辅佐吴王阖闾完成大业后，再次来到浣纱女投河之地，拿出三斗三升"金豆子"，抛撒到了江中，祭祀报答以命相舍的浣纱女。如今，镇江博物馆还收藏有"金豆子"。

更加广为流传的是"白娘子"的传说。据明末冯梦龙《警世通言》记载，传说南宋绍兴年间，修炼1000年的蛇妖化作美丽女子白素贞，带着她的侍女青青在杭州西湖与许宣邂逅，同舟避雨，一见钟情，遂结为夫妻。婚后，经历诸多是非，白娘子屡现怪异，许不能堪。镇江金山寺高僧法海赠许一钵盂，令罩其妻。白、青被罩后，显露原形，乃千年成道白蛇、青鱼。法海遂携钵盂，置雷寺峰前，令人于其上砌成七级宝塔，名曰雷峰，永镇白、青于塔中。后世在传说中又添加了一些情节，使得故事更加符合大众的口味，得以流转至今：千年蛇妖白素贞为了报答书生许仙前世的救命之恩，化为人形与许仙相识，并嫁予他，却被金山寺和尚法海识破身份，将许仙骗至金山寺并软禁，白素贞同小青一起与法海斗法，水漫金山寺。白素贞因此触犯天条，被法海收入钵内，镇压于雷峰塔下。后来许仙和白素贞的儿子长大得中状元，将母亲救出，全家团聚。鲁迅先生1924年创作的《论雷峰塔的倒掉》一文中写道："那时我唯一的希望，就在这雷峰塔的倒掉……试到吴越的山间海滨，探听民意去。凡有田夫野老，蚕妇村氓，除了几个脑髓里有点贵恙的之外，可有谁不为白娘娘抱不平，不怪法海太多事的？和尚本应该只管自己念经。白蛇自迷许仙，许仙自娶妖怪，和别人有什么相干呢？他偏要放下经卷，横来招是搬非，大约是怀着嫉妒罢，——那简直是一定的。"

其中有"婴宁失笑"之叹惋。清代作家蒲松龄曾长期在大运河边生活、游历，搜集各类创作素材。在高邮大运河畔，蒲松龄目睹了社会的黑暗，更看到洪水到来时灾民的惨状，这些社会现象不断地刺激着他，终于使他创作出小说《聊斋志异》。其中《聊斋志异·婴宁》是他的杰作之一。故事主人公婴宁是狐狸和人所生的女儿，爱花、爱笑、心灵纯洁无邪。在婴宁的世界里，似乎没有什么事是笑改变不了的。但当她与王子服成亲后，融入现实社会中，却变得再也笑不出来了，这种巨大的转变，是对世俗的服从和让步，极具深意，令人唏嘘之余，引发无限思考。蒲松龄以"婴宁"喻指"撄宁"，或许就是被大运河边的山野传说激发了灵感，在大运河的流波激荡中有所思悟，也正是希望通过故事传递一种于纠结扰乱中永葆淡定从容、于外物波动之中永守内心平静的道德和人格理想。蒲松龄在叹息婴宁命运之余，也不忘以"女逾年生一子，在怀抱中，不畏生人，见人辄笑，亦大有母风云"作为故事结尾，或许也是为给世人留一盏希望之灯。这也算是大运河向善文化的一个明证吧。

第13讲

大运河文化是背水牵滩、逆水行舟的铸魂文化

　　在相当长的一段时期，运河经济成为中国经济增长的主要动力来源，甚至影响了中国历史的发展进程。而这背后，则是无数"纤夫"的付出和血汗。可以说，一代代纤夫背水牵滩支撑起了大运河的繁荣，一声声逆水行舟的船工号子，不断熔铸大运河两岸人民坚强不屈的灵魂。

　　大运河旁至今仍存的古老纤道，仿佛在诉说着纤夫昨日的辛勤。古纤道是古越劳动人民独创的一种桥路组合的道路，绵延近 75 公里。至今保存最完整的两段在柯桥至钱清一带的运河上，一段长 502 米，149 桥孔；一段长 377.4 米，112 桥孔。两面临水的古纤道，多在水深河宽处，其路基是用石条砌成的一个个石墩，高出水面 0.5 米左右，墩间用三块长约 3 米、宽约 0.5 米的石板平铺而成桥面，故有"白玉长堤"的美誉。纤道顺着运河，时而一面临水，一面依岸；时而两面临水、平铺水中，俨然一条飘带，蜿蜒伸向水天极目之处，由于古纤道贴水而过，上面可行人背纤，遇大风大浪，又仿佛是中流砥柱，可抵消风浪对船只的撞击。在柯桥古纤道旁，可以看到新建的"纤夫魂"碑石，还有纤影壁，上书："所谓纤夫，是指那些专以帮人拉纤和划船为生的人。"米范威在《运河人家》写道："对面的岸边，十个胳膊和肩膀上缠着绳子的健壮男人，正沿着拉船道吃力地摇晃着前行，他们迎风而上，正拉着一艘装了很多货物的驳船。他们逆流而上，艰难地移动着，船上满载着装油的锡罐——这些油会被运往内陆。在他们身后，又有六个男人正拖着另一艘沉重的船，船上装着动物的骨头……"当年，运河上百舸争流，煤、木材、农副产品和日用品全靠船只运送，纤夫在那时就起着关键性的作用。他们弯屈着身子，背着缰绳，一瘸一拐地向前迈。纤夫除了拉纤之外，就是会喊一口沙哑的船工号子。大部分的纤夫不穿上衣，暮春、夏季、初秋

等温暖的时节更是如此。唐代诗人王建的《水夫谣》描写了水边纤夫的辛劳和痛苦："苦哉生长当驿边，官家使我牵驿船。辛苦日多乐日少，水宿沙行如海鸟。逆风上水万斛重，前驿迢迢后森森。半夜缘堤雪和雨，受他驱遣还复去。夜寒衣湿披短蓑，臆穿足裂忍痛何！到明辛苦无处说，齐声腾踏牵船歌。一间茅屋何所值，父母之乡去不得。我愿此水作平田，长使水夫不怨天。"

大运河上似乎仍在响起的号子，又在呼唤着新的"纤夫"精神。直到20世纪50年代，大运河上的船只还基本上采用人力，或者摇橹，或者由着纤夫一路往前拉，边拉边喊着沙哑的船工号子。号子有声无字，"嗨，嗨哟哟，嗬嗨，拖呀，拖，拖拖拖……"每当逆水行船时，全靠纤夫合力拉纤，号子声声，空谷回荡。

北京通州人常富尧被称为"留住运河号子的人"。他退休前在通州文化馆工作，二十年如一日不懈地挖掘整理通州运河船工号子，才使其得以入选首批国家级"非遗"名录。通州运河船工号子，专指北京通州到天津段，即北运河的船工号子。北运河两岸人家，祖上都是搞漕运的，一大家族合买一条船，专跑北京到天津这一段。一趟来回一礼拜，北京到天津顺风顺水，3天准到；天津回北京，逆流而上，船工一路拉纤，得4天时间，鼓劲提神、劳逸结合的运河船工号子由此产生。这段运河人工挖掘，水流宽阔平稳，不如长江黄河那般风急浪大，因此北运河的船工号子"水稳号不急"，而且是通州的方言、南方的调儿，喊起来别有风味。

20世纪50年代之后，随着机械动力的发展，纤夫逐渐失去了生存空间。通州北运河船工号子唯一的"非遗"传承人赵庆福于2018年11月26日去世，享年87岁——千年的运河头从此失去了它最后的纤夫和喊号人。大运河上的纤夫虽已经成为历史，但一支号子、一条绳，逆水行舟、勇往直前、百折不挠的"纤夫"精神则是千百年来中华民族勤劳勇敢的真实写照。中华民族遭受过太多的磨难，在伟大的民族精神的鼓舞下，伟大的中华民族闯过了一道道险滩急流，才拥有了今天的辉煌。中华民族伟大复兴，绝不是轻轻松松、敲锣打鼓就能实现的。在新时代新征程中，更有无数想不到的沟沟坎坎，越是这样的关键时刻，越是在严峻的考验面前，越是需要弘扬新时代的纤夫精神，一步一个脚印，不达目的，决不罢休！

大运河文化是吐故纳新、生生不息的传承文化

　　唐代文学家皮日休的《汴河怀古》这样写运河:"尽道隋亡为此河,至今千里赖通波。若无水殿龙舟事,共禹论功不较多。"千百年来,在对运河的使用、维护和整治中,人们对运河的认识也不断更新,从历史上的南粮北运、盐运通道,到中华人民共和国成立后的北煤南运、防洪灌溉。可以说,大运河在时代的变换中,不断焕发出新的活力。大运河文化,在生生不息、传承不止的同时,更被时代赋予诸多新的意义,正在不断掀开新的篇章。

　　大运河,在新的时代承担着新的使命。历经 2000 余年的持续发展与演变,大运河至今仍发挥着重要的交通、运输、行洪、灌溉、输水等作用,是沿线地区不可缺少的重要交通运输方式,在保障中国经济繁荣和社会稳定方面发挥着重要的作用。中华人民共和国成立以来,对于大运河 2000 多年的沧桑,或许只是短暂一瞬,但正是这短短的几十年,中国大运河完成了一次次"华丽转身"。如今,每年约有十万多艘船舶,常年在大运河繁忙的河道上航行。在富庶的江南,这条大河还是构成中国"北煤南运"、长江三角洲物流与外向型经济的运输大通道,仅仅京杭运河江苏段的年运输量,就高达 5 亿吨,相当于 14 条京沪高速公路,或 21 条京沪铁路的满载运输量。新中国水利史上最大的水利项目之一——南水北调,其中的东线,也正是利用了京杭大运河线路作为输水通道展开施工,这再次彰显了中国人征服自然的勇气和魄力。

　　南水北调工程起源于 20 世纪 50 年代初。当时黄河水利主管部门向毛泽东提出了用长江水补充黄河水,以缓解黄河流域、海河流域缺水局面的引江济黄设想。1952 年,毛泽东视察黄河,在听取相关汇报后,毛主席提出:"南方水多,北方水少,如有可能,借点水来也是可以的。"此后,南水北调

工程就开始列入中国政府的议事日程，在经历了 50 多年的勘察论证，比较了 50 多种规划方案之后，南水北调工程于 2002 年 12 月开工建设。整个工程分东、中、西三条线路，计划用 50 年时间建成。南水北调东线、中线一期主体工程建成通水以来，累计调水超过 450 亿立方米，直接受益人口超 1.2 亿人。在 2021 年 5 月 14 日召开的推进南水北调后续工程高质量发展座谈会上，习近平总书记回忆感慨道："毛主席这个伟大而浪漫的畅想，是有科学根据的。建设新中国的奠基工程中，水利占重要位置，治国先治水。"

大运河文化，在新的时代将焕发新的勃勃生机。大运河是世代中国人的作品，也见证中国世代的变迁，更承载着一代代中国人的深厚情感。在唐代，运河旁的扬州是中国最繁华的商业城市，东南第一大都会，有"扬一益二"之说。《马可波罗游记》也曾感叹元朝时期大运河的繁盛："第三日晚上便抵达新洲码头（今山东济宁），城的南端有一条很深的大河经过，河中航行的船舶数量之多，几乎令人不敢相信。"2014 年 6 月，在第 38 届世界遗产大会上，中国大运河项目成功入选《世界遗产名录》，成为中国第 46 个世界遗产项目。2017 年 6 月，习近平总书记对建设大运河文化带做出重要指示："大运河是祖先留给我们的宝贵遗产，是流动的文化，要统筹保护好、传承好、利用好。"如今，大运河依旧波光闪耀，依然是我们民族历史的百科全书和中华文化的精神家园。源远流长的大运河文化，积淀了中华民族最深厚的精神追求，代表着中华民族独特的精神标识，为中华民族生生不息、发展壮大提供了丰厚滋养。我们有充足的理由期待着更多的运河文化不断活起来、"火"起来，在新的时代焕发出勃勃生机。大运河，必将成为新时代宣传中国形象、展示中华文明、彰显文化自信的又一张亮丽名片！

第三篇
长征文化——中国革命文化的壮丽诗篇

　　《人类 1000 年》汇聚了 1000 年至 2000 年的 1000 年间 100 个难以置信的发现和辉煌瞬间，以及对人类生活影响深远的 100 个人物。中国的三个事件因为具有巨大影响而入选其中，分别是火药武器的发明（1100 年），成吉思汗的帝国（1211 年），还有红军的长征（1934 年）！

　　长征是人类历史上的伟大奇迹，长征途中，中央红军共进行了 380 余次战斗，攻占 700 多座县城，牺牲营以上干部 430 余人，平均年龄不到 30 岁，共击溃国民党军数百个团，其间经过 11 个省，翻越 18 座大山，跨过 24 条大河，走过荒草地，翻过雪山，行程约二万五千里。中国工农红军转战大半个中国，浴血奋战，视死如归，用坚定的信念和不屈的精神传播着中国共产党人改天换地的革命理想。

　　《长征》的作者、军旅作家王树增说："中国入选了三件大事，一是火药武器的发明，二是成吉思汗帝国，第三件事就是长征。难道世界上这些精英专家们对中共党史感兴趣？或者对中国工农红军感兴趣？不见得吧。或者说长征的军事规模大？其实，从规模上讲，它小得可以忽略不计。那么只有一种结论，就是长征这个事件在精神层面上影响了人类进程。它告诉人们，人类精神文明中最宝贵的就是永不言败，就是顽强不屈，就是高举自己信仰的旗帜、高举理想的火炬，义无反顾地走向自己设定的目标，不达目标绝不罢休。"

长征文化是一种鱼水情深的军民文化

　　我想从松毛岭阻击战后，当地百姓冒着生命危险，将3000多具红军烈士遗骸收殓并合葬于松毛岭半山坡上，并成立无祀会祭奠说起。这座烈士墓坐北朝南，3000块鹅卵石镶嵌成头盔状，戴在头像形巨石墓碑上，象征着一个个无名烈士的英魂。没有碑文，长满青草的陵墓上方镶着一颗红五星，两边呈拱形嵌着"青山处处埋忠骨，红军精神代代传"14个正楷红色大字。

　　松毛岭位于长汀县东南，是与连城县交界的高山，南北绵延40多公里，东西宽15多公里，山峰险峻，森林茂密，因为此地生长了很多松树，故名"松毛岭"。松毛岭是东往龙岩、上杭、连城，西通长汀、瑞金、赣州的一条必经之路。当时，留守松毛岭一线的是红军红九军团和红二十四师。

　　松毛岭阻击战是红军长征前在闽最后一战，1934年9月23—30日，七天七夜，红军誓死抗敌，战况惨烈异常。这一战，万余名红军战士身死松毛岭，为中央红军战略大转移赢得宝贵集结时间。为配合松毛岭战役，苏维埃政府发动群众挖战壕、抬伤员、运物资、送茶饭。当时松毛岭附近"家家无闲人，户户无门板"——成年男子全部支前，门板都卸掉做了担架、掩体。民国版《长汀县志》记载："民国二十三年九月（即1934年9月）……是役（指松毛岭战役）双方死亡枕藉，尸横遍野，战事之剧，空前未有。"在血与火的激战中，红军予敌以重创，但终因敌我力量悬殊而被迫全线后撤。"松毛岭上红旗飘，红军战士逞英豪，岭下人民齐支持，军民合作阵地牢。"山歌里唱的，正是当年松毛岭血战的情景。

　　长汀县是全国著名的中央苏区县和红军长征出发地之一，素有"红色小上海"之美誉，被称为"红军故乡"。长汀县是福建省苏维埃政府的所在地，是中华苏维埃共和国红都——江西瑞金的东大门，战略地位非常重要。我曾有幸到长汀，参观了位于县城东后巷 58 号的福音医院旧址。9 幢白墙灰瓦的房子矗立在山脚下，有医馆、病房、医疗室、手术室、化验室等。福音医院创办于 1904 年，是英国基督教会创办的教会医院。设有内科、外科、骨科、五官科、妇产科、皮肤科等，既有门诊也有住院部，医院有铁架病床 30 余张，医生、护士 20 余人，当年医疗技术和设施设备在闽西应该是最好的了。

1925 年，在"五卅运动"的反帝怒潮冲击下，英国院长和医生、护士惊慌逃走。于是，全院推举傅连暲为院长。傅连暲遂将"亚盛顿医馆"改为"福音医院"。1927 年 8 月下旬，南昌起义部队 300 多名伤员被送到汀州，傅连暲连夜组织救治，陈赓也在这批伤员中。那时，他还是起义部队的一位营长，在会昌战斗中腿骨被子弹打断，伤势严重，要保住生命，通常要采取截肢手术。陈赓对傅连暲说："我才二十几岁，我一辈子的路还有很长，假如没了这条腿，我就不能再做军人了。"深受感动的傅连暲为陈赓制定了一套"保守疗法"，在傅连暲的精心治疗和护理下，陈赓的腿终于保住了。

1932 年秋，毛泽东曾在福音医院疗养 3 个多月，得到傅连暲的精心治疗。1933 年年初，国民党军加紧了对中央苏区的"围剿"，毛主席要转移到瑞金去。临行前，毛主席问傅连暲医院怎么办，他毫不犹豫地说："搬到瑞金去！"傅连暲说到做到，他雇了 150 个挑夫，花了半个月时间把价值 2000 多银圆的药品、器械从长汀挑到瑞金叶坪杨岗，正式创立了中央红色医院。

1934 年 9 月 30 日，红九军团在长汀县钟屋村"观寿公"祠堂前的大草坪上召集万人誓师大会。当天下午 3 时，红九军团兵分两路，前往江西瑞金红都，开始了举世闻名的二万五千里长征。观寿公祠是红军长征真正意义上的零公里处。中复村（钟屋村）也因此被称为"红军长征第一村"。

中复村红军桥是一座古廊桥，本名接龙桥，始建于明朝，1929 年以后，红军常常在此宣传革命、分田分地、动员征兵，当地人又把桥称作"红军桥"。廊桥上刻有一条等高线，现在依然清晰，线高在 1.5 米左右，应该是一把上了刺刀的汉阳造步枪的高度。"人比枪高当红军"——当地人现在都还在说那规矩，这是当年红军征兵处的等高线。但是，这条线的上下还有移动的痕迹，据说是被那些想当兵的少年偷偷刻画改动的。红军桥左上方的木板上至今还遗留着当年红军书写的"救国不分男女老幼"标语。红军桥可以说是一座"慷慨赴死的不归桥"。先后有 2000 多名子弟从这座桥上穿上红军军装走上革命道路，仅中复村就有近 600 人参军，大多数直接奔赴战场，到达陕北时只剩 10 人，最后活着回到村里的，仅有 6 人。红军桥记载着当年"父送子、妻送夫、兄弟争当红军"慷慨赴死的厚重的革命历史。

1934 年 10 月，中央红军主力 8.6 万人集结于都。中央红军为了隐蔽战略意图，避免飞机轰炸，连续多天架设临时浮桥，晚上渡河，早上拆桥，不留痕迹，安全顺利地跨过长征第一渡。30 万于都人民共同保守着一个天大的秘密，被一些研究者称赞为奇迹。

在江西赣州于都县建国路上，一座有 200 多年历史的客家老宅常被谈起，更让大家津津乐道的是大门上那些缺失的门板。

"为什么我们家没有门？"这是老宅主人刘光沛幼年时的一个疑问。后来，他得知，这些门板是去"参军"了。1934 年红军长征时，都拆下来送给红军架了浮桥。在中央红军长征出发纪念馆门前竖立着一块石碑，石碑上写着周恩来当时的感言："于都人民真好，苏区人民真亲。"这是周恩来当年在得知于都老人将棺木捐给红军搭浮桥后发出的感慨。

中央红军长征出发纪念馆，是目前全国唯一一处展示中央红军长征出发历史的主题性纪念馆。

序厅里，一块大型浮雕墙展现了红军出发、于都儿女送别红军以及长征胜利的情景。1934 年 10 月，于都百姓找来 800 多条船，架成 5 座浮桥，组成一支船队，帮助中央苏区、中革军委机关及其直属部队和第一、第三、第五、第八、第九军团共 8.6 万余人，分别从 8 个渡口渡过于都河，踏上长征路。这 8 万多红军中，每五个人中就有一个于都人。一幅在红军长征胜利 80 周年时用 80 双草鞋组成的中国地图，显示了当年苏区妇女夜以继日赶做 20 万双草鞋献给红军的历史。从东南到西北，从红土地到黄土地……一支脚踏草鞋的队伍，从这里开始，跋山涉水、经历九死一生，将足印刻写在两万五千里漫漫征途中。

有一双草鞋，正静静地躺在纪念馆的橱窗里，鞋尖上各绑着一颗红心绣球，鞋底、鞋面精编细织，用的是本地最柔韧的黄麻。打草鞋的姑娘叫春秀，绑绣球的红军叫谢志坚。当年，春秀得知心上人谢志坚要跟随红军长征，于是连夜编织了这双草鞋。"打完仗我一定会回来！"中华人民共和国成立后谢志坚从甘肃回到家乡，却得知春秀在于都解放前夕被杀害。后来，谢志坚将草鞋捐给纪念馆，为纪念春秀，他在草鞋上绑上了红心绣球。

当年于都人民冒着生命危险支持帮助红军，红军也把于都人民当亲人，同他们建立了深厚的鱼水之情，经常帮助他们干活，还将仅有的随身物品送给他们。纪念馆里摆放的"一床绸缎被单""一口行军锅"等一件件珍贵的文物，都是军民鱼水情的最好见证。

1934 年 12 月，以项英、陈毅为领导的中共中央分局转移到黄麟乡井塘村，项英等中央领导被安排住在村民谢招娣家里。谢招娣时不时地送一些生活用品给红军战士，帮他们洗衣服、洗被褥。项英的妻子张亮和红军战士们也经常帮谢招娣犁田砍柴，彼此建立了深厚的感情。中央分局离开井塘村的头一天晚上，张亮把随身携带多年的一床绸缎被单送给了谢招娣。在以后的几十年里，谢招娣一直珍藏着这床绸缎被单，去世前她把被单交给家属钟正予，叮嘱他一定要保管好。

纪念馆里有一口行军锅，红军送给本地人钟伦扬的礼物。红军走后不久，国民党兵挨家挨户搜查，为不让这口锅落入他们手里，钟伦扬背上锅就往屋后的大山跑。国民党兵发现有人往山上跑，举枪就朝钟伦扬打了一枪，钟伦扬应声倒地。幸运的是，子弹穿过锅并没有击中钟伦扬的要害，后来，钟伦扬把被枪打了个洞的锅背回家留作纪念。

1960 年，时任空军司令的刘亚楼出访朝鲜期间欣赏了歌舞史诗《三千里江山》。3000 名朝鲜战士气势磅礴的表演让他眼前一亮。第二年，他给空政文工团布置了一个任务，要求在三个月内创作一台革命历史歌曲晚会，且一定要采集革命历史歌曲，不用新创歌曲。接到任务后，空政文工团立刻行动起来。文工团创作室的张士燮、朱正本等分头负责文字、音乐、舞蹈的创作。为了收集到足够多红军时期歌曲，刘亚楼还亲自动员老红军、老干部到文工团来献歌。

尽管广为搜集素材，但在再现红军告别苏区开始长征的主题时，却找不到一首合适的歌曲来表达根据地人民送别红军的不舍之情。于是，几位创作者决定抛开禁令，大胆进行创作。由于几位创作者曾去过江西采风。因此，张士燮根据对根据地赤卫队队员、工农会代表、红军老战士等采访得来的素材，很快创作了歌词。一写完歌词，张士燮直奔朱正本的房间，让他谱曲。朱正本一看到歌词，就颇为感动，脑海里闪现出江西采风时得来的民歌《长歌》的旋律。随后，在不到一个小时的时间，他就完成了谱曲创作。由于太过投入，在谱到"千军万马江畔站，十万百姓泪汪汪"时，他还一度落下眼泪。

十送红军

一送（里格）红军（介支个）下了山

秋雨（里格）绵绵（介支个）秋风寒

树树（里格）梧桐叶落尽

红军（里格）团结挂在心间

问一声亲人红军呀

几时（里格）人马（介支个）再回山⋯⋯

　　湖南郴州市汝城县文明乡沙洲村，一个普普通通的小山村，因为86年前的长征宿营地而成为一块红色热土，半条被子的故事就发生在这里。这里有中央红军总部宿营地（含司令部、政治部、卫生部、后勤部、卫戍司令部）旧址、中国工农红军第四医院旧址、中央苏维埃国家银行旧址等；有毛泽东、周恩来、朱德、刘少奇、彭德怀、陈云等老一辈无产阶级革命家宿营住房旧址；有"半条被子""珍藏红军书"等故事；还有红军井、红军墓、红色文化陈列室、纪念广场等红色景点。这里是朱毛联名签署发布《出路在哪里？》文告的首发地。红军长征曾在此宿营休整前后达7天，谱写了军民鱼水情深的一段历史。

　　50年前的一个晚上，红军队伍开进了沙洲小村，三位红军姑娘和老人一块睡在厢房，4个人盖着她床上的一块烂棉絮和一条女红军带来的被子。翌日（1934年11月7日）下午，红军队伍要离开村庄，三位红军姑娘将仅有的一条棉被一剪为二，半条送给了徐大妈。大妈不忍心要，三位红军对她说，红军是共产党领导的人民军队，与其他当兵的不一样，打敌人是为老百姓过上好日子。徐大妈说，三位姑娘长得很漂亮，有一个还不到20岁。她们上山时还一步三回头地说："大嫂，天快黑了，你先回家吧。等到胜利了，我们会给你送一条被子来！"

1984年11月初，重走长征路的《经济日报》记者罗开富来到了湖南汝城沙洲村。80多岁有点恍惚的徐解秀以为是红军回来了："你们打回来了？你们胜利了？那3名女红军什么时候能来？我家男人怎么还不回来呀？"闻听此言，罗开富被感动了，他将这个故事整理后，以《三个红军姑娘在哪里》为题在《经济日报》头版发表了。

邓颖超、康克清、蔡畅看完这篇文章说："悠悠五十载，沧海变桑田。可对那些在革命最艰难的时候帮助过红军的父老乡亲们，我们永远不会忘记。"

2020年9月16日下午，正在湖南考察调研的习近平总书记来到郴州市汝城县文明瑶族乡沙洲瑶族村，参观"半条被子的温暖"专题陈列馆。习近平总书记指出，"半条被子的故事"体现了中国共产党人的初心和本色，当年红军在缺吃少穿、生死攸关的时候，还想着老百姓的冷暖，真是一枝一叶总关情！

《红军长征记》中有一篇彭加伦的回忆文章《别》，描写的是苏区百姓送别红军的情形：一个晴天的下午，太阳斜挂在西边的天空，人们都在田里劳作，为了他们自己分得的土地，弯着腰在努力地耕种，不断地唱出快乐的山歌。妇女们三三两两地坐在门前做慰劳红军的鞋和其他针线。孩子们三个一群五个一伙愉快地在玩耍。乡政府门前的红旗随风飘荡，在阳光的映射下，显出特别鲜艳的颜色。

号声响起，尖锐的声音刺激着每个战士的心弦。吹号本是军队中平常的事，可是今日的号声却带了特别的意味，好像在这声音中含了很浓厚的刺激的感觉。谁知道它就是长征进行曲，谁知道它就是故乡离别之歌！

队伍出发了，红色战士一队一队地由各个村庄中涌现出来，不断地继续向着雩都河畔进发，马声、担子声、刺刀摩擦声、步伐声、歌声，互相交错着。

　　渡口站满了红色的英雄，船夫不断地摇着他的木橹，一船一船渡过去了。一个个战士都轻捷地一跃登岸，他们一跳上岸就飞跑地跟上队伍去，动作是那样的迅速。

　　战士们身上的装备很整齐，衣服都是新的。背包的颜色是一律的。每人两个或四个手榴弹挂在胸前。草鞋每人有三双，少的两双。捆在背包上端的防空帽——用树枝做的伪装，以防备敌机用的——都戴在头上。十天的粮食，有的挑着，有的扛着。伙食担子、公文担子，很有次序地随在队伍的后面。一个个雄赳赳地迈着大步前进。

　　红军家属和儿童团的小弟弟们，一堆堆站在路旁欢送。他们手里有的拿着草，有的拿着食物，有的拿着银钱，候他的儿子、丈夫、哥哥、弟弟经过时作临别的礼物。当他们的子弟经过时，有很多的叮嘱。

　　"到外面要谨慎，要听负责同志的指挥。回来的时候，有适用的东西带点回来！"

　　"哥哥多捉几个师长回来啊！"

　　红军家属是这样关心着他们的子弟，集体送别，每次出发都是很多的，这是革命根据地特有的现象。

　　彭加伦的另一篇《病员的话》一文描写了长征途中群众是如何掩护红军伤员的：

　　在长征中，我们没有固定的根据地，当然也谈不上固定的后方，因此我们的伤病人员轻的随队伍走，重的只有寄在群众家里。

　　当部队到达黔北的时候，党的战略方针是由川南强渡长江，争取与四方面军汇合。在这一行动中，沿途寄留了不少的伤病员。

　　由于敌情的变化，此一战略决定没有能够实现，部队是由原途折回来了的。

　　有一天经过川黔交界之外，一个六十余的老婆婆站在路旁大声高叫："红军！红军！（贵州民众都称我们红军）把你们这位哥子带回去，他的病已经好了！"接着她跑回家领了一个青年来，她笑眯眯地把青年交给我们。她还很客气地说："红军！对不起，你这位哥子在这里没有好招呼！请不要见怪呵！"她又跑到房里拿了五个鸡蛋、十多个苞谷巴巴送给我们的青年同志。我们向她表示感谢，并送她几块钱，她坚决不要，她很慷慨地说："红军！我们是一家人。我不是为钱的呵！你们辛苦，都是为了我们干人（穷人），帮助你们，是我们自己的事。假使是王家的人（即贵州军阀王家烈的人），我们尿也没有他吃。王家兵整得我们好苦呵！"我们只好再三道谢和她分别了，我们走了很远，她还站着望我们。

到达宿营地了，很多寄在群众家里的病员也一批一批地回来了，一个个吃得很肥很胖，军服是都换了，大家都穿上了老百姓的衣服，几乎都不认识了。我们开了一个茶话会，欢迎这些病愈归队的伤病员。

"你们这次在群众家里还好吗？"我们问。

"群众好得很。队伍过的第二天，民团就回来了。他们到处搜索，群众把我藏在一个放草的屋里，结果被民团搜出来了，团总马上就要拿我去杀。这家群众全家跪在团总面前求饶。他们假冒我是他们的儿子，痛哭流涕地苦苦哀求，结果团总也没办法，去了。我此后也能公开地在他家里住起来。他们一家人待我特别得好，天天总要弄点好菜给我吃，并请医生来，把我的病几天工夫就治好了。我走的时候，他们都不舍得，大家还流了眼泪呢！"我们一个青年干事这样说。

习近平总书记在纪念红军长征胜利80周年大会上的讲话中强调："人民群众有着无尽的智慧和力量，只有始终相信人民，紧紧依靠人民，充分调动广大人民的积极性、主动性、创造性，才能凝聚起众志成城的磅礴之力。一部红军长征史，就是一部反映军民鱼水情深的历史。在湖南汝城县沙洲村，3名女红军借宿徐解秀老人家中，临走时，把自己仅有的一床被子剪下一半给老人留下了。老人说，什么是共产党？共产党就是自己有一条被子，也要剪下半条给老百姓的人。同人民风雨同舟、血脉相通、生死与共，是中国共产党和红军取得长征胜利的根本保证，也是我们战胜一切困难和风险的根本保证。"

第16讲

长征文化是一种解民倒悬的唤醒文化

习近平总书记在纪念红军长征胜利80周年大会上的讲话中指出:"长征是一次唤醒民众的伟大远征。红军打胜仗,人民是靠山。长征是历史纪录上的第一次,长征是宣言书,长征是宣传队,长征是播种机。面对正义和邪恶两种力量的交锋、光明和黑暗两种前途的抉择,我们党始终植根于人民,联系群众、宣传群众、武装群众、团结群众、依靠群众,以自己的模范行动,赢得人民群众真心拥护和支持,广大人民群众是长征胜利的力量源泉。"

红军二万五千里长征,不仅要打破国民党和地方军阀军事上的封锁,同时也要打破敌人政治上的封锁。长征途中,红军共进行了600多次重要战役,跨过了近百条大江大河,翻过了40多座高山。万里征途还常面临着敌军对红军妖魔化的抹黑,诬蔑红军是"赤匪""共匪"。由于红军长征所经过的地方没有群众基础,不少民众对红军持冷漠怀疑态度和恐惧心理,有的甚至举家躲避,这给长征带来了极大困难。我看到一些回忆文章,说长征最痛苦的是没有根据地,老百姓受到反动蛊惑,很多地方开始都出现过"跑红军""躲红军"的情况。除了战争,宣传群众、组织群众就成了党和红军面临的头等大事。

1934年10月9日,总政治部发布《关于准备长途行军与战斗的政治指令》,要求各军团"加强部队中关于苏维埃政策与群众工作的教育,必须在沿途进行对群众的宣传工作"。10月29日,总政治部《关于对目前行动的政治工作训令》指出,争取群众最重要的工作是"传播党和苏维埃的影响,进行广大的宣传工作"。

毛主席号召红军要发挥"宣传队""播种机"的作用,通过写标语、发传单,向沿途群众宣传党和红军的政策。邓小平在长征途中也十分重视宣传工作。有一次，红一军团在甘肃某地宿营。由于到达宿营地比较晚，宣传队员们吃过晚饭就准备烧水洗脚睡觉。这时，邓小平推门进了，面带愠色问道："怎么搞的？街上为什么一条标语也没有？烧洗脚水有那么重要吗？把我们宣传工作传统都丢掉啦？"大家一骨碌爬起来提起石灰桶就去写标语了。为扩大宣传，红四方面军还专门成立了錾字队和粉笔队，在天然岩石、房屋阶条、牌坊、石碑上篆刻下1.5万余条红军标语。"打土豪、分田地""实行耕者有其田""人人平等自由""取消苛捐杂税""消灭白军""红军和老百姓是一家人"等这些标语言简意赅、通俗易懂，唤醒了千百万工农群众翻身求解放的信念和行动，有力打破了国民党处心积虑的舆论封锁和欺骗宣传。

1934年12月，在军长程子华、政委吴焕先、副军长徐海东的率领下，红二十五军来到鄂陕交界的郧西县，创建了鄂豫陕革命根据地。当时，18岁的刘华清担任军政治部宣传科长。《刘华清回忆录》一书中第一页记载：1934年12月10日，由郑位三撰稿，政委吴焕先审稿，刘华清亲手刻印了《什么是红军》的油印宣传单。《什么是红军》宣传单大约相当于16开纸张大小，油印字迹工整，笔画有力，油刻在一张长38厘米、宽26厘米浅红色毛边纸上。

这份红军宣传单从右到左纵式排列，共15行476字，《什么是红军》宣传单原文是：

红军是工人农民的军队，红军是苏维埃政府指挥的军队，红军是共产党人领导的军队。红军的基本主张是没收地主阶级的土地，分配给农民。工人增加工资，实行八小时工作制。驱逐帝国主义，推翻国民党的统治，建立工人、农民管理政权的苏维埃政府。

红军里面的人，都是工人、农民、贫民、士兵出身，所以他们能代表穷人的利益。红军里面不要豪绅、地主、资本家当兵，因为他们是剥削压迫穷人的。红军里面是平等的，指挥员（军长、师长等）与士兵的关系，绝对没有像国民党军队的官长那样辱打士兵、克扣军饷的事情。总而言之，红军是代表群众利益的，国民党军队是代表地主资本家利益的。不过，国民党军队中的士兵也是穷人出身，所以红军欢迎国民党军队的士兵加入红军中来。

　　红军与穷人关系特别亲。红军所到之地，欢迎群众谈话，欢迎群众开联席会。红军一到哪里，就没收土豪的粮食、东西，分配给穷人，帮助穷人免除一切捐税，不缴租，不还高利贷。

　　中国有红军已经八年了。现在中国的红军总计有八九十万人，活动在十几个省，大部分红军是在江西和四川。全国红军的总司令是朱德同志。

中国工农红军北上抗日先遣队政治部
一九三四年十二月十日

　　在湖南省博物馆，至今仍完好地保存着一张题为《出路在哪里？出路在哪里？？出路在哪里？？？》的革命宣传单。这张宣传单是中央红军长征初期由毛泽东和朱德联名散发的传单，被誉为"红军长征的第一份宣言书"。传单详细阐述了中国共产党的各项政治主张，教育人民群众，中国的出路就是共产党主张的苏维埃和红军："我们要立刻取消一切国民党政府的苛捐杂税与兵差劳役，取消一切高利贷，没收地主阶级的一切土地财产，分配给贫苦的农民，工人实行八小时工作制，增加工资。我们要使每一个工人农民有衣服穿暖，有饭吃饱，取消强迫的雇佣兵役制，改为自愿兵役制。把土地分给士兵，改善士兵的生活，不准打骂士兵。""亲爱的兄弟姐妹们！共产党所主张的苏维埃红军，就是你们的出路。你们不但不要反对苏维埃红军，而且还要拥护苏维埃红军，在一切方面帮助我们苏维埃与红军得到胜利！""亲爱的兄弟姐妹们！你们的出路就在这里。""坚决的为了你们自己的出路而斗争！不要惧怕卖国贼刽子手国民党军阀，不要惧怕豪绅地主资本家。他们那里只有少数人，我们这里有着千百万的工农群众。我们还有我们自己的红军与苏维埃政府的帮助，我们一定会胜利，我们一定要胜利，我们无论如何要胜利。"这份诞生于86年前的红军传单，深刻揭露了帝国主义和国民党反动派的罪行，阐述了党和红军的主张，指明了工农劳苦大众的出路，对中央红军长征期间对沿途民众的宣传工作起到了极大的作用，对沿途民众了解"共产党所主张的苏维埃与红军"起到了极大的作用。这张宣传单是毛泽东"长征是宣言书，长征是宣传队，长征是播种机"著名论断的事实依据，也是我们目前所见中央红军长征初期革命宣传的珍贵实物和文献史料。

　　贵州省遵义市习水县有座名叫土城的古朴小镇，赤水河从中流过，将其一分为二。1935 年，面对几十万敌军的围追堵截，毛泽东指挥红军，历时 3 个多月，转战川、黔、滇 3 省，四渡赤水河，让中央红军化险为夷，创造了中外战争史上的奇迹。在小镇岸东一隅，坐落着四渡赤水纪念馆。

纪念馆内最醒目的是红军的标语，"打土豪分田地""红军是穷人的军队""白军兄弟不打红军兄弟！"这一条条标语都在显示着长征是宣传队、长征是播种机，与国民党的反动宣传形成了鲜明的对比，赢得了人民的理解和拥护。1935 年 1 月 28 日，中央红军在青杠坡与敌军展开激战，由于情报有误，打成了拉锯战，红军伤亡已经超过了 3000 人，敌人的兵力还在源源不断地增援上来，中央政治局接受毛泽东的建议，决定跳出战斗，西进赤水，一渡赤水河。由于一渡赤水任务十分紧急，能不能在渡口上快速地架起一座浮桥，就成了一渡赤水的关键。四渡赤水纪念馆展陈橱窗内放置着几块木板，上端"红军搭浮桥用的门板"几个字给出了答案。红军要过河，群众就纷纷贡献自家的木板，甚至还将自家的门板拆下来赠予红军，什么竹竿、绳索更是倾囊相授。船工将盐船横亘在河上，木板、门板铺在上面。一条这样的渡桥搭起了战士们的生命之路。

长征中，红四方面军所到之处，用木炭、石灰、粉笔书写标语、口号。内容主要有"打倒卖国贼""停止内战"等。红四方面军张贴《告昭（化）、广（元）、剑（阁）、梓（潼）、绵（阳）一带穷苦父老兄弟姐妹书》《穷人不是命该穷》《告贫民书》等宣传资料，教育沿途广大群众。5 月 20 日发布的《红军对番民十大约法》宣布：一、消灭贼娃子邓锡侯；二、红军不杀一个番民；三、取消一切捐税款子；四、一不拉夫二不抽丁；五、开仓分粮分给穷人；六、增加工钱改良待遇；七、番民自己武装自己；八、番民自己组织政府；九、买卖自由公买公卖；十、番民自己信教自由。

军旅作家王树增在《长征》序言中这样写道："长征是人类历史上罕见的传播理想的远征。中国工农红军转战大半个中国，一路浴血奋战，舍生忘死，用坚定的信念和不屈的精神传播着中国共产党人改天换地的革命理想。长征唤醒了中国的千百万民众，给予了他们世代从未有过的向往和希望——自世界近代文明的潮流猛烈地冲击了这个东方大国之后，生活在中国社会最底层的赤贫的农民、手工业者、失业的产业工人从共产党人的宣传中懂得了人可以掌握自己的命运，世间可以有没有剥削和压迫的社会。于是，当那面画着镰刀斧头的红旗出现在他们眼前的时候，他们第一次知道了共产党人所领导的革命和工农红军所进行的征战可以改变世间的一切不公。他们随手抓起身边的锄头、铁锤甚至仅仅只是一根木棍，为了改变自己的命运跟随着那面红旗一路远去，他们坚信这条道路的尽头就是劳苦大众千百年来所梦想的中国——长征是中国工农红军走向一个崭新的中国的启程。"

黄镇保留下来的 24 幅长征漫画中，有一幅叫《川滇边干人之家》，该漫画最早的名称是《永远忘不掉的事实》：1935 年早春，黄镇随中央红军进入贵州境内，在一个村子里小憩，对一干人（贵州方言：穷苦人）之家生活的窘困而感触万端，随后创作了这幅《永远忘不掉的事实》。1962 年，人民美术出版社结集出版黄镇作品时，将此画定名为《川滇边干人之家》。该画的创作原型及背景，在画面的文字中都有介绍，文中写道：

三月的天气，要是晴天，云南地方已经相当热了，但是接连几天毛毛雨，还有几分寒气哩。这一天还是小雨不断地下，在一个村子里小休息。我们跑进一家屋里，不由得我们吓了一跳。原来一家四口，一个中年妇女，衣服破得下身都不能遮盖了，还有一个十五六岁的女孩子，赤身露体靠在她老父亲的背后，难道她们不感觉害羞吗？

什么害羞，她们一天连一顿饭还难哩！老汉今年六十五岁，身上穿着一件破烂的单衣，坐在地下一块狗皮上，旁边烧着一堆火，唉声叹气，向我们说了许多苦处，他的深凹的老眼里流泪了。我们许多同事都很好地安慰了他一顿，并送给他们一些绸子和布。他开始不肯要，经过我们再三解释，他才很高兴地收下。

这幅不大的漫画作品竟然写下了 284 字的创作背景，以图文并茂的形式，描绘了川滇边干人一家四口穷困潦倒的处境与惨状，刻画了在国民党统治时期民不聊生的社会现实。

贵州遵义枫香镇存留有一幅宣传红军运动战的木板漫画，画中以红军战士为背景，山头高插"运动战"的旗帜，旁书："把红军运动战的特长，最高度发扬起来！"下书："打倒抽丁当兵的王家烈，不当王家烈的饿肚兵。"

　　苟坝黄村有一幅《打倒王家烈》的漫画：画的右侧为一座单孔石桥，上插一面镰刀铁锤的红旗，正中是一块巨石，上书"打大胜仗，消灭国民党顽敌，为创造新苏区"的字样。巨石左右各有一名持枪挥刀的红军，倒在地上的王家烈在惊呼："不得了，红军来了！"左侧方框内写着"打倒王家烈"。

　　红二方面军宣传员创作的《远看一根索》："远看一根索，近看鸭池河（乌江上游），敌人拼命堵，老子硬要过，要过要过这就过，李觉（国民党"追剿"军第四纵队司令）送行蛮不错。你来对岸站岗哨，我在这边洗个脚"。此诗精练地描绘了红军强渡乌江的情景，同时嘲讽敌军追堵失败和无奈的窘态。在诗的一侧下方，配绘了一幅漫画：红军和国民党军隔河相望，国民党军垂头丧气，而红军则洗脚欢笑。

　　宣传漫画《过大雪山》的配诗是："大雪山，不算大，最高不过七十八，——算个啥！同志们，比赛吧，看谁最先登上它，——顶呱呱！看白军，已抓瞎，金沙江边学狗爬，——没办法。蒋介石，回去吧，送来的礼物全收下，——多谢啦！"。

　　毛泽东曾提到遵义会议后党中央在一个叫"鸡鸣三省"的地方开了一个重要会议："1935 年 1 月党的遵义会议以后，红军第一次打娄山关，胜利了，企图经过川南，渡江北上，进入川西，直取成都。击灭刘湘，在川西建立根据地。但是事与愿违，遇到了川军的重重阻力。红军由娄山关一直向西，经过古蔺、古宋诸县打到了川滇黔三省交界的一个地方，叫作'鸡鸣三省'，突然遇到了云南军队的强大阻力，无法前进。中央政治局开了一个会，立即决定循原路反攻遵义，出敌不意，打回马枪，这是当年二月。"

　　位于四川叙永水潦彝族乡岔河村、贵州毕节林口镇、云南威信坡头镇交界处的鸡鸣三省，名列中国十大"鸡鸣三省"标志地榜首。鸡鸣三省当地的居民生活极度贫困，他们以熬硝、狩猎、打鱼维持生计，至今老鹰岩、两河岩上仍遗存多处鸡鸣三省村民取石熬硝的生产、生活痕迹，如岩壁上的硝洞、住所、碓窝等遗迹。1935 年 2 月，冯雪峰以"曙霞"为名写了一首题为《小茅屋——贵州西北边境贫民生活写真》的诗，生动描述了当地的贫困状况，号召人民起来参加红军，诗文是：

小茅屋，矮茅屋。

入门要低头，睡卧难伸足。

起风檐欲飞，雨来漏满屋。

门前野草迷山径，屋后荒山暴白骨！

绕屋凄凉无所有，旦暮但闻小儿哭。

寒冬聚围小煤炉，火焰常灼小儿肤。

茅屋梁上少苞谷，家人下体多无裤！

借问贫穷何至此？苛捐杂税如狼虎！

兄弟流离爹娘死，卖儿鬻女偿不足。

何如参加红军去，将热血换幸福！

　　1935年1月，中央红军长征辗转来到贵州遵义期间，一位红军卫生员日夜奔走在桑木垭附近村寨为农民治病。经他诊治过的病人个个病退康复，百姓遂认定这是一位救苦救难的"红军菩萨"。当红军撤离遵义的时候，卫生员为了抢救一个生病的孩子，延误和大部队一起走的时间，在追赶部队的时候被敌人杀害。据后来考证，传说中的这位卫生员叫龙思泉，广西百色人，牺牲时年仅18岁。

　　1934年12月，中央红军经过湘江血战，改向敌人兵力薄弱的贵州境内前进。在红军路过乌江南岸的剑河县时，只见一位年迈的老婆婆和一个小孩躺在路边，仍穿着补丁摞补丁的单衣，奄奄一息地倒在路旁。毛泽东急忙蹲了下来，向老婆婆了解情况。一位红军战士答道："老妈妈说，她家一年收的粮食全被地主抢光了，她儿子前几天也被国民党抓了壮丁。她没有活路，只好和小孙子四处讨吃的。"听着祖孙俩的遭遇，看着他们凄楚可怜的样子，毛泽东脸色变得更加凝重。他当即脱下身上的毛衣，又叫警卫员拿出两袋干粮送给老婆婆，他亲切地对这位绝望的老人说："老人家，你记住，我们是红军，红军是'干人'的队伍。"这是一份真挚的情感，是对穷苦群众的真情流露，是与群众共风雨、同冷暖的生动实践。

　　廖智高在《一个忠实的革命"倮倮"》一文中回忆道：英勇的无坚不摧的中央红军，浩浩荡荡地渡过了金沙江，打坍川西南小军阀刘元瑭的部队，不数日就冲到并占领了越嶲（今越西县）县城。

好多的宣传员不疲倦地在通街的墙壁上、门板上写着："打倒刘文辉！""活捉刘元瑭！""取消一切苛捐杂税！""不交租不还债！""打土豪分田地！"等标语，随着也就向老百姓解释了这些主张。

红军开始发动群众，打土豪分东西，很多群众分得了衣服和大米。红军买卖很公平，说话很和气，一般的群众都知道。

刚移到汉人地方居住的一个"倮倮"——王木冷听到了红军的这些主张，看见了红军的这些情形，特别是"取消苛捐杂税"这个主张，在他脑子里是一个很深刻的印象。在红军初到时，他存在着恐惧怀疑的心理，现在开始转变过来。

艾平《"倮倮"投军》中这样描述：最后，又在群众的报告与拥护之下，没收了一家罪恶昭彰的土豪，将财物全部分给了当地汉人群众与彝人，并给予为当红军而被害的家属以抚恤……数千年结的汉人与彝人的不解之怨，找到了正确解决的方法。这里对红军的认识，是更加清楚了，于是附近群众自动投入红军的愈来愈多，在二三个钟头内，加入了十一团当红军的达七百余人，就是"倮倮"加入红军的也有百余人。

1935 年 5 月 24 日，中央红军走出彝民区，向大渡河挺进。5 月 25 日，17 位勇士强渡大渡河，顺利拿下安顺场。红军赶到安顺场只缴获了一条小船，后来又向当地人借来两条，后又修复了一条，四条小船一次加起来只能渡 120 人，来回需要一个多小时。对于近三万红军将士而言，全部过江需要一个多月的时间，蒋介石早已看穿了红军的困境，要求薛岳带领国民党主力沿金沙江北上，同时让四川军阀杨森的川军协助薛岳，严防中央红军渡过大渡河。此时的蒋介石狂妄叫嚣着让毛泽东成为"石达开第二"。

据说，5 月 26 日晚，红军总政治部主任李富春给毛泽东带来一个消息，说镇上住着一个 90 多岁的老秀才，曾亲历石达开的覆灭，不如去请教一下，看看有什么突围的办法。这位老秀才叫宋大顺，他本来对红军就有同情之心，毛泽东的深夜拜访，让他颇为感动，就给红军出谋划策。老秀才回忆起 72 年前太平天国翼王石达开在安顺场（当时称为紫打地）的经历，他说石达开之所以全军覆没，是因为在紫打地被清军赶上，石达开不忍将士被屠戮，因此率部投降，结果自己被凌迟处死。因此，红军当务之急是迅速渡河。老秀才感慨道，本来石达开是可以渡河的，他本可以北去康巴、西入西昌，南往云南，结果他明知追兵已近，却因为小妾给他生下儿子，大宴三天白白耽误了战机。老秀才指点道：如果红军不怕辛苦，只有顺着大渡河往上走，大约300里处有一座康熙皇帝亲批、政府建造的铁索桥，名唤泸定桥。在那里渡河尚存一线生机，若不赶紧离开，等国民党军一到，利用安顺场两面高山峡谷的地形，再加上湍急的大渡河，那和当年石达开遇到的情况就差不多了。

关于这一段历史，我也看过另一篇报道：根据毛泽东年轻时的挚友罗章龙回忆录里的记载，《读史方舆纪要》是毛泽东在湖南第一师范时最热爱的著作，青年时代的毛泽东几乎把这本书翻烂了，在第一师范时，毛泽东最喜欢的事情就是滔滔不绝地与人讨论这本书。之所以提到这本书，是因为在这本书里详细介绍了一条大铁索桥的历史来历、地理位置等信息。这座桥直到现在仍然存在，就横亘在大渡河上。这座桥就是非常著名的泸定桥。泸定桥成了红军横渡大渡河、避免陷入石达开绝境一个关键因素。没有读过《读史方舆纪要》的蒋介石并没有真正意识到泸定桥的重要性。

还有一件事也能充分说明毛主席在长征途中，密切联系群众，善于倾听群众意见。电视剧《伟大的转折》第22集：毛泽东来到当地老乡家里询问打鼓新场的情况，得知国民党在打鼓新场驻扎了非常多的部队，脸上露出了疑惑的神色。这时，有战士前来传讯称朱德让他尽快回去开会。毛泽东骑着快马回到指挥部，才知道众人要商议的事情是由红一军团进攻打鼓新场。毛泽东看了林彪发来的电报以及地图后告诉众人，打鼓新场不能打……

第17讲

长征文化是一种顶踵捐糜的热雪文化

尤·瓦西里耶维奇·邦达列夫的小说《热的雪》：风雪弥漫，军用列车在夜色沉沉的原野上疾驰。某集团军奉最高统帅部之命，开往"大绞肉机"——斯大林格勒，阻击前来解救保罗斯集团的曼斯泰因坦克集团军。德国飞机空袭过后，集团军司令别宋诺夫中将前来视察，他高声说道："在斯大林格勒，我们正在全世界面前捍卫自由和俄罗斯的荣誉……我不向你们许愿说战斗是轻而易举的，因为德国人是会打到最后一个人的。"他告诫师长杰耶夫上校："在我面前把马刺敲得再响也没有意思……对于您这个师，只有在打了第一仗以后，我才会有个完整的印象。"《热的雪》让人刻骨铭心，斯大林格勒西南大草原上两军相遇，炮火连天，卷起千堆雪，"地上的冰雪仿佛也被这烈火和残霞烧得通红了"，主人公库兹涅佐夫惊悉恋人卓娅牺牲，热泪滚滚，"泪水竟使袖子上的雪花也变热了"。

李德，原名奥托·布劳恩，出生于德国慕尼黑，共产国际派往中国的情报员，是中国共产党红军时期聘请的军事顾问。1932年春被苏军总参谋部派往中国将经费交付佐尔格，同年秋天到达上海，在共产国际执委会（驻上海）远东局工作。后来奥托·布劳恩以"做出军事上的判断和建议"为名，开始参与中国革命战争的战略指导。李德是红军长征史上一个不可忽略的名字。正是由于他的错误指挥，红军被迫进行战略转移，并在长征初期付出惨重代价。

第五次反"围剿"期间，中共临时中央负责人博古将红军的军事指挥大权交给李德。这个在苏联伏龙芝军事学院学习过3年、只有街垒巷战经验的顾问，不问中国国情、不顾战争实际情况，仅凭课本上的条条框框，坐在房子里按地图指挥战斗，结果导致反"围剿"作战连连失利，致使红军被迫退出中央苏区，而他本身只指挥过一个骑兵旅。长征初期，李德是负责军事指挥的"三人团"成员之一，他的军事指挥错误再次充分暴露，使中国工农红军第一方面军在长征初期损失惨重。

毛泽东曾尖锐地指出："李德不了解中国的国情，也不了解中国工农红军的情况，不作调查研究，听不得不同意见，生搬硬套在苏联有效在中国行不通的战略战术……李德和博古等人在军事上的一系列错误的战略战术，使我们吃尽了苦头，付出了惨重的血的代价。"后来，李德在总结自己指挥的第五次反"围剿"战役时坦荡地说："我终于明白了，中国同志比我更了解他们在本国进行革命战争的正确的战略战术，我没有根据中国的地理形势、中国人特有的作战传统进行指挥。"

1939年夏，李德离开延安经兰州回到苏联，随后被派到出版社工作。1949年返回德意志民主共和国，在马克思列宁研究所工作，把苏联的一些政治和文学著作翻译成德文。一度担任过东德的文联主席、作家协会第一书记。1974年8月15日病死。

1934年12月1日，红军长征突破湘江的最后一天。宽阔的江面上，浓烈的硝烟中，红军踩着早已磨穿的草鞋，行走在浮桥上。头顶上，几十架飞机轰炸、扫射着，行进的队伍中不断有人倒下，落入江水，和着那些死亡的骡马、散乱的文件、零落的钞票、圆圆的斗笠……

从此，湘江有了"三年不饮湘江水，十年不食湘江鱼"的说法。

湘江战役是中央红军突围以来最壮烈、最关键的一仗，我军与优势之敌苦战，终于撕开了敌人重兵设防的封锁线，粉碎了蒋介石围歼红军于湘江以东的企图，以巨大的代价，突破了敌人精心设防的第四道封锁线。五军团和在长征前夕成立的少共国际师损失过半，八军团损失更为惨重，红三十四师被敌人重重包围，全体指战员浴血奋战，直到弹尽粮绝，绝大部分同志壮烈牺牲。渡过湘江后，中央红军和军委两纵队，已由出发时的8.6万人锐减到3万人。

陈树湘，湖南长沙县人，中国共产党党员，曾任中国工农红军师长，革命烈士。1922年秋加入中国社会主义青年团，1925年7月加入中国共产党，1927年"马日事变"后，参加北伐军叶挺部，任班长、警卫团排长。1927

年参加南昌起义，后又随团参加湘赣边界秋收起义，并上井冈山，曾任红三十四师师长。1934 年 11 月，红三十四师师长陈树湘受领红军长征途中最危险的"断后"重任。湘江战役打响后，陈树湘率官兵死守阵地，与数十倍于己之敌鏖战 4 天 4 夜，直到中央红军主力突围渡过湘江。然而，此时的红三十四师却已被国民党军阻隔在湘江以东。部队在向湘南突围中，陈树湘不幸腹部中弹，流血不止、脸色惨白的他躺在担架上指示战士向道县四马桥方向退却。当突围至四马桥坪塘村时，陈树湘带领几名战士占据有利地形阻击追敌，掩护其他官兵撤退，直至子弹耗尽，陈树湘不幸被俘。得意忘形的敌人抬着被俘的陈树湘，欣喜若狂地前往长沙请功。就在途中，躺在担架上的陈树湘乘敌不备，强忍剧痛用手撕开自己腹部的伤口，绞断肠子英勇就义。陈树湘牺牲后，他的头颅被敌人残忍地割下来送到了长沙，挂在城门示众。头颅正对着一条小街，街上一间破烂不堪的小屋里，躺着他多病的母亲。陈树湘用这种方式完成了与母亲的最后相聚，时年 29 岁。

红四团政委杨成武当时仅 20 岁，在恶战中身负重伤，团长耿飚挥舞马刀冲入敌阵，直杀得血糊满身。后来，杨成武在《忆长征》中描述这场血战，惊心动魄："敌人像被风暴摧折的高粱秆似地纷纷倒地，但是打退了一批，一批又冲上来，再打退一批，又一批冲上来。从远距离射击，到近距离射击，从射击到拼刺，烟尘滚滚，刀光闪闪，一片喊杀之声撼山动地……"

11 月 30 日夜至 12 月 1 日，是中央红军最险恶的一天一夜。湘江战役红军牺牲师级指挥员 7 人、团级指挥员 16 人。未过江的红三军团十八团约1800 人，以闽西子弟为主、担任殿后掩护任务的红五军团第三十四师 5000多人，几乎全部牺牲。红军诗人陈靖在《湘水黔山》里写道："血染十里溪，三年不食湘江鱼，尸体遍江底。""师长陈树湘，危急时刻咬断肠，含笑对湘江。后殿更艰难，战到最后无生还，三十四师惨。"

广西壮族自治区全州县党史办原副主任蒋儒文说，根据记载，担任全军后卫而被截断在湘江以东的红三十四师，在文塘牺牲约 3000 人，仅剩 1000余人，最后走出广西时只剩几百人。12 月 3 日下午，在与桂军两个师激战半晌后，红三十四师师政委程翠林遭敌炮弹袭击牺牲，师长陈树湘负伤后被湖南道县保安团擒获，半路听到保安兵说，抓了个红军大官回去可以领赏。陈树湘听闻后誓死不当俘虏，从腹部伤口中掏出肠子，先拉没拉断，而后咬断，壮烈牺牲。

蒋儒文还找到了三十四师11名红军突围后藏身的隐蔽岩洞。"湘江战役后，桂军还在搜查失散红军。当时有老乡拿着镰刀走进洞里，发现11个红军战士紧紧抱成一团，双方都不敢动。老乡就回家煮粥带去山洞里给他们吃，他们也不敢吃。于是老乡自己先吃一点表明饭菜无毒，他们才肯进食。由于老乡家中并不宽裕，就问谁有手艺可以带他们外出找活儿干，最终带出去7人，其他4名伤员长眠在山洞里。当时带出来的7个人就有钟贵权，他会做衣服，另外还有一个姓钟的比他小，没什么手艺，钟贵权悄悄告诉他就说会缝衣服，出去再教他。钟贵权叫大老钟，那个叫小老钟，再后来有消息的就是他们俩，其他人就再也没有联系。这就是红三十四师留在全州的最后踪迹。红军流了那么多血，历史不应该被忘记。"

"我要以荡平天下不平为己任，不消灭反动派，决不放下枪杆子！从今天起，我汤世积正式改名易荡平。"说此话的人就是在红军长征湘江战役广西全州县脚山铺（又名觉山铺）阻击战中牺牲的最高级别的红军团政委易荡平。

全州脚山铺阻击战从1934年11月28日下午开始，刚满26岁的团政委易荡平带领全团血战。"五团政委易荡平负重伤。这时，敌人端着刺刀上来了。荡平同志要求他的警卫员打他一枪。警卫员泪如泉涌，手直发抖，岂能忍心对自己的首长和同志下手。荡平同志夺过警卫员的枪，实现了他绝不当俘虏的誓言。"聂荣臻在《奔袭道县，强渡湘江，突破敌人第四道封锁线》中回忆。

时任红一军团第一师政治部主任，中华人民共和国成立后曾担任中央军委常委、总政治部主任的谭政大将，在《最后一道封锁线》一文中这样写道："在天然的地形和人为的困难的条件下面，七八万人的行军，从敌人重重封锁、重重配置的火网中从容不迫地走过来，又一次证明了红军无坚不摧和其本身之牢不可破……全州战斗我们在战略上是完全胜利了。"

湘江战役是红军长征这条地球上的红飘带最沉重的一个结。它粉碎了蒋介石将红军"全歼于湘江以东地域"的罪恶图谋，同时也宣告了"左"倾机会主义军事路线的彻底破产。血的教训，促成了红军改变进军方向和黎平会议的召开，为遵义会议奠定了基础。

2021年4月25日上午，正在广西考察调研的习近平总书记来到位于桂林市全州县才湾镇的红军长征湘江战役纪念园，向湘江战役红军烈士敬献花篮，并参观红军长征湘江战役纪念馆。"困难再大，想想红军长征，想想湘江血战。"在红军长征湘江战役纪念馆，习近平总书记在油画《陈树湘》前，停下来脚步，凝视良久。总书记说："到广西，来全州看一看湘江战役，这是我的一个心愿。这一战，在我脑海里印象是最深刻的，我也讲得最多。"总书记指出，湘江战役是红军长征的壮烈一战，是决定中国革命生死存亡的重要历史事件。红军将士视死如归、向死而生、一往无前，靠的是理想信念。为什么中国革命能成功？奥秘就是革命理想高于天，在最困难的时候坚持下去，这样才能不断取得奇迹般的胜利。我们对实现下一个百年奋斗目标、实现中华民族伟大复兴就应该抱有这样的必胜信念。困难再大，想想红军长征，想想湘江血战。

1934年10月，中央主力红军长征后，留在苏区坚持斗争的红24师和地方武装共16328人，遭到敌人残酷围剿，大部损失。何叔衡、毛泽覃等党和红军的高级干部在突围中牺牲。瞿秋白和刘伯坚被俘后遇害。敌人占领中央苏区后，残酷杀戮革命干部和群众。据有的材料说，瑞金被杀人数达12万人，宁都被杀绝的有8300多户，闽西被杀绝的有4万多户。

何叔衡，出生于湖南省宁乡县一个农民家庭，无产阶级革命家，中共一大代表、中国共产党创始人之一。毛泽东高度评价他的革命精神和工作能力，说"叔翁办事，可当大局"。何叔衡知己、诗人萧三评："做事不辞牛负重，感情一堆烈火燃。""铁骨铮铮壮烈死，高风亮节万年型。"人们称赞何叔衡是老年人的模范、中年人的模范，同时也是青年人的模范。

开国元勋陈毅于1935年2月来到了位于赣南的油山地区和梅岭，开始艰苦卓绝的三年游击战争。《梅岭三章》便是陈毅同志被困梅山，自料难免牺牲的情况下写成的一组带有绝笔性质的诗篇。回忆起这件事情的时候，陈毅说："那段日子是最难熬的时候。"

断头今日意如何？

创业艰难百战多。

此去泉台招旧部，

旌旗十万斩阎罗。

　　钱壮飞，我党隐蔽战线的"龙潭三杰"之一。1929 年年底，打入国民党中央组织部党务调查科，任调查科主任徐恩曾的机要秘书。1931 年 4 月 25 日，钱壮飞及时将顾顺章叛变的绝密消息告知中央，为保卫中共中央机关的安全做出了重大贡献。后进入中央苏区，历任中革军委政治保卫局局长等重要职务。1934 年 10 月参加长征，遵义会议后被任命为红军总政治部副秘书长。

　　钱壮飞一生为我党做出巨大贡献，他在长征中如何牺牲也成为一个历史谜团。1935 年 3 月末，钱壮飞在贵州乌江一带遇国民党军飞机轰炸，与部队失去联系，后被判定为牺牲。对于钱壮飞牺牲的地点和原因，一个比较公认的说法是：空袭遇难。1940 年，周恩来把钱壮飞家人接到延安，告之钱壮飞早已牺牲的情况。钱壮飞次子钱一平回忆："周恩来和邓妈妈把我叫去说，'你爸爸在第二次过乌江时遭敌人袭击，展开了激烈战斗。等国民党飞机停止轰炸后，队伍集合走了一段路，我发现他不在身边，就下令一支队伍回去找……你爸爸牺牲了……那是 1935 年 3 月 29 日，他只有 40 岁。'"另据当地群众反映，在空袭时曾有人看见一位骑白马的红军坠入乌江渡口，这位红军的体貌特征与钱壮飞极为相似。

第18讲

长征文化是一种砥柱中流的自觉文化

中共中央党史研究室撰写的《湘江突围：长征中最为惨烈的战役》一文中，有这样的表述："湘江战役，红军粉碎了国民党军在湘江以东围歼的企图，但也遭遇了自成立以来最为惨重的损失。湘江战役的严重失利，促使更多的红军指战员，包括一些曾经支持"左"倾错误的党和红军高层领导，从正反两方面的经验教训中认识到"左"倾冒险主义给中国革命带来的危害。"

湖南通道，一个幸运的名字，一个值得铭记的地方！

从通道县城出发，西行40余公里，便来到通道老城县溪镇。罗蒙山下，始建于宋代的恭城书院掩映在郁郁葱葱的树林之中。在这座书院见证的数百年历史中，最令人心情激荡的便是奏响红军长征伟大战略转折先声的"通道会议"。

恭城书院是中国现存最完好的一座侗族古书院，石阶上布满青苔。拾级而上，进入书院。"这里是会议的场所，这张桌子和四周的椅子，都是当时开会时的样子，毛泽东坐在这里，李德坐在对面……"走进右边第一间斋舍，桌椅、煤油灯、地图等物品按照当时的场景原样陈列布置，讲解员生动地讲述着会议的情形：1934年12月，北风凛冽，寒气逼人。中央红军经过惨烈的湘江战役后锐减过半，翻越老山界抵达湖南通道县城。见到第四道封锁线被突破，蒋介石紧急调集五六倍于中央红军的兵力，在通道以北的城步、绥宁、靖县、洪江、武冈等地，张网以待，准备全歼红军。何去何从？中央红军面临着生死抉择。

在这个危急关头，毛泽东根据敌我双方的军事态势，提出"立即放弃前往湘西与红二、红六军团会合的原定计划，转向敌军兵力薄弱的贵州去创建新的根据地"。"可是，博古、李德等人不顾红军的损失及当时的险恶局势，仍然坚持由通道北进湘西，准备率领红军继续往蒋介石布置好的包围圈里钻。如果不改变原定的前进方向，中央红军就有全军覆灭的危险。"讲解员说。

北上湘西，还是西进贵州？毛泽东、王稼祥、张闻天等提议，在通道县召开紧急会议。参加会议的有博古、周恩来、张闻天、毛泽东、朱德、王稼祥和李德7人，围绕红军的进军方向展开了激烈的争论。毛泽东力主西进，向敌人兵力薄弱的贵州进军。他的建议得到了王稼祥、张闻天、周恩来等多数同志的赞同。当天19时半，中革军委向各军团、纵队首长发出了西入贵州的"万万火急"电令。从"通道会议"开始，毛泽东实事求是、一切从实际出发的核心思想逐渐为全党所接受。

2011年拍摄的电影《通道转兵》真实再现了通道会议和通道转兵那段惊心动魄的历史，它形象直观地展现了一代伟人毛泽东在处于政治低潮、疾病缠身的处境时，依然呕心沥血，始终心系我党、心系红军、心系中国革命前途的光辉形象。它所描述的"通道会议"促进了红军战略方针的转变，确立了毛泽东在中共中央的领导地位，揭开了党的历史上第一次伟大转折的序幕。"通道转兵"挽救了红军，挽救了党，挽救了中国革命。通道具有深厚的民族文化底蕴，影片的拍摄绝大部分在通道境内取景，画面充分展示了通道县优美的原生态自然环境、独特的地域民俗风情。电影中，当看到毛泽东故作神秘拿出"侗王酒"跟自己的战友分享时，剧院内的通道观众都会心地笑了。

刘伯承同志在《回顾长征》一书中指出："当时，如果不是毛主席坚决主张改变方针，所剩3万红军的前途只有毁灭。"

其实还在中央苏区时，许多领导干部和红军指战员就对中央主要领导人在军事指挥上的错误产生怀疑和不满，一些军团指挥员在作战电报、报告中提出批评意见，有些同志甚至同李德发生激烈的争论。

1934年4月，蒋介石对苏区发动第五次围剿，先以11个师和1个炮兵旅的兵力，向苏区的北大门广昌进攻，广昌战役正式打响，博古、李德命令让红三军团打头阵，一定要守住广昌，不许放进一个敌人，违者军法处置。彭德怀接到命令后连夜抢修战壕工事。由于广昌战役具有的战略重要性，博古、李德亲自来前线视察部队，问彭军长有什么好办法可以打退敌军，彭德怀把参谋长邓萍绘制的广昌机动防御图给李德看，谁知李德冷笑着说，"这是什么图？这份作战图有很多错误，你这个军校算是白上了。"彭德怀听李德这样说邓萍，就怒斥说："我和邓萍同志并肩作战 6 年了，他的军事才华一定比你强。"李德恼羞成怒，站起来对彭德怀大吼："你必须执行中革军委的命令，否则后果自负。"

邓萍，1908 年生于四川省富顺县，1926 年考入黄埔军校武汉分校，在校期间加入中国共产党。曾参加领导著名的平江起义，长期担任红五军参谋长、红三军团参谋长，兼任过红五军军长，一度出任中央红军军事政治学校教育长。

1934 年 10 月，第五次"反围剿"失败，红军被迫长征。1935 年 2 月东渡赤水河期间，彭德怀、邓萍领导红三军团攻占娄山关后追击国民党残军。2 月 27 日黄昏，邓萍与红十一团团长张爱萍、团参谋长蓝国清冒着敌人的枪林弹雨，率领部队前进到遵义老城北门外的前沿阵地。先把部队安置好后，三人隐蔽在距护城河 50 米远一个小土坡的草丛里，他们要寻找一条便于部队向前运动的路线，以便夜幕降临时发起总攻。蓝国清曾建议转移，邓萍没有同意，说这里便于观察。这时一个小通信员从后面摸上来，邓萍对他交代了一句，那个小战士就趁着薄暮飞身跑回，这一下，把他们三个给暴露了。一排子枪弹扫过来，邓萍壮烈牺牲，年仅 27 岁。

1935 年任团政委的张爱萍为其写了一首挽诗：长夜沉沉何时旦？黄埔习武求经典。北伐讨贼冒战雨，平江起义助烽焰。"围剿"粉碎苦运筹，长征转战肩重担。遵义城下洒热血，三军征途哭奇男。以此来评价邓萍的文韬武略。

遵义，一座坐落在贵州北部的名城，它带着三分的浩然正气，又带着七分的血气方刚，当地的小龙山上（又名红军山）埋葬了 77 位在遵义战役中牺牲的红军将士，他们用滚烫的热血守卫了这片家园的安定与和平。这 77 位红军里，邓萍是长征途中牺牲的唯一一位军团级将领，牺牲时年仅 27 岁。

五次反围剿以来，毛泽东等多次提出自己的正确主张，但都没有被接受。长征开始后，随着红军作战多次失利，特别是湘江战役的惨重损失，党和红军的许多领导人和广大干部战士，从革命战争正反两方面的经验教训中认识到，第五次反"围剿"的失败和红军战略转移中遭受的挫折，是排斥了以毛泽东为代表的正确领导、贯彻执行错误的军事指导方针的结果，强烈要求改换领导，改变军事路线。毛泽东在行军途中对王稼祥、张闻天及一些红军干部反复进行深入细致的工作，向他们分析第五次反"围剿"和长征开始以来中央在军事指挥上的错误，以得到他们的支持。周恩来、朱德与博古、李德的分歧越来越大，也支持毛泽东同志的正确意见。这时，中央大部分领导人对于中央军事指挥的错误问题，基本上取得一致意见。在这种形势下，召开一次政治局会议，总结经验教训，纠正领导上的错误的条件已经成熟。同时，中央红军攻占遵义，把敌人的几十万追兵抛在乌江以东、以南地区，取得了进行短期休整的机会，也为中央召开遵义会议提供了必要条件。

遵义会议决定改组中央领导机构，增选毛泽东为政治局常委，取消博古、李德的最高军事指挥权，仍由中央军委主要负责人周恩来、朱德指挥军事。会后，常委进行分工：由张闻天代替博古负总责，毛泽东、周恩来负责军事。在行军途中，又成立了由毛泽东、周恩来、王稼祥组成的三人军事指挥小组，负责长征中的军事指挥工作。

1935 年 2 月 3 日晚至 2 月 5 日凌晨，在毛泽东、周恩来、王稼祥的建议下，在"鸡鸣三省"一个地方召开了中央政治局常委分工会议。毛泽东、周恩来、朱德、张闻天（洛甫）等中央政治局和中央军委领导人在赤水河畔的"鸡鸣三省"以开会的形式度过了长征途中一个具有历史意义的春节。

时任一方面军三军团政委的杨尚昆 1985 年 8 月 9 日在《人民日报》发表的缅怀张闻天同志的纪念文章《坚持真理　竭忠尽智》中说："2 月 5 日到了'鸡鸣三省'这个地方，常委决定闻天同志在党中央负总的责任。这是在当时条件下党的集体意志做出的选择，他的任职保证了毛泽东同志的军事指挥，在实际上确立了毛泽东同志在全党全军的领导地位。"

周恩来在博古交出权力的前一个晚上与博古进行了谈话。周恩来说，我们这些"吃过洋面包的人都有一个大缺点，就是对中国的国情不是怎么了解，南昌起义失败后我就知道靠我们不行""我们要找一个真正懂中国的人，老毛就是这样的人，他懂中国。你我都当不成领袖。老毛行，我们共同辅佐他，大家齐心协力把这个事情搞成"。

　　1935 年 6 月红军第一方面军和第四方面军于四川懋功（今小金）会师后，在红四方面军担任领导工作的张国焘，反对中共中央关于红军北上建立川陕甘革命根据地的决定，主张红军南下川康藏边境少数民族地区，并公然向党争权，提出由他担任中革军委主席，有"独断决行"的大权，遭到中央拒绝。为照顾红军团结，中央任命张国焘为红军总政治委员。9 月俄界会议后，中共中央率领红一、红三军和军委纵队继续北上，10 月胜利到达陕甘革命根据地。张国焘坚持分裂主义错误，擅自率领一部分红军南下。同年 10 月在卓木碉（今马尔康县足木脚）另立"中央"，公开分裂党和红军，使红四方面军受到重大损失。在中共中央以及南下的朱德、刘伯承等坚决斗争下，在南下部队强烈要求下，张国焘被迫于 1936 年 6 月宣布取消他另立的"中央"。7 月，红二、红四方面军在甘孜会师。经过朱德、任弼时、贺龙、关向应等的斗争，张国焘不得不同意红四方面军与红二方面军一起北上。10 月，红一、红二、红四方面军在甘肃会宁、静宁地区和宁夏将台堡胜利会师。1937 年 3 月中共中央召开延安会议，对张国焘的分裂主义和反党行为做了系统的批判，并做出了《中共中央政治局关于张国焘同志错误的决议》。

　　1960 年 10 月，北京，中南海菊香书屋。毛泽东在他的书房里，会见一位来自西方的老朋友，《红星照耀中国》的作者，美国作家埃德加·斯诺。在他的栩栩如生的笔下，红军的长征作为一首英雄的史诗传遍了全世界，红军的领袖毛泽东也名扬四海。

　　20 多年后的重逢让这两位老朋友激动不已，连续几天，两人开怀畅谈。其间，斯诺向毛泽东提出了一个只有斯诺才敢问的问题："你一生中最黑暗的时刻是什么时候？"

　　众所周知，1929 年 6 月，红四军党的七大上，毛泽东丢掉了红四军前委书记一职，闲居闽西"养病"半年。

　　1932 年 10 月宁都会议后，红军和根据地内全面推动"左"倾冒险主义方针和政策，毛泽东屡受排挤和打击，被撤销在红军中的领导职务。直到遵义会议前的两年多时间，毛泽东都是在郁闷和孤独的痛苦中度过的。

但当斯诺提出这个最黑暗时刻问题的时候，毛泽东的回答却和这些痛苦的回忆无关，而是另一番场景。

"那是在1935年的长征途中，在草地与张国焘之间的斗争。当时党面临着分裂，甚至有可能发生前途未卜的内战……"

6月14日，毛泽东、朱德率领军委纵队翻过夹金山，到达山脚下的懋功县达维镇。红三十军二十五师师长韩东山率领红四方面军先头部队指战员，已列队等候迎接中央红军。连续的征战，此时的中央红军疲惫到极点，被"拖得只剩下一副骨头架子"。

6月25日，伴随着一场山雨，中央红军和红四方面军领导人在懋功县北的两河口会合。张国焘回忆："1935年6月间，我以兴奋的心情，由茂县赶往懋功与久别的毛泽东等同志会晤……毛泽东率领着中共中央政治局委员们和一些高级军政干部四五十人，立在路旁迎接我们……"

这是毛泽东成为中国共产党实际领袖之后，第一次也是最后一次走出如此之远，去欢迎党内另一位领导人物。

李德后来回忆："六月中旬，中央纵队到达两河口。张国焘，一个高大的，仪表堂堂的，四十岁左右的人，像主人对客人一样接待了我们。他显得很自负，看来已充分意识到了他在军事上的优势和行政上的权力。这些情况，使毛泽东和政治局不得不仰仗于张，不仅如此，张的整个品格以及他在共产党和红军中崇高的威望，也使人不得不依从。"

中央毛儿盖会议后，1935年8月底，右路军（中央红军）穿过草地到达四川班佑、巴西一带，等待与左路军会合。中央政治局于8月24日将毛儿盖会议决定电告张国焘。但张国焘率左路军到达四川阿坝后，违抗中央命令，拒不与右路军会合，并企图要挟右路军和党中央南下，甚至企图危害党中央。为此，9月9日，张国焘给与右路军在一起的红四方面军总政委陈昌浩发了份密电。前敌参谋长叶剑英首先看到此电文，识破了这一阴谋，立即报告了毛泽东。

9月9日晚，毛泽东、张闻天、博古赶到红三军团驻地巴西，连夜召开政治局常委紧急会议。周恩来、王稼祥、李维汉等人参加会议。

毛泽东等与会同志一致认为，张国焘倚仗优势兵力，妄图凌驾和危害党中央。在这种危急关头，再继续说服、等待张国焘率领左路军北上，不仅没有可能，而且会招致严重后果。会议决定，立即率红一军团、红三军团、军委纵队一部，组成临时北上先遣队，继续北上，向甘南前进。这样，毛泽东提议召开并起了主导作用的巴西会议，又一次将红军从危难中解救了出来。它是决定党和红军前途命运的一次关键会议。这一天，堪称毛泽东政治军事生涯中最黑暗的日子之一。朱德后来也回忆称，革命生涯中经历过多少坎坷、多少困难，但从来没有像这次这样心情沉重。

第 19 讲

长征文化是一种斩关夺隘的铸魂文化

红军长征既面临着国民党几十万部队的围追堵截，又面临着凶险异常、人迹罕至的雪山草地，英勇的红军在与这两大敌人斗争的历程中，克服千难万险，逐步形成了敢于藐视一切敌人、敢于战胜一切困难的伟大长征精神，塑造了红军也是未来人民解放军的崇高军魂。我们今天学习、弘扬长征精神、发掘长征文化，就是要发掘这种面对各种艰难险阻，一往无前的英雄气概，灵活机动的战略战术，战天斗地的无畏精神。

习近平总书记在庆祝红军长征胜利 80 周年重要讲话中指出，实现伟大的理想，没有平坦的大道可走。夺取坚持和发展中国特色社会主义伟大事业新进展，夺取推进党的建设新的伟大工程新成效，夺取具有许多新的历史特点的伟大斗争新胜利，我们还有许多"雪山""草地"需要跨越，还有许多"娄山关""腊子口"需要征服，一切贪图安逸、不愿继续艰苦奋斗的想法都是要不得的，一切骄傲自满、不愿继续开拓前进的想法都是要不得的。

青杠坡位于土城东北 3 公里处，青杠坡山势陡峭、山峦起伏，是土城通往东皇店镇（今习水县城）的交通要道，是扼守川黔通道的咽喉，是习水县城到土城的必经之路。青杠坡战役是遵义会议后毛泽东指挥打的第一仗，是四渡赤水的发端之役，是共产党军事史最能展现领导人英雄气概的一幕——中国共产党后来的两代领导核心、三任国家主席、一任国务院总理、五任国防部长、七位元帅、一百多名将军，当时全部集中在一个不足 2 平方公里的葫芦形隘口中鏖战。

由于情报有误，造成红军决战兵力不够。战斗形成拉锯战，残酷地进行着。毛泽东召集政治局和军委会议改变遵义会议原定北上计划，撤出土城战役，从土城渡河西进，保存实力，变被动为主动。

当时土城渡口水面宽 200 米，水流湍急，要在一夜完成几万人的渡河浮桥并非易事。但在周恩来指挥下，在当地群众支持下，天亮前架好了浮桥。1 月 29 日凌晨，中央红军渡过赤水河，这就是红军长征途中的一渡赤水——化被动为主动，一渡赤水。接下来毛主席率中央红军创下了避实击虚，二渡赤水；声东击西，三渡赤水；乘隙而进，四渡赤水。

土城居民中至今流传着一个传奇故事，当年 21 岁的张震是红三军团第四师十团营长，战斗中受伤后在青杠坡永安寺养伤。寺庙主持秦修大师见到张震后评价：此人天庭饱满，体格强健，实为有福之人，如果赶上红军大部队，将来必定是将帅之才。惜才的秦大师找来几个农民，背着受伤的张震躲过敌人封锁，追赶上了红军大部队。

2012 年 9 月由原解放军总后勤部指导，在青杠坡战斗遗址永安寺旁建设了红军医院纪念馆，1935 年这里曾是青杠坡战斗时国民党川军的指挥所，被中央红军攻占后作为了临时的战地医院。红军医院纪念馆是全国唯一的专题讲述红军医院及卫生工作的纪念馆。它以特有的视角，以红军医疗卫生事业的发展为主线，生动再现了红军医院从无到有、从弱到强的光辉历程。

2002 年，青杠坡红军烈士纪念碑建成，碑高 19.35 米，寓意 1935 年那一段峥嵘岁月，时任中央军委副主席的张震将军题写了"青杠坡红军烈士纪念碑"碑名。

在土城镇"四渡赤水战役旧址——红三军团指挥部旧址"建有"中国女红军纪念馆"，是我国唯一以参加长征的女红军为题材的纪念馆，展出了中国几支主要红军长征队伍中 2000 多名女红军中最具有代表性的 45 位女红军，包括红一方面军 30 位女红军、红二方面军（红二、六军团）5 位女红军、红四方面军 8 位女红军、红二十五军 2 位女红军的长征事迹。

在青杠坡战斗中，经过反复拉锯，川军的增援部队陆续赶到，有一股敌人甚至突破了红五军团的战线，部分部队开始后撤。本来在大部队中间行进的干部休养连速度就要慢一些，行军队形一下子被冲乱了，当时正是雨天，道路泥泞不堪，在一块地势狭窄的山坡上，红军后队变前队，队伍拥挤到一起堵塞了道路，干部休养连牲口上驮着的物资和担架上的伤员，陷入了寸步难行的境地，枪炮声却越来越近，在这一危急时刻，干部休养连的女红军们——李坚真、危秀英、邓六金、吴富莲、王泉媛、刘彩香等勇敢地冲了上去，帮助疏导交通。在一条土沟前，伤员们无法通过，她们就纵身跳下去，冒着生命危险，把伤员驮了过去。

康克清当年在此也有一段鲜为人知的脱险经历：红军撤离时，朱德夫人康克清因救护伤员而掉队，被追赶的敌人发现，当一个敌人伸手抓康克清时，她急中生智，扔掉背包给贪婪的敌人，迅速甩脱"尾巴"，赶上红军大部队。当康克清神情自若地向朱德讲起此事，朱德不禁哈哈大笑，既为康克清的机智脱险而高兴，又在嘲笑敌人的贪婪和愚昧。我在当地纪念馆还听到另一说法，是白军抓到康克清的背包时，康克清挣断了背包带方得以脱险。

毛泽东在土城战役后发布的《告全体红色指战员书》中提出："为了有把握求得胜利，我们必须寻求有利的时机与地区去消灭敌人。在不利的条件下，我们应该拒绝那种冒险的没有把握的战斗。因此红军必须经常的转移作战地区，有时向东，有时向西，有时走大路，有时走小路，有时走老路，有时走新路，而唯一的目的是为了在有利条件下，求得作战的胜利。"

毛泽东指挥中央红军在三个月的时间六次穿越三条河流，转战川、贵、滇三省，巧妙地穿插于国民党军重兵集团围剿之间，不断创造战机，在运动中大量歼灭敌人，牢牢地掌握战场的主动权，取得了红军长征史上以少胜多、变被动为主动的光辉战例。

1960年，英国陆军元帅蒙哥马利在访问中国时，盛赞毛泽东指挥的辽沈、淮海、平津三大战役，可以与世界历史上任何伟大的战役相媲美。毛泽东却说："四渡赤水才是我的得意之笔。"美国作家哈里森·索尔兹伯里在所著的《长征——前所未闻的故事》中写道：长征是独一无二的，长征是无与伦比的，而四渡赤水又是"长征史上最光彩神奇的篇章"。

赤水河清又清，我打草鞋送红军。
穿上草鞋翻山岭，北上抗日打敌人。
赤水河清又清，一双草鞋一片心，
长征路上播火种，工农联合闹翻身。

赤水河清又清，我送草鞋谢红军，
军民情深似赤水，千秋万代流不尽。

贵州省习水县土城镇，是一个因航运而兴、因四渡赤水而驰名的古镇。土城古镇有着悠久的历史，其建制历史可以上溯到公元前 111 年，距今 2100 余年。土城镇"滨播枕永，襟合带泸"，水陆交通方便，自古为兵家必争之地，明代四大军事设施九龙屯、七宝屯、金子屯、天赐屯以及明代养马司都是历史的证明。历史上四方商贾云集，形成了古镇浓郁的商埠文化底蕴。今天传统街区内不仅保留了"前店后宅"的历史格局，更有盐号、船帮（王爷庙）、宋代酒窖、古驿站、茶旅馆、"张半担"宅等一系列凸显古镇商埠文化的历史遗存。

现如今，土城这个区区几万人的小镇，却拥有 9 座博物馆：四渡赤水纪念馆、中国女红军纪念馆、红军医院纪念馆、红九军团陈列馆、贵州航运博物馆、赤水河盐文化陈列馆、土城古镇博物馆、毛泽东四渡赤水陈列室、朱德与四渡赤水陈列。近千年的历史底蕴，农业文化和商业历史的痕迹，还有那段浓墨重彩的红色印记，是留给土城最珍贵的宝藏。

习水，位于川黔渝金三角，古称鳛国、鳛部，是中国工农红军四渡赤水的主战场。习水大地，鳛鱼图腾古老神秘，土城古镇的"十八帮"文化多姿多彩。考古发现，旧石器时代，这里就有人类居住，当时，土城的先民对河里一种会飞的鳛鱼产生了崇拜。《山海经·北山经》记载："涿光之山，嚣水出焉，而西流注于河。其中多鳛鳛（叫声）之鱼，其状如鹊而十翼，鳞皆在羽端，可以御火。食之不瘅。"这种"飞鱼"因为叫声奇异而得名，鳛鱼身色泛白，身长十只翅膀。后来的贵州鳛国、鳛部、鳛水，都因为这条被贵州鳛地人们视为图腾灵物的鳛鱼而一脉相承。在传说中，鳛鱼原本只是河中的一条普通的小鱼。它怀揣腾空的梦想，虽然身处逆境，却不断搏击巨浪，经历一次次失败，忍受着千年孤独，终于化身成龙，翱翔于天际。因为以鳛鱼为图腾，先民便把当地的这条河称为"鳛水"。而生活在鳛水河畔的人们，则把自己称为"鳛人"。

当地人多认为传说中的鳛鱼就是俗称的鳛鲢，是一种只产于习水（鳛水）水域的珍稀濒危鱼类，常年生活在河水底部的石缝之中。今天，在鳛水河中游三岔河境内摩崖石刻上，还保留着古人捕捞鳛鱼的生活场景。

2019 年 9 月 30 日上午，赤水河红军大桥全面建成交付，为中华人民共和国成立 70 周年隆重献礼。赤水河红军大桥位于川黔交界的乌蒙山区和中国工农红军"四渡赤水"的革命老区，西连四川古蔺，东接贵州习水，横跨赤水天险，紧扼川黔咽喉，是四川南向通道建设中川黔大通道上的重点控制性工程和关键门户。赤水河红军大桥全长 2009 米，主桥为 1200 米双塔单跨钢桁梁悬索桥，横跨习水习酒镇和古蔺太平镇。经过有关部门审批后，被正式命名为"赤水河红军大桥"。赤水河红军大桥是世界上山区峡谷同类型桥梁中第一高塔，国内山区峡谷同类型桥梁第二跨度的钢桁梁悬索桥。长眠于此地的英烈，如能看到自己以牺牲生命为代价创建的新中国如今已经巍然屹立于世界民族之林，正以任何势力都不可阻挡的力量朝着中华民族的伟大复兴阔步前进，他们应该可以含笑九泉了。

苟坝是一块高山环绕的田坝，东有海拔 1357 米的石牛山，西有海拔1330 米的崖头山和银屏山，北有海拔 1425 米的马鬃岭。坝子南北长约 6里、东西宽 2 里，其坝子间有起伏状像睡葫芦状的小田坝，由马鬃岭脚下渗出的两道地下水，汇成一道溪流自北向南流，称为白腊坎河。据说当年红军长征是由于此地背靠大山、森林覆盖率高，便于隐蔽和躲避敌机轰炸而选择在此宿营。因党中央在这里召开了一次事关红军生死存亡的重要会议，即苟坝会议，使得苟坝村名声大噪。苟坝会议完成了遵义会议改变党中央最高军事领导机构的任务，进一步确立和巩固了毛泽东同志在党中央和红军中的领导地位和崇高威望。

苟坝会议源自 3 月 10 日红一军团林彪、聂荣臻给军委建议攻打打鼓新场的"万急"电，党中央、中革军委高度重视，就在苟坝召开高级军事会议（政治局扩大会议）进行研究，与会人员都同意攻打，唯有毛泽东不同意。毛主席反对的理由：一是蒋介石已在 3 月 5 日下令各路追剿部队向遵义、鸭溪地域压来，红军很可能会再次陷入敌军的四面围击，如果硬要攻打打鼓新场这一堡垒，很难突出敌军新的包围合击圈；二是打鼓新场虽然只有黔军一个师六个团，战斗力也不强，可打鼓新场筑有城墙、修有碉堡，黔军完全可以坚守待援。如短时间内不能解决战斗，红军必被敌人死死咬住，待援军围歼，导致我全军覆没；三是敌人有四面八方援军，西南面的滇军一天行程可到打鼓新场，西北面国民党军周浑元纵队三个师大半天急行军即可赶到打鼓新场，侧击红军后背，东面国民党军吴奇伟纵队两个师也是大半天行程就可赶到打鼓新场，攻击红军左侧背，东北面川军三个旅和国民党军上官云相部两天行程就可赶到打鼓新场，投入"聚歼"红军的战斗。

会议出现了打与不打的激烈交锋与僵持局面，张闻天鉴于以前的负责人专断不好，也因为不懂军事，看大家争论激烈，便来了个少数服从多数的民主表决，结果 20 多个与会人员一致同意攻打打鼓新场。毛泽东对主持会议的张闻天说道："你们硬要打，我就不当这个前敌司令部政委了。"出乎意料的是，他的话不仅没有起到阻止作用，反而会议又表决撤掉了他刚当了 7 天的前敌政治委员职务。被免职后，毛泽东同志仍忧虑着党和红军的生死存亡，他半夜提着马灯到周恩来住处，首先说服党中央最高军事领导人周恩来，然后同周恩来一起说服朱德，继而在次日的会议上说服参加会议的 20 余人，从而使中央会议重新做出决定，放弃进攻打鼓新场计划，避免了党和红军遭到全军覆没的危险。

1935 年 3 月 10 日夜，在苟坝村一条崎岖狭窄的小道上，毛泽东手提马灯，疾步而行，连夜说服中央负责军事的最高领导周恩来撤销第二天的打鼓新场作战计划。苟坝的这条"小道"可以说连着的正是中国革命的"正道"。

1959 年 4 月 5 日，毛泽东同志在中共八届七中全会的最后一天，清晰回忆了苟坝会议召开时的情景："……一个人有时胜过多数人，因为真理在他手里，不在多数人手里……比如苟坝会议，我先还有三票，后头只有一票。我反对打打鼓新场，要到四川绕一个圈，全场都反对我。那个时候我不动摇，我说，要么就听我的，我要求你们听我的，接受我的这个建议。如果你们不听，我服从，没有办法。散会之后，我同恩来讲，我说，不行，危险，他就动摇了，睡了一个晚上，第二天又开会，听了我的了。"

周恩来对这个深夜两人见面的场景同样记忆犹新："毛主席回去一想，还是不放心，觉得这样不对，半夜里提马灯又到我那里来，叫我把命令暂时晚一点发，还是想一想。我接受了毛主席的意见，一早再开会议，把大家说服了。"在这期间，红军截获了敌军电报，新的敌情证实了毛泽东同志的准确预判：敌军正在迅速向打鼓新场集结，意图围歼红军。红军差一点落入敌人的陷阱。

2015年6月16日下午，习近平总书记参观遵义会议陈列馆，看了"四渡赤水"多媒体演示片，称赞"毛主席用兵如神！真是运动战的典范"。

电视剧《亮剑》中有这样一段话：任何一支部队都有着它自己的传统。传统是什么？传统是一种性格、是一种气质！这种传统与性格，是由这种部队组建时首任军事首长的性格与气质决定的。他给这支部队注入了灵魂。从此不管岁月流逝，人员更迭，这支部队灵魂永在。这是什么？这就是我们的军魂，我们国家进行了22年的武装斗争，从弱小逐渐走向强大，我们靠的是什么，我们靠的就是这种军魂，靠的就是我们的军队广大战地指导员的战斗意志。纵然是敌众我寡，纵然是身陷重围，但是我们敢于亮剑，我们敢于战斗到最后一人。一句话，狭路相逢勇者胜。亮剑精神，是我们国家军队的军魂。剑锋所指，所向披靡。

长征途中，红军面临着凶恶残暴的追兵阻敌，面临着严酷恶劣的自然环境，还面临着同党内错误思想的激烈斗争。英雄的红军，血战湘江，四渡赤水，巧渡金沙江，强渡大渡河，飞夺泸定桥，鏖战独树镇，勇克包座，转战乌蒙山，击退上百万穷凶极恶的追兵阻敌，征服空气稀薄的冰山雪岭，穿越渺无人烟的沼泽草地，纵横十余省，长驱二万五千里。经过长征，党和红军不是弱了，而是更强了，因为我们党找到了中国革命的正确道路，开始确立了以毛泽东同志为主要代表的马克思主义正确路线在党中央的领导地位，开始形成以毛泽东同志为核心的党的第一代中央领导集体，这是我们党和革命事业转危为安、不断打开新局面最重要的保证。

泸定桥，又名大渡桥，中国四川省甘孜藏族自治州泸定县泸桥镇一座跨大渡河铁索桥。泸定桥全长103.67米、宽3米，由13根锁链组成，为一座历史悠久的古桥；该桥因"飞夺泸定桥"战斗而闻名中外。

泸定桥

陈运和

人间从未望见这种桥

一座如此简陋的桥

一座十分惊险的桥

一座跨越激流的桥

一座飞跃峡谷的桥

一座勇从大渡河上跳过的桥

一座敢在蓝天底下横穿的桥

一座全无水泥石墩的桥

一座只有红军双脚的桥

一座依靠七根铁索扯紧两岸的桥

一座二十二名壮士攀缘爬行的桥

一座冒枪林弹雨延伸的桥

一座置生死度外前进的桥

一座冲锋陷阵的桥

一座巧夺雄关的桥

一座通往未来的桥

一座迈向胜利的桥

一座用毛泽东诗词筑起万代牢固的桥

一座被新中国曙光照亮千秋永存的桥

今世唯到泸定敬此桥

飞夺泸定桥，是中国工农红军长征中的一场重要战役，发生于 1935 年 5 月 29 日。中央红军部队在四川省中西部强渡大渡河成功，沿大渡河东岸北上，主力由安顺场沿大渡河西岸北上，红四团战士在天下大雨的情况下，在崎岖陡峭的山路上跑步前进，一昼夜奔袭竟达 240 里，终于在 5 月 29 日凌晨 6 时许按时到达泸定桥西岸。第二连连长和 22 名突击队员沿着枪林弹雨和火墙密布的铁索踩着铁链夺下桥头，并与东岸部队合围占领了泸定桥。

　　1935 年 5 月 28 日，红四团接到红一军团命令："黄开湘、杨成武：军委来电，限左路军于明天夺取泸定桥，你们要用最高的行军速度和坚决机动的手段，去完成这一光荣的任务。你们在此战斗中突破过去夺道州和五团夺鸭溪一天跑一百六十里的纪录。"接令后红四团昼夜兼行 240 华里山路，于 29 日晨，出其不意地出现在泸定桥西岸并与敌军交火。

　　黄开湘，又名王开湘，江西弋阳人，中共党员，1926 年参加革命。著名红军将领。无论是在创建赣东北苏区的艰苦斗争中，还是在历次反"围剿"作战中，身高一米八的黄开湘，常用一把斧头和敌人肉搏，勇猛无比，威震敌胆。被周恩来、朱德等中共领袖亲昵地称为"斧头将军"。黄开湘历任赣东北赤色警卫团团长、红十军八十二团政治委员、红十一军二十师政治委员等职，是飞夺泸定桥 22 勇士所在的红四团团长，"腊子口上降神兵"的红四团团长，吴起"切尾巴战役"中陕甘支队一纵队四大队大队长。

　　遵义会议时，黄开湘和杨成武率红四团在松坎警戒 7 天，担负保卫中央在遵义召开的政治局扩大会议的任务，这是黄开湘参加革命以来最光荣，最感荣耀的一次。黄开湘拿着军团党委发来关于遵义会议精神的电报，立即迅速传达到每个战士。黄开湘说："我们一直盼望着毛主席指挥的心愿实现了。"在回师遵义的土城战斗中，黄开湘充分发挥了指挥才能，立了战功，受到毛主席的表扬。腊子口战斗是红军长征中少见的硬仗之一，也是出奇制胜的一仗，充分显示了黄开湘的军事指挥才能。事后，毛泽东风趣地说："有斧头将军（指黄开湘）和白袍小将（指杨成武）为先锋，就没有过不了的火焰山。"

　　据杨成武回忆，红军红四团团长王开湘是红军队伍中威名赫赫的"斧头将军"，身高 1.86 米，上战场与敌肉搏时，不用刺刀，专使利斧，而且，他的"斧头将军"的称号，是周恩来和朱德总司令最先叫起来的。当时，周恩来摘下了自己手上的表送给他，说："你们赣东北红十军给中央提供了这么大的帮助，中央也没有什么东西送你们。我把我的这块表送给你，给你这个'斧头将军'。"朱德总司令惜才怜才，听说黄开湘在战场上喜欢用斧头，就解下自己佩带的手枪相赠，说："这是从张辉瓒手中缴获的枪，德国货，送给你，今后不要用斧头肉搏了。"

　　1935 年 9 月 23 日，经过六盘山时，毛主席特意提到英勇冲锋的红四团，鼓励大家发挥过去优良的战斗作风。11 月 6 日，在甘泉县附近的村里，中央红军与刘志丹、徐海东同志率领的红二十五、红二十七军会师。1985 年《杨成武回忆录》公开出版，开国上将杨成武在书中多次提到他的好搭档——红四团团长王开湘，他回顾了王开湘去世的具体过程：接到中央通知参加全军团以上干部会议，两人策马一口气跑了 50 多里路，出了一身汗。回来的路上又淋了一场大雨，结果都得了伤寒病。我送他到军委卫生部住院，没有想到这一别就成了诀别。当时的医院缺少药物，只能靠酒精、苏打水和云南白药给战士们治疗。黄开湘连续半个月发高烧，经常神志不清。11 月中旬的一天夜里，黄开湘在高烧迷糊的状态下扣响了枕头下的左轮手枪，子弹击穿了头部……没有追悼仪式，没有隆重葬礼，只用了一块木板在他的坟头书写了"王开湘之墓"。为什么会把"黄开湘"写成了"王开湘"呢？杨成武说："你们江西弋阳口音中，'王''黄'不分，他说他叫'黄开湘'，但我们都听成了'王开湘'。"

　　2021 年 5 月 30 日，《延安日报》刊文《寻找黄开湘　让英雄回家》：黄家一门忠烈，母亲郑梅莲养育的 5 个儿子全部参加了红军，都牺牲在战场上，遗骸至今都没有找到。黄开湘的妻子也死于寻夫的路上。他们的女儿黄菊花直到 20 世纪 80 年代看到杨成武将军的回忆录，才得知父亲 50 多年前已经牺牲。

　　关于飞夺泸定桥的勇士，到底是 21 名，还是 22 名甚至是 23 名，也不是完全清楚的。比如一八六期的《战士报》，上面写的就是"二连 21 个英雄首先爬铁链冒火过河"。后来，根据时任红四团政委的杨成武将军发表在《星火燎原》上的著名回忆文章《飞夺泸定桥》，人们把飞夺泸定桥的勇士定为 22 名。

　　如今，站在红军飞夺泸定桥纪念碑公园门前，就会看到大道两旁的 22 根花岗岩石柱，分别代表着 22 位夺桥勇士。然而走近观看，却只能在 5 根石柱上找到勇士的姓名，其中只有 2 人根据照片在石柱顶端雕出了头像。

　　泸定桥又称铁索桥，位于四川省泸定县境内，该桥建成在明朝之前。泸定桥西有噶达庙。相传修桥的时候，13 根铁链无法牵到对岸，用了许多方法都失败了。有一天，来了一位自称噶达的藏族大力士，两腋各夹 1 根铁链乘船渡过西岸安装，当他运完 13 根铁链后，因过于劳累不幸死去。当地人修建此庙，以纪念这位修桥的英雄。

传说终归是传说，实际上，在修建此桥时，荥经、汉源、天全等县的能工巧匠云集于此，共商牵链渡江之计，最后采用了索渡的原理，即以粗竹索系于两岸，每根竹索上穿有 10 多个短竹筒，再把铁链系在竹筒上，然后从对岸拉动原已拴好在竹筒上的绳索，如此般巧妙地把竹筒连带铁链拉到了对岸。这也是我国劳动人民勤劳智慧的结晶。

毛泽东同志说："我们的军事力量在长征前曾经达到过三十万人，因为犯错误，后来剩下不到三万人，不到十分之一。重要的是在困难的时候不要动摇。三万人比三十万人哪个更强大？因为得到了教训，不到三万人的队伍，要比三十万人更强大。"[1]

雅克夏山是中央红军长征途中翻越的第三座大雪山，也是红军长征途中往返翻越次数最多、海拔最高的一座大雪山。雅克夏山，在今天红原县和黑水县的交界处，藏语中，雅克夏意为"不可逼近的神山"，山势陡峭，沟壑纵横，山顶空气稀薄，气候多变。

雅克夏山红军烈士墓海拔 4800 米，是全国海拔最高的红军烈士墓。1935—1936 年，红军数度翻越雅克夏山，因海拔太高，很多红军战士由于高原缺氧、严寒窒息而牺牲。1952 年 7 月，解放军黑水剿匪西线部队轻骑师 137 团在驻营地附近发现一排 12 具排列整齐的遗骨，骨架旁还发现皮带环、铜扣之类的军用品。经判断，这 12 具遗骨为红军长征战士。该团官兵收敛红军烈士遗骨，就地以石砌墓、用木立碑，上书"中国工农红军烈士之墓"。

曾三度翻越此山的 141 团团长唐成海判断这 12 名战士是个建制班，夜宿雅克夏山，因缺氧窒息而牺牲。2006 年 5 月，该墓作为阿坝红军长征遗迹的组成部分，被国务院公布为全国重点文物保护单位。

"长征苦，最苦是雪山草地。"美国记者哈里森·索尔兹伯格在《长

---

[1] 毛泽东文集（第 8 卷）[M].北京：人民出版社，1999：174.

征——前所未闻的故事》中写道。长征中的中央红军共翻越了 5 座大雪山，其中翻越的第一座大雪山是夹金山。'夹金'在藏语里的意思是弯曲的道路，位于川康边地区，海拔 4900 余米，山上终年积雪，别说人上不去，就是鸟也不易飞过。

成仿吾在《征服夹金山》一文中详细讲述了翻越雪山的情景："现在身上穿的只是一件单衣，哪能增加衣服，这一带居民很少，又都是穷人，没有什么白酒，能找到的只有木棍。看来，我们物质上的准备只此而已。但是，我们精神上的准备是非常充分。""敌人设下的层层障碍都被我们突破了，量这座雪山也只能乖乖地屈服在我们的脚下！"

"来到山麓，气温突然下降，脚下的路已经冻得很硬，爬上山腰，环顾四周都是白雪，人在积雪中行，上边是雪的陡壁，下边是雪的深渊，银光炫眼，不能久望。先头班在冰雪上凿些窟窿，小心地前进。一个跟着一个，有的手拉着手。越往上爬，冷风卷着雪花，漫天飞舞，人在云雾中行进。单衣顶不住风雪的侵袭，脸上身上像被千百把尖刀刺着。大家浑身哆嗦，牙齿战栗。空气逐渐稀薄起来。许多人感到呼吸困难，开始头晕腿软，一步一喘，一步一停。但是大家有一个信念，坚定地沿着毛主席指引的方向，克服困难，发扬互助友爱的革命精神，互相搀扶着，不停地前进，并且也认识到这时候停下来是很危险的。将近山顶，突然下起一阵冰雹，大大小小的雹子迎面打来，打中处立即肿痛，防不胜防。于是大家鼓足干劲往上冲，很快就到了山顶。抬头远望，真是一个洁白无边的世界。大家愉快地吸了一口气，便开始往下走，逐渐冰雪停飞，变成小雨，脚踏雪水跑步下山。不多时回头往上看，一片白茫茫的雪山，已经被远远地抛在后面了。"

伍修权在《回忆与怀念》一书中这样写道："一清早我们就动身翻山，开始路还好走，不太陡，也比较宽，谁有力气谁往前走，走了不久我就落在后面了，虽然不是最后，但是大部队已经过去；快到山顶时就更困难了，警卫员同我相依为命，用数步子的办法来鼓励自己；开始说走一百步就休息，走一步数一步，走到整整一百步，就停下来喘几口气，接着再数着走一百步，以后一百步坚持不下去了，改成了五十步，后又改为三十步休息一次，再也不能减少了，走不动也得走，否则，就只有永远躺在这里。"

　　有一组数据值得永远铭记：长征中红军一共翻越了18座大山，跨越了24条大河。红军翻越的18座大山分别是五岭山地的越城岭，云贵高原的苗岭、大娄山、乌蒙山，横断山脉东部的大雪山、夹金山、邛崃山、岷山、六盘山、蓝山、大凉山、芦山、终南山、罗山、名山、井冈山、岷山、英山。

　　跨越的24条大河分别是贡水、桃江（信丰河）、章水（池江）、钟水、潇水、灌水、湘江、青水江、余庆河、翁安河、乌江（两次）、赤水河（四次）、北盘江、牛栏江、普渡河、金沙江、大渡河、小金川、梭磨河、黑河、白龙江、渭河、澧水、沅江。

　　中央红军在四川境内翻越了夹金山、梦笔山、长板山（雅克夏山）、昌德山、打古山5座雪山，红二方面军翻越了8座雪山，红四方面军则翻越了13座雪山。

　　毛主席当时创作了著名的《十六字令三首》：

其一

山，快马加鞭未下鞍。惊回首，离天三尺三。

其二

山，倒海翻江卷巨澜。奔腾急，万马战犹酣。

其三

山，刺破青天锷未残。天欲堕，赖以拄其间。

　　第一首写出了山的高耸连天；第二首写千山万岭像江海中波涛澎湃，又像万马奔腾在战场上；第三首写山的坚强无敌、立地顶天。

　　莫休在《松潘的西北》一文中这样描述几个大文人过草地的情景："五点钟到了一个河坝子，叫作腊子塘，队伍停下了露营。虽然先行的部队已替我们留下了一些棚子，但忙着忙着天就黑下来。糟糕的是雨又跟着夜神来袭击了。因为缺乏经验，油布张得不得法，烂斗笠也不济事。高处的水又流来了，大家闹得坐不能站不是，拓夫同志的京调也哼不出来了。自然我们要烧火，但火柴是早已不见了，在毛儿盖又没有找到火石，此时只有向别个棚子告艰难。人家费了九牛二虎的力量燃起火，自然不能多分给我们。柴虽然有，可是全浸在水中，烧那堆火可够费劲了，这时我和拓夫、荣桓费了一切心机和力量，头都吹晕了，还不能吹起一堆火。一直到了午夜后的一时，我们总算'有志者事竟成'把火烧起了，吃着开水和干饼子，倒也忘记了睡觉那回事。一夜雨不曾停过，溪水更猖狂的泛滥了。拂晓起，出发号把我们引出棚子，我们已在孤岛中了，四面都被水包围着，虽然是那样寒冷也只得咬着牙根冲出去。从此以后五天的草地，不管昼夜我们的脚都不曾干过。"

莫文骅在《打鼓的生活》一文中回忆过雪山的情景：南中国的渔民们正赤裸裸在海边打鱼的时候，广州市布尔乔亚分子正穿着绸衣服在荔枝湾爬艇纳凉的时候，打鼓附近便要着皮袄了。因为这是中国西部的高原，空气是稀薄的，寒风是砭人肌肤而致入骨，天空中每天浮着不散的一朵一朵的惨淡的愁云，屋顶及山头积着左一块右一块闪光的冰块。真正可谓："瀚海阑干百丈冰，愁云惨淡万里凝！"

几百米远便不能透视，人们好似处在广寒宫里，又似在梦中游泊荒凉的孤岛上。红色干部团由仓德出发，就爬呀，向着离海平面标高约五千公尺的高山上爬。因为最近给养困难，所以脚是软的，手是小的，脸是尖的，眼睛也躲在眼帘里去了一些。爬山太觉吃力，爬山的本领锐减了一半。然能够鼓起战士们的劲的，因过了山便是打鼓，听说那里麦子已黄，粮食很多，能吃得饱，因此用力地爬。

越爬，山越高，空气越稀薄，越感觉寒冷。有几个同志，身体抵抗力弱的，头晕了，眼花了，脸皮白了，嘴唇黑了，不知不觉头重脚轻地倒下地去了。有些人去搀扶，但好似酒醉翁一样，扶得东来西又倒。

费了极大的精神，才上了山顶，只见满山积雪，乌云盖天，其他什么也没有！

下山时，曲折盘旋，越下越暖，身体则转为舒畅，肌肉也灵活了些。积雪的高山，被我们不屈不挠的革命毅力所征服了。

第20讲

长征文化是一种信念如磐的跟上文化

"长征的时候你都干了些什么工作？"邓小平的女儿毛毛曾好奇地问父亲。邓小平用了他一贯的简明方式回答："跟着走！"毛毛后来评论道："父亲讲的倒是大实话。长征开始，他那顶'右倾错误'的帽子还没摘，后来一直又没有任军事要职。再说长征嘛，二万五千里，本来就是走过来的嘛！"

一个"跟"字，明确了方向，是跟着中央的正确路线走，是跟着以毛泽东为领导的中央走；一个"走"，坚定了斗志，大家走到了遵义，走出了雪山草地，走出了一个又一个的胜利。

董必武《出发前》一文这样写道：当我们感觉到主力红军有转移地区作战可能的时候，我就想到我是被派随军移动好呢还是被留在根据地里工作好呢的问题。

有一天，何叔衡同我闲谈。那时我们同在一个机关工作。他问："假使红军主力移动，你愿意留在这里，还是愿意从军去呢？"

"红军跑起路来飞快，你跑得动吗？"

"一天跑60里毫无问题，80里也勉强，跑100里怕有点困难。这是我进根据地来时所经验过了的。"

……

我们向陕、甘前进，还是到川西后才决定的，假使在出发前，就知道要走二万五千里的征途，要经过十三个月的时间，要通过无人迹无粮食的地区，如此等类，当时不知将做何感想，是不是同样的坚决想随军出发呢？这都不能悬揣，但在长途中遇到一切天然的人为的困难，不曾令我丝毫沮丧过，同大家一齐克服过了。到瓦窑堡后，东征时还是跃跃欲试，这样看起来，即在出发前知道路很远，时间很久，险阻艰难很多的话，也未必能变更我随军的意念吧？

　　童小朋在《离开老家的一天》一文中这样描述长征出发时，依依不舍老区，紧紧跟上部队的情形：出发已两天了，因为仍然在老家——苏区里走，所以大家都是"司空见惯"，没有什么感觉。然而今天出发，使我感觉有点不同了，因为从今天起，就要离开我们的老家，离开这块自由的乐土，离开数百万的兄弟姊妹……走了夜路的同志们，在上午就已经睡得够了，午后五点半吃饭后，预备号、集合号从各连队的驻地前后远近地陆续吹着，一队队荷枪的战斗员，一个个挑着担子的运输员、炊事员，以及指挥员、马匹均到集合场集合了，一队队的整齐地排列着，个个都精神抖擞地束装待发。此时当地的群众也集在道旁，似乎送别的情景……前面司令部的前进号吹了，指导员不得不就此结束他的讲话："好，现在要出发了，不多讲，在出发前我们来唱个《直到最后一个人》的歌好不好？"全体又答："好！"指导员一、二、三的口令发出后，激昂雄壮、整齐嘹亮的歌声，就在百余个战士中唱起来了：

神圣的土地自由谁人敢侵？
苏维埃哪个敢踩躏？
啊！铁拳等着法西斯帝国民党，
我们是红色的战士，
拼！直到最后一个人！

　　文章也描述了红军行军途中的乐观精神：再行五里天已黑，但老练的我们，是没有什么要紧的，只是一个接着一个地走着，看见前面的走也跟着走。如果是停止了，就知道前面不好过，也就停止，准备小心地过那不好的地方。如果前面的提起脚来跳就知道有沟渠，或石头、土堆，也就依样跳去。可是走我前面的老曹古怪得很，故意要我跌跤，他明知前面有一个石头突出在路上，他就不跳了，就慢慢地跨了过去，我以为平常无事，哪知道脚刚提起向前走时，扑的一跤，我跌倒了，我在"哎哟哎哟"地叫痛，他那里却笑个不止，假做人情地帮我牵起，这个家伙真搅鬼！

翟俊杰导演的电影《我的长征》中的"我",名叫王瑞,参加红军那年,还只是一个 15 岁的少年。在敌机疯狂轰炸的湘江边,父亲望着毛主席的背影,告诉他:"跟着走!"

王瑞的父亲因被敌人炮火击中而牺牲在湘江边,在父亲的坟前,王瑞问姐姐:"姐,咱还走吗?"那个时候,没有人知道到底要走到哪里去。从长征开始,红军一路上都在被动挨打,损失惨重。王瑞的姐夫肖德昌在湘江战役后也抱怨道:"这打的什么狗屁仗,往后看,倒下的弟兄数都数不清,往前看,尽是望不到头的大山,我们往哪儿走,我们往哪儿走?"

王瑞没有放弃,因为连队的指导员告诉他:"走。"曾连长也告诉他:"跟着走!"从那之后,他跟着姐姐、姐夫还有连长走。最后,经历战争生与死的王瑞,终于找到了方向。从娄山关大捷开始,他便知道了红军要往哪里走,他欣喜地向毛主席汇报:"我知道红军要往哪里走了,往打胜仗的地方走!"

经历战火的洗礼,这个只有 15 岁的少年已不再是当初那个只知道盲目地"跟着走"的小孩子,而是真正成长为了一位拥有坚强意志、主动地跟着党走的坚强战士。

20 世纪 80 年代有一部老电影,片名《草地》,故事梗概是:长征途中,破衣烂衫的红军官兵跋涉在泥泞的草地中。后卫连长肖国成紧紧拽着 14 岁的小秦,另一边走来已被张国焘判处死刑的红军高级干部常炽,等待他的是"秋后问斩"。曾立标由于腿部负伤,默默地守在战友的新坟前不肯离开。小护士许苓无论怎么哄,萍萍都不肯离开已经牺牲了的妈妈。不远处还蹒跚着几个掉队的战士。望着眼前的一切,肖国成深感责任重大,怎样带同志们走出草地,成了他心头巨大的痛。常炽提醒他成立临时党支部,发挥骨干的带头作用。押解常炽的黄苏由于病饿交加倒下了,临终前,他悄悄撕毁了揣在身上的判决书……

掉队的老弱伤病员在肖国成为书记的党支部带领下不断前进,但形势日趋严重,每天都有人倒下。黄苏临终前,将常炽的党证交给支部,并悄悄撕毁了对常炽的判决书。在这极端困苦的形势下,党支部接受了曾立标的入党申请。为了保存革命有生力量,老弱伤病同志纷纷表示让年轻同志成立小分队带上仅有的一点粮食先走。小分队出发前,肖国成郑重告诫年轻队员,去追赶大部队，将一件重要的文件交给党。小分队终于赶上了大部队，打开重要文件时，只见上面写着："我们请你们交给党的重要东西正是你们自己……"

1934年，黔东独立师在重庆秀山遭敌伏击，政委段苏权中弹负伤，与部队失散。他在当地村民帮助下藏在山洞里养伤一个月有余，稍微能下地走路，段苏权便坚持要去寻找部队。他一瘸一拐，扮成叫花子，一路讨饭追赶部队未果，无奈回到老家湖南茶陵。1937年9月，段苏权从因伤脱离红军的同乡谭毛苟处获知了红军所在地，便在谭毛苟、父亲和妻子的帮助下，从茶陵到长沙，坐上了运兵车至山西太原八路军办事处，找到了任弼时，重新归队。面对突然出现的段苏权，任弼时大吃一惊："段苏权，我们已在方面军党代表会上给你开过追悼会了，原来你还活着。"

郑金煜，参加长征的时候只有17岁，担任红一军团二师四团团部党支部的青年委员兼宣传干事。当走到草地中心时，郑金煜发高烧病情很快恶化，没过多久，郑金煜感到自己挺不住了，对政委说：我不行了。我知道党的事业一定会胜利，革命一定会胜利，但我看不到那一天了。希望革命快胜利，如果有可能，请告诉我家里，我是为了革命的胜利而牺牲的。这位小红军就这样长眠在草地了，为革命献出了宝贵的生命。令同志们感动的是，这位牺牲的小红军郑金煜，在过草地时贴身藏好"引火柴"的故事，无论是多大的雨，他身上藏的几根火柴始终没有淋湿，在最困难的时候使战士们能够烤上火。后来，根据郑金煜的事迹，创作了《七根火柴》的故事，描述了长征途中，暴雨倾泻在大草地上，一个生命垂危的红军战士把党证和夹在党证里的七根火柴交给战友，请他转交给党组织……

还有一个背着弟弟长征的故事：邓秀英和邓玉乾是姐弟俩，姐姐13岁，弟弟6岁。爸爸是一名红军战士，他要长征了，妈妈做了一个不可思议的决定：带着两个孩子也长征！妈妈背上铺盖卷，邓秀英决定背上弟弟长征，邓秀英13岁，还是个小姑娘。邓秀英搀扶着身体虚弱的妈妈，背着弟弟，沿着部队留下的宣传告示追赶部队，不料被土匪拦住了去路，把这母子三人当作奴隶卖掉了，而且卖给了三个不同的地方。过了7年，邓玉乾从主人家逃了出来，他一个寨子一个寨子地走，一家一家地找，终于找到了母亲和姐姐。

当然，跟着见证红军长征的也有外国人。1922 年，勃沙特（中国名字薄复礼）受英国基督教会派遣携妻子来华传教。1934 年 10 月在贵州旧州（黄平）境内，与征战中的中国工农红军第六军团的部队相遇而被扣留，后于 1936 年 4 月在云南富民县被释放。其间，与红六军团团长萧克相识。18 个月，作为红军"俘虏"辗转 1.9 万里。这是瑞士传教士薄复礼 1934 年 10 月 1 日到 1936 年 4 月 12 日的经历，勃沙特在长征队伍中生活了 18 个月又 12 天。

1936 年 8 月，在脱离红军不到四个月的时间，薄复礼口授并在伦敦出版了这本亲历红军长征见闻录，书名为 *The Restraining Hand*：*Captivity For Christ in China*（神灵之手），由伦敦哈德尔 & 斯托顿公司出版，比人们所熟知的《西行漫记》还早一年出版。

在《神灵之手》中，薄复礼对长征大大小小的将士充满了由衷的敬意，他感叹说：中国工农红军是一支纪律严明、爱护群众，特别能吃苦、特别能战斗的军队；红军的高级将领，则是充满着追求精神、决心建立共产主义政权的共产党将军。他预言：中国工农红军必胜，红旗一定会插遍全中国！

薄复礼回忆道："我看到勤奋的红军战士除了忙着打草鞋、补衣服外，还抓紧时间学习文化知识，听关于共产主义原理的党课武装思想。每个排还经常召开会议，会前先选一个议题，要大家做准备，开会时，大家踊跃发言，特别是新兵，在老兵的鼓励下，讲自己受地主剥削的亲身经历。每次发言后，排长做总结，重申主要观点。一旦到了某个驻地，可以进行极为短暂的休整，红军都会建立'列宁室'。所谓'列宁室'，实际上就是红军读书学习的一个地方，有时利用房子，有时就自己动手临时建，八根竹竿或树桩做桩，绿色的树枝和竹枝编在一起作墙，屋顶铺上稻草就算天花板。这个地方就成了他们读书学习或者集体活动的地方。"

值得一提的是，跟着红军走完长征路的还有一位国民党中将师长，他叫张振汉。

据《解放军报》报道，1934 年春，国民党军对中央苏区步步紧逼，红军主力被迫进行战略转移，开始长征。这年 10 月，国民党紧急调集 11 万兵力围堵红军。为了掩护主力撤退，贺龙、任弼时、关向应、萧克、王震领导的红二、红六军团留守湘鄂交界处，准备阻击国民党军队。他们最大的对手是驻扎在湘鄂交界处的国民党第 10 军第 41 师，张振汉就是该师师长。凭借着人数的优势和精良的装备，张振汉连续数月对红军实施"围剿"，并扬言"亲手抓住贺龙"，深受蒋介石器重。然而，他没想到的是，第 41 师师部、一个旅和一个特务营不仅被红军一举歼灭，他自己也被活捉。

1935 年 6 月中旬，红二、红六军团在忠堡地区设下埋伏，包围了第 41 师主力。时任第 41 师先头旅旅长的黄百韬见势不妙，扔下张振汉仓皇而逃。面对败局，向来对"围剿"红军不遗余力的张振汉无计可施，准备自杀，幸好被他的参谋长拦下了。在江苏省徐州市铜山区档案馆，有一则关于老红军彭富九将军的一段回忆的记载："张振汉被押到贺龙面前时，贺龙笑着说：'老张啊，我们又碰到一起来了。你不是要活捉我这个贺匪吗，今天到底谁捉了谁？'被红军活捉的张振汉觉得自己必死无疑。军营里'杀了张振汉，为死去的兄弟们报仇'的呼声充斥着张振汉的耳膜。正当他绝望之际，贺龙却说了一句：'此人不杀，暂时留下来，先给他治疗吧。'"

红军的不杀，让张振汉无比惊讶。此后，红军对张振汉的一系列礼遇，更让他摸不着头脑。那时候红军缺药，但军医却匀出宝贵的药品给张振汉治疗。在饮食上，红军战士吃的都是粗粮咸菜，唯独给张振汉开小灶，吃细粮。张振汉弄不清贺龙葫芦里到底卖的什么药！一天，张振汉见到贺龙，鼓起勇气提出要回汉口与家人团聚，以后永不在军队任职。听到了这个要求，贺龙反问："你丢了 41 师，回去老蒋会放过你？"过了一会儿，贺龙又劝："你是保定陆军军官学校 2 期，学的是炮兵专业，难得的人才啊，能不能留下来当红军学校的教员？"张振汉当即拒绝了这个要求。他觉得，自己是败将、俘虏，教红军实在不合适。知道张振汉有顾虑，贺龙又请了红军大学校长萧克和政委苏鳌来做他的思想工作。看到红军将领三番五次请自己讲课，张振汉觉得于情于理已经无法推辞，答应先去试试。1935 年 8 月，张振汉换上了红军的军装，站在了红军大学的讲台上，加入了红军革命队伍。

1935 年 11 月，红二、红六军团长征开始。在红军攻打湖南龙山县城的时候，因为城墙坚固，数天攻不下来，红军战士伤亡不少。看到红军在战斗中缴获了敌人的几门山炮，但没人会用，张振汉就带着几个红军战士来到城墙附近，利用自己的技术经验，只打出两发炮弹，龙山县城便炸开了缺口，帮助红军迅速占领了龙山。1936 年 2 月，已经撤到贵州山区的红二、红六军团被敌人围堵到了金沙江，唯有过江才能摆脱国民党军的追击。关于这段历史，黄新廷将军曾回忆说："金沙江非常险恶，当时是张振汉将军提出了砍下山上竹子扎成竹筏的主意。他还亲自示范如何把竹筏捆紧不被江水冲散，保证了红军安全渡江。"刚甩开敌人的追击不久，红军又面临翻越玉龙雪山的难题。部队快爬到山顶时，张振汉骑的骡子突然滑向雪谷，张振汉被甩到谷底昏迷了。战士们见状就立刻组成人绳，一个接一个延伸到谷底，硬是把张振汉拉了上来。紧接着，战士们轮流用担架抬着受伤的张振汉走出了雪山。有的红军战士在抬张振汉的过程中在雪山中倒下了，永远没站起来。

对于红军的舍命相救，张振汉多次向儿子张天佑描述："过雪山时，好几个红军战士为了把我抬出去牺牲了，我曾经是他们的敌人，杀死了许多他们的兄弟，他们却拿命救我，这份恩情你不要忘记。"1936 年 10 月，红军三大主力胜利会师，长征结束。张振汉作为唯一一位跟随红军走完长征的国民党中将，来到了延安，受到毛泽东和周恩来的接见。

第21讲

长征文化是一种乐观向上的纯真文化

翻开《红军长征记：原始记录》这本书，首先映入眼帘的就是黄镇的漫画《林伯渠同志：夜行中的老英雄》，画面中：年近六旬的林伯渠一身红军军装，脚穿草鞋，左手提马灯、右手拄拐杖，手中的马灯在漆黑一团的夜晚中闪烁，军帽与黑色背景浑然一体。粗犷的线条和大面积的墨块，以留白的形式，表现出林伯渠心怀天下的革命品质和通往胜利的光明之路。诗配画曰："路是自己走，灯要自己提。夜收旭日出，早过降云霓。"

第十七幅《草叶代烟》题识中写道："到了藏民区域，吸烟的同志着了忙了，哪里还有香烟，连水烟也没有！发现了一种草，听说可以当烟吸，吸烟的都遍处寻了，自己折自己制造，吃起来也还有点味道——别有味道。"漫画中嘴上叼着烟斗品吸草叶代烟滋味的红军，有点调皮，又有点陶醉的表情，画出了红军战士在任何艰难困苦的环境下，都始终保持革命的乐观主义态度。《磨青稞》《烤饼》刻画出了长征中红军热爱生活和对创造美好生活的向往。

黄镇，安徽枞阳人，1931年12月参加江西宁都起义，长征时期先后任红十五军团宣传部长、八路军政治部和宣传部副部长、晋冀豫军区第七纵队政委等。黄镇是著名的"将军大使"，也是一位造诣颇深的艺术家，曾任国家文化部部长。黄镇将军不仅是长征的亲历者，而且在长征途中创作了大量戏剧、美术和诗歌作品，最广为人知的是他失而复得的美术作品《长征画集》，他的独幕讽刺话剧《破草鞋》，歌曲《打骑兵歌》《红二十五军长征歌》等，也是长征艺术史上的杰作。

刘统在《红军长征记》前言中这样叙述：长征中的美术作品，要特别介绍黄镇的《长征画集》。黄镇年轻时就读于上海美术专科学校和上海新华艺术学校。长征中任中央军委直属纵队政治部宣传科长。长征中许多难忘的场面、动人的事迹、英雄的壮举，都激起了他的灵感。他一路走，一路画，画了四五百张。但是这些珍贵的作品在战争年代大部分丢失了，其中的 25 张被拍成了照片。1938 年，时任八路军 115 师 343 旅政治委员的萧华托人将照片带到上海，送到了阿英手里。

阿英，原名钱杏邨，1926 年入党，1927 年到上海从事革命文艺活动，与蒋光慈等组织发起"太阳社"。抗日战争期间，在上海从事救亡文艺活动，曾任《救亡日报》编委、《文献》杂志主编。阿英见到这些照片后非常激动，决定尽快把这些漫画编印出来，公开出版。1938 年 10 月 5 日出版的《大美画报》第 2 卷第 1 期，首先发表《西行漫画》，阿英撰写的"题记"全文如下：

"当我从一位参加了二万五千里长征同志的手里，接到这一束生活漫画，而逐一看过的时候，我内心的喜悦和激动，真是任何样的语言文字，都不足以形容。虽只足二十五点的漫画，却充分的表白了中华民族性的伟大、坚实，以及作为民族自己的艺术在斗争与苦难之中在开始生长。我以为，在中国漫画里之有这一束作品出现，是如俄国诗坛之生长了普希金。俄国是有了普希金才有自己民族的文学，中国也是有了这神话似的二万五千里长征的生活纪录画片，才有了自己的漫画。"

1938 年 10 月 15 日，阿英主持的"风雨书屋"出版的《西行漫画》单行本，铜版纸精印，印数 2000 册。这个版本相当珍贵，几十年都没有重印过。1958 年再版的时候，阿英请萧华为重印本写序，才知道是初版的误记。至于画的作者，萧华也记不清了。1961 年，阿英找到了从国外当大使回来的黄镇。

黄镇回忆："当我翻开《长征画集》的第一页，画上的形象使我激动不已。记得在长征途中，一位年已五十开外的老同志，戴着深度的近视眼镜，不管白天或黑夜，左手提着马灯，右手执着手杖，老当益壮地走在红军队伍之中。这就是林伯渠同志。他和徐特立、董必武、谢觉哉同志都是德高望重的老人，以半百的年纪，参加了长征的壮举。往事历历在目，一切犹如昨日。这幅画唤起了我的记忆，一页页翻下去，好像又走上了艰苦的二万五千里的行程。从此，这本画集算找到了它的作者。"

《长征画集》勾起了黄镇联翩的回想："长征二万五千里，我画了整整一路，大概也有四五百张，现在留下来的就是这二十几张。它能和今天的读者见面，经历了曲折的过程，颇有一些传奇色彩。记得当时我背的是一个布书包，雨打即湿，日晒即干，夜晚行军、露营，也沾满了露水。我的画也随着书包时湿时干，因而画面模糊，纸张折皱，难以保存。那时，王幼平同志身上背着一个皮包，看上去洋里洋气，比我的布包好得多，让我十分向往。有一天，他奉命调到上干队学习，分别的时候，我说：'你这个皮包送给我吧，好装我的画。'"

为了纪念《长征画集》再版，著名诗人臧克家在中华人民共和国成立 30 周年出版的诗集《今昔吟》中写了一首《长征画集赞》："长征途程两万五千，画图一幅幅零星片断，越少越觉得珍贵，没画出来的用想象去补添……毛泽东思想无敌于天下，革命威力能突破万重关！这画集堪称'画史'，像夺目彩虹永挂在长天。"

长征中，红军战士大多是年轻人，喜爱各种表演形式的文化演出活动，所以红军的宣传队里话剧、歌舞、双簧、莲花落、活报剧、对口剧等在战斗间歇也都会表演。红一、红四方面军会师后，总政治部要黄镇带着五军团的猛进剧社、三军团的火线剧社去懋功慰问演出。当时刚好中央红军胜利渡过金沙江不久，黄镇就根据这次大胜仗的经过，编了一出非常有名的独幕话剧《破草鞋》。

《破草鞋》展现了中央红军在渡金沙江时，红五军团奉命在石板河阻击追兵的情形。他们在崇山峻岭中与敌人奋战三昼夜，像钉子一样，牢牢地把十几万国民党"追剿"军堵在了仅有的一条道路上，红军主力渡江后，红五军团交替掩护安全撤离了石板河，顺利渡过金沙江。尾随的敌兵追到江边，只捡到了红军丢下的几只破草鞋。这出戏热情歌颂了红军的伟大胜利，辛辣地讽刺了国民党大军围追堵截的破产。

红军过草地时，一位红军战士创作了这样一首《牛皮腰带歌》："牛皮腰带三尺长，草地荒原好干粮，开水煮来别有味，野火烧熟分外香；一段用来煮野菜，一段用来熬香汤，有汤有菜花样多，留下一段战友尝……"

周士梯回忆长征的《吃冰淇淋》一文，刻画了陈赓等红军将领的革命乐观主义精神：

天亮由中打鼓出发，宿营地是沙窝，一出下打鼓村子，就看见路旁一块木牌子，上面写"上午九时后，不准前进！"我们就会意是为着"由下打鼓到沙窝九十里，中间没有人烟，要翻过一个大雪山，如是过了九时，当天就不能走到，要在山上露营"而写的。

这块木板牌子告诉我们今天是怎样的征途了！但是已经尝过夹金山雪山、康猫寺雪山神秘的我们，已没有过夹金山时那样的当心了，过夹金山时，老百姓对我们说："在山上不准讲话，不准笑，不准坐。若故意讲话、笑、坐，山神就会把你打死。"我们自然没有这样的迷信，可是已想到高出海水面五六千公尺的雪山上空气的稀薄和冷度了。今天的雪山总不会比夹金山高吧！

距山顶还有二十里的地方，就看见前面的人群走得比蚂蚁还缓，像一条长蛇弯弯曲曲而上。我们的呼吸短促起来了，脚步也不知不觉地缓缓一踱一踱。

我们踱上山顶，陈赓、宋任穷、毕士梯、莫文骅好多同志，已坐在那里谈天，我们也靠近坐下。

骄阳从天空的正中疏散地放出光辉，紧紧地吻着每个长征英雄的面孔。它在微笑喜悦似的接迎长征英雄们上雪山。它虽然把大地一切的景色照耀得特别显明起来，但没有丝毫的"炎炎迫人"的情境。这宣布广东俗语"盛夏太阳真可恶"的破产。

我们周围的雪，洁白得十分可爱，令人回忆到"踏雪寻梅"的古典，而兴叹——白雪真可爱，梅花何处寻！同时又添加了人类"盛夏赏雪"的乐趣。

萧劲光同志提议吃冰淇淋，全体赞成。陈赓、宋任穷、毕士梯、莫文骅、郭化若、陈明、何涤宙、冯雪峰、李一泯、罗贵波和我十几个人，都持着漱口盂，争向雪堆下层挖。

"谁有糖精，拿出公开。"李一泯同志说，毕士梯同志的胃锁药瓶子、郭化若同志的清道丸瓶子、萧劲光同志的小纸包，都一齐出现了。

大家都赞美今天的冰淇淋，引起了上干队好多学生也向雪中冲锋。

"我这杯冰淇淋，比南京路冠生园的还美！"我说。

"安乐园给你多少宣传费？"我给陈赓同志一棒。

"冠生园的广告费，一年也花得不少！"陈赓同志暗中回一枪。

"你们如在上海争论，我都愿做评判员，'蛮子'地方，找不到事实证明，结论不好做，这个结论留给住在上海、香港的朋友做吧！"毕士梯同志这样结束了我们的争论。

在南方擅长在森林和山地同敌步兵作战的红军，在西北高原第一次遭遇敌骑兵，因缺乏作战经验蒙受了较大损失。此事引起红军总部的高度重视，各部队迅速掀起了学习打敌骑兵战术的热潮。刘伯承、叶剑英等人根据敌骑兵的特点和当地的地形地貌，分别向红军各部队讲授打敌骑兵的基本知识和战术动作，并总结了一套行之有效的办法。为了便于红军战士熟记同敌骑兵作战的战术要领，红军总政治部宣传部长陆定一和宣传干事李伯钊，共同创作了《打骑兵歌》："敌人的骑兵不可怕！沉着应战来打他！目标又大又好打！排子枪快放齐射杀！我们瞄准他！我们打垮他！我们消灭他！无敌红军是我们！打垮了敌人百万兵！努力再学打骑兵！我们百战要百胜。"

这首歌在《红星报》上发表后，很快传遍了红军各部队。为了配合学打骑兵的训练，李伯钊还编了《打骑兵舞》，为此，红军总政治部还专门通知各部队派人到毛儿盖学跳这个舞。广泛的宣传鼓动和行之有效的打击敌骑兵的战术，很快扭转了红军被动局面。最值得一说的是青石嘴战斗。

宁夏固原市原州区开城镇青石嘴村，矗立着红军长征青石嘴战斗纪念碑。纪念碑由基座、碑身、骑马士兵雕像三部分组成，主体高 19.35 米，碑体两侧翼高 10 米，碑铭高 7 米，象征着青石嘴战斗发生在 1935 年 10 月 7 日。碑顶红军战士手持大刀骑战马冲锋的雕塑，则象征中国工农红军第一支骑兵侦察连的诞生。

"青石嘴，踞于六盘山东麓，青山作屏，茹河萦回；四周碧野，鸡鸣三县，为平银公路必经之地。20 世纪 30 年代，民族危亡，国难深重。红军北上抗日，途经此地受阻，遂与国民党军激战，著名的青石嘴战斗由此而生。"纪念碑上的文字，讲述了这场战斗的重要意义。

1935 年 10 月 7 日，毛泽东、张闻天、王稼祥等同志率领中央红军登上六盘山，部队行进到青石嘴以西约1公里的一个山洼时，抓到了国民党的便衣侦察人员。经审问，得知青石嘴驻有国民党门炳岳骑兵第十三团向固原运送物资的两个连，毛泽东果断下令突袭。当年红军有如神兵天降，敌人的骑兵团来不及做出反应就乱成一团，仅半个小时，红军就大获全胜，歼敌200多人，缴获战马100多匹，还缴获了一批崭新的捷克式步枪、十余马车弹药物资。正是用这缴获来的100多匹战马，红军组建了第一支骑兵侦察连，梁兴初是首任连长。

　　"蒋介石这个'运输大队长'真不错，在我们正需要补充时，就及时地给我们运送来了。叫我们吃得饱饱的，穿得整整齐齐的与陕北红军会师。太好啦！"吴吉清所著《在毛主席身边的日子里》一书中，就有这样一段生动的描写。

　　1935年5月，红军经过大凉山彝族聚居区。中央要求全军严格执行党的民族政策，以取得彝人的信任和同情。根据中央要求，陆定一撰写了一份布告，以红军总司令朱德的名义发布，全文如下：

中国工农红军，解放弱小民族；

一切夷汉贫民，都是兄弟骨肉；

可恨四川军阀，压迫夷人太毒；

苛捐杂税重重，又复妄加杀戮。

红军万里长征，所向势如破竹；

今已来到川西，尊重夷人风俗。

军纪十分严明，不动一丝一粟；

粮食公平购买，价钱交付十足。

凡我夷人群众，切莫怀疑畏缩；

赶快团结起来，共把军阀驱逐。

设立夷人政府，夷族管理夷族；

真正平等自由，再不受人欺辱；

希望努力宣传，将此广播西蜀。

朱德这张布告也可称为"布告诗"，通俗简明，朗朗上口。布告揭露了四川军阀的罪行，准确而扼要地表述了中国共产党和工农红军的宗旨、任务、政策、纪律，在当时起到了十分重要的宣传作用，许多彝族群众就是通过这个布告了解到世界上还有共产党和红军的。红军不仅没有和彝民发生冲突，反而吸收了不少彝族群众参加红军。

需要特别指出的是，这一"布告诗"是第一次使用"红军万里长征"这一具有历史意义的特定用语。也就是说，"万里长征"这个词是陆定一首次使用，并经过朱德总司令的首肯而传播开来的。

红一、四方面军会师后，陆定一写还创作了《两大主力军会合歌》，歌词是："两大主力军邛崃山脉胜利会合了，欢迎四方面军百战百胜英雄弟兄。团结我们工农武装不可摧毁的力量，唉！团结我们工农武装不可摧毁的力量，坚决赤化川陕甘。万余里长征经历八省险阻与山河，铁的意志血的牺牲换来伟大的会合。为了实现抗日救国解放民族的事业，唉！为了实现抗日救国解放民族的事业，高举红旗向前进。"

1935年10月，中央红军到达陕北，红二十五军的同志请黄镇给二十五军写一首军歌，于是就有了《红二十五军长征歌》："九月里在陇东边境，打击马家军步骑兵。我军通过无人地区，战胜艰难向北挺进。红旗飘扬转战万里，征途歼敌一万多人。从鄂豫皖到陕甘宁，永坪会合西北红军……十一月参加直罗镇战役，中央军委指挥打大胜仗。革命大本营放在西北，奠基礼凯歌天下传扬。"

1935年10月，陕甘支队到达吴起镇与陕北红军胜利会师。为了回顾长征的战斗历程、肯定长征的伟大成绩、总结长征的历史经验，陆定一与时任红军总政治部白军工作部部长的贾拓夫合作，创作了《长征歌》：

　　　　十月里来秋风凉，中央红军远征忙，
　　　　星夜渡过于都河，古陂新田打胜仗。
　　　　十一月里走湖南，宜临蓝道一起占，
　　　　冲破两道封锁线，吓得何键狗胆寒。
　　　　十二月里过湘江，广西军阀大恐慌；

四道封锁线都突破，势如破竹谁敢挡。

一月里来梅花香，打进贵州过乌江；

连占黔北十数县，红军威名天下扬。

二月里来到扎西，部队改编好整齐；

发展川南游击队，扩大红军三千几。

三月打回贵州省，二次占领遵义城；

打坍王家烈八个团，消灭薛吴两师兵。

四月里来向南进，打了贵阳打昆明；

巧妙渡过金沙江。浩浩荡荡蜀中行。

五月里来泸定桥，刘文辉打得如飞跑；

大渡河天险从容过，十七个英雄姓名标。

六月里来天气热，夹金山上还积雪；

一四两个方面军，懋功取得大会合。

七月进入川西北，黑水芦花青稞麦；

艰苦奋斗为哪个，为了抗日救中国。

八月继续向前进，草地行军不怕冷；

草地从来少人过，无坚不摧是红军。

九月出发潘州城，陕甘支队东北行；

腊子口渭河安然过，打了步兵打骑兵。

二万里长征到陕北，南北红军大会合；

粉碎敌人新"围剿"，统一人民新中国！

　　《长征歌》采用民歌叙事诗的手法叙述长征，长征历时 13 个月，故 13 段，13 段合起来就是长征的全过程。《长征歌》歌颂了长征的胜利，充分表现了红军战胜一切艰难险阻的革命英雄主义与革命乐观主义精神。

　　1935 年 10 月 19 日，陕甘支队司令员彭德怀率第二纵队、第三纵队到达陕北吴起镇。蒋介石为阻止陕甘支队与陕北的红十五军团会合，派一路尾随的宁夏军阀马鸿宾部和东北军白凤翔部 3 个骑兵团 2000 多人企图一举将陕甘支队吃掉。毛主席决定"砍掉这个尾巴"，作为与陕北红军会师的"见面礼"。在彭德怀的指挥下，经数小时激战，共歼敌 1 个团，击溃 2 个团，击毙击伤敌 600 余人，俘敌 700 余人，缴获一批轻重武器和约 1000 匹战马。毛泽东得悉战斗胜利后，写下了那首著名的六言诗：

> 山高路远坑深，大军纵横驰奔。
> 谁敢横刀立马？唯我彭大将军！

李雪山在《紧急渡湘水》回忆中这样描述和四师齐名的铁后卫十三师："为了争取渡河的胜利，虽然打了一天仗，已经走了五六十里路，没有吃到一顿饭，但最能忍受这样艰苦的阶级战士们，在一个动员之下，把自己的东西完全牺牲了，只背着枪械子弹炸弹，个个抱着'无论如何要过湘水的决心'。天色苍茫，黑幕笼罩着大地，高高低低的大路，十三师紧急向着湘水前进了。'不掉队！''不落伍！'一口气跑好九十余里，天还未亮，已经到达湘水河边。湘水悠悠流着，秋风凉气袭人，但是阶级的战士们，不管他水凉流急，大家毫不犹豫，把鞋袜脱去，扑通跳在水里，河水冰凉入骨，还听得'哎呀来……''嘻、嘻、嘻！'的战士们唱出的兴国山歌和欢笑声，他们心里说：'争取渡河的胜利了！'太阳东升了，映着湘水通红，隔江的敌人哪里能追得上呢？又走了二十多里，这时还没有吃到饭，北面的敌人来得好快，已经赶到我们的渡口来了。百战百胜的、钢铁的、无敌的五军团十三师，还是打起精神，忍饥挨饿的，一面抵抗，一面西进，这样又经过一天一夜的奋斗，终究使敌人掉了队，落在后面了！"

1935 年春，中国工农红军进入黔北地区，占领遵义城，召开了党史上有名的遵义会议。3 月 15 日，红军在鲁班场与国民党军队激战，16 日经仁怀占领茅台。红军在茅台的短暂停留，使得长埋于深山绿水间的茅台酒，与红军和中国革命结下了不解之缘，演绎出了一幕幕动人的故事。熊伯涛将军的《茅台酒》一文，或是红军将士中较早宣传茅台的作品，也被收录在《红军长征记》中，现摘部分，以回忆红军长征之过茅台：

黄昏前军团来了一封三个"十"字三个"圈"的飞送文件（是命令）："茅台村于本日到侯敌一个连，教导营并指挥二师侦察连立即出发，限明日拂晓前占领茅台村，并迅速找船只和架桥材料，准备于工兵连到后协同架桥。"

可恨的天气在黄昏时下起大雨来了。在对面看不见人的夜里，部队仍是很紧张的前进。就是有些人打火把电筒，仍然免不了在上山下岭的泥滑路跌跤。"糟糕！跌倒了！哎哟！""同志！不要紧，明天拿前面的茅台酒来滋补一下！"同志们这样互相安慰着。走了三十里左右，来了命令，一律禁止点火把打电筒，当然更是不断有跌倒的。

大雨泥泞的黑夜，所有人员非常紧张的前进着，于拂晓前赶到了茅台村附近。

啪！啪！啪！枪声响了。在到处"汪汪汪"的狗叫声中，见到一个侦察连战士向连长报告："报告连长！前面已发现敌人的步哨，我们排长已将敌步哨驱逐，并继续猛追去了。"连长很庄严地说："快去要排长带这一排人猛追，这两排我立即带着来。"

连长亲率着后面两个排，除派一班人占领茅台后面有工事的阵地外，其余飞也似的突进街中，立即派一部搜索两面房子，主力沿河急奔而下地追去了。

追到十多里后，已消灭该敌之大部，俘获人枪各数十，和枪榴弹筒一，并缴到茅台酒数十瓶，我们毫无伤亡，战士欣然给了我一瓶，我立即开始喝茅台酒了。

此时教导营已在茅台村搜查反动机关和搬运架桥材料，侦察连担任对河下游的警戒。

我们的学员和战士圆满的胜利，在该地群众的慰问中，个个都是兴高采烈，见面就说："喂！同志，吃茅酒啊！"

"义成老烧房"的主人——是当地有相当反动政治地位的人，听说红军来了，早已逃之夭夭。恰巧我们住在这酒坊里。所有的财产，一律没收了。当然酒也没收了啊！

"义成老烧房"是一座很阔绰的西式房子，里面摆着每只可装二十担水的大口缸，装满异香扑鼻的真正茅台酒，此外，封着口的酒缸，大约在一百缸以上；已经装好瓶子的，有几千瓶，空瓶在后面院子内堆的像山一样。

"够不够你过瘾的？今天真是你的世界了！"老黄带诙谐和庆祝的语调

向我笑着说。

真奇怪，拿起茶缸喝了两口，"哎呀！真好酒！"喝到三四五口以后，头也昏了，再勉强喝两口，到口内时，由于神经的命令，坚决拒绝入腹，因此除了鼓动其他的人"喝啊"以外，再没有能力和勇气继续喝下去了。

很不甘心，睡几分钟又起来喝两口，喝了几次，甚至还跑到大酒缸边去看了两次。第二天出发，用衣服包着三瓶酒带走了，小休息的时候，就揭开瓶子痛饮。不到一天，就在大家共同欣赏之下宣告完结了，一二天内部队里茅酒绝迹了。

茅台镇，四面群山环抱，前有赤水河由西南向东北而过，直至长江。中间地势平缓，土地肥沃。当地盛产一种野果，叫作"拐枣"，古名叫"枸"，濮僚人用拐枣捣碎发酵酿酒，开始叫"枸酱"酒。最早记载的是西汉时期，使臣唐蒙出使南越，途经茅台，发现当地美酒，回长安时带给汉武帝，汉武帝喝了大赞："甘美之"。茅台是黔北名镇，有"川盐走贵州，秦商聚茅台"之称。秦晋盐商"因感从山西携带杏花村汾酒不便，就从山西雇了酿酒工人在茅台镇仿制"。汾酒技术的进入，促使茅台烧酒工艺很快形成自己特色，高温堆曲、端午踩曲、重阳下沙、多次回沙，成就了"黔省第一"的烧酒美名。

1951 年，在中央直接安排下，由当地政府以接收和购买的方式，把已经改名的三大烧坊：荣和、成义和恒兴合并，成立国营茅台酒厂。

长征文化是一种肝胆相照的民族文化

1935 年 5 月，中央红军要想跳出国民党军重兵包围圈，必须尽快渡过天险大渡河。

当时，从中央红军所在的泸沽到大渡河，中间隔着大凉山地区，有两条路可走：一条是大路，从泸沽东面翻越小相岭，经越西县城到大树堡，由此渡过大渡河；另一条是小路，从泸沽过冕宁，经大桥镇、拖乌，穿过冕宁西北的彝族聚居区到达大渡河边的安顺场。由于历代统治阶级长期推行民族压迫政策，使彝民对汉人充满猜忌、敌视，彝族区的小路被视为"畏途"，汉人军队要想通过这一地区很难。

为正确宣传和执行党的民族政策，朱德发布了《中国工农红军布告》，宣传红军宗旨，揭露反动派的黑暗统治，号召彝汉人民团结起来，打倒军阀。5 月 19 日，中央红军派出以刘伯承为司令员、聂荣臻为政治委员、萧华为群众工作队长的先遣军，准备借道彝民区，抢先渡过大渡河。

萧华向小叶丹的四叔说明红军与国民党军不同，是替受压迫的人打天下的，进入彝民区不是打彝胞，而是借路北上。根据彝人重义气的特点，告知刘伯承率领大批人马也要路过此地，愿与彝民首领结为兄弟。很快，红军就得到回话，小叶丹愿与红军结盟。刘伯承得知这个消息后非常高兴，决定亲自去举行结盟仪式。

结盟地点定在袁居海子边。刘伯承到达后，小叶丹和另外几位彝族首领立刻上前，准备叩头行礼。刘伯承将他扶起，以诚恳的态度重申红军来意，表示将来红军打败反动派以后，一定帮助彝族人民消除一切外来的欺压，建设自己美好的生活。

5 月 22 日，结盟仪式按照彝族的风俗进行。按照彝族礼仪，人们杀了一只大红公鸡，却没有找到酒。刘伯承说只要兄弟有诚意，就以水代酒。面对着蔚蓝的天空和清澈的湖水，刘伯承和小叶丹来到海子边庄重跪下，面前摆两碗滴过鸡血的水碗。刘伯承高高端起了碗，大声发出誓言："上有天，下有地，我刘伯承与小叶丹今天在海子边结义为兄弟，如有反复，天诛地灭。"说罢，把鸡血水一饮而尽。小叶丹也端起碗起誓说："我小叶丹今日与刘司令员结为兄弟，如有三心二意，同此鸡一样死。"说罢，也一饮而尽。

当天晚上，刘伯承请小叶丹叔侄到红军宿营地大桥镇赴晚宴，请他们开怀畅饮。饭后，把一面写着"中国夷（彝）民红军沽鸡（果基）支队"的红旗赠给小叶丹，并任命小叶丹为支队长。第二天，小叶丹亲自带路，引导红军进入彝民区，直到走出沽基家支地盘，才与刘伯承依依惜别。红军后续部队也沿着"彝海结盟"这条友谊之路，胜利地通过了敌人认为无法通过的彝区，迅速抢渡大渡河，跳出国民党军的包围圈。

红军走后，国民党追究小叶丹罪责，捉拿小叶丹，强逼果基家交出 1.2 万两白银和 120 头羊。小叶丹宁肯倾家荡产，也不愿交出彝家红军旗。他将旗帜随身携带，叮嘱妻子倮伍伍加嫫："万一我死了，你一定要保护好红军旗，红军一定会回来，到时把旗交给刘伯承！"

1942 年，小叶丹死于一次伏击。倮伍伍加嫫是一位深明大义、坚韧勇敢的彝家妇女。她在丈夫遇难后的艰难岁月里，以极大的勇气和智慧保存红军军旗。1950 年，解放军解放冕宁，倮伍伍加嫫取出彝家红军旗，献给驻冕宁的解放军。后来，这面旗被中国人民革命军事博物馆永久收藏。共产党也信守当初向彝族同胞许下的民族自治的承诺。1952 年，凉山成立彝族自治区，1955 年，改成自治州。

长征途中的"彝海结盟"，使得封闭的凉山彝区向外界敞开了大门。从此中国其他民族乃至整个世界的文明得以进入，并与彝族本土文化形成互补。对于中国革命来说，它是我党民族政策的第一次伟大实践；对于彝族儿女来说，它将古老文明带入了一个崭新的纪元。

从彝海沿着步道往上走，小广场正对着彝海结盟纪念碑。纪念碑旁边有一个用铁栅栏围住的草坪，这里是刘伯承元帅与彝族果基家支首领果基约达（小叶丹）举行结盟仪式的地方；草坪上有 3 块石头，这

3 块石头是结盟石，据说刘伯承、小叶丹等人当年正是坐在这几块石头上谈话的，几块石头见证了这段动人的历史。石头仍保留着原来的样子，86 年历经风雨仍固守于此，守着 86 年前刘伯承将军和彝族首领果基小叶丹"彼此愿永结弟兄，肝胆相照，团结如一，永不反悔"的誓言。

为了永远纪念这段民族团结的历史佳话，1985 年，这里兴建了"彝海结盟纪念碑"，碑座背面用彝、汉、英三种文字刻写了碑文，结束语写道："彝海结盟是民族团结和军民团结的典范，是中国共产党民族政策的胜利，是红军长征史上光辉的一页。"

在宁夏西吉县回民聚集的单家集村有一块锦匾，上书"回汉兄弟亲如一家"，落款是红二十五军军长程子华。"这是红军第一次经过单家集时，军民鱼水情的见证，为民族团结留下一段佳话。"单家集单南村党支部书记单云说。长征路上，红军曾经三过单家集。最早一次是 1935 年 8 月 15 日，程子华、吴焕先率领红二十五军初到单家集，遇到的是一幅"跑红军"的场景。

"'跑红军'就是因为害怕，躲起来。那年月老百姓常受国民党军队和土匪征粮逼款，一听说军队来就跑的跑、藏的藏。"单云说。为了不扰民，红二十五军晚上进村不敲门不进院，战士们就睡在街道边、屋檐下。"红军是为穷人打天下的！"为了争取回族群众信任，吴焕先政委在动员大会上宣布了"三大禁令、四项注意"，如禁止驻扎清真寺，禁止在回民家中吃大荤，注意尊重回族人民生活习惯等。红二十五军的言行，让老百姓打开了自家大门。休整期间，红军战士不仅把驻地院子和街头巷尾打扫得干干净净，还帮助老百姓挑水、扫院，军医们也给群众送药治病，当地群众盛赞红军是"仁义之师"。

后来，吴焕先、程子华带人抬着"回汉兄弟亲如一家"的锦匾和 6 只肥羊、6 个大元宝等礼品，拜访当地清真寺。回族群众也按民族礼节宴请红军，并赶着一群染成红色的肥羊到军部回访。

红二十五军离开时，老百姓在街旁设置了香案茶桌，摆上点心，为红军送行、带路。

"红军又来了！"一个多月后的 10 月 5 日，当毛泽东率领中央红军经过单家集时，因为红二十五军打下的良好基础，受到了当地回族群众热烈欢迎。毛泽东夜宿单家集当晚，与回族阿訇马德海坐在炕头彻夜长谈。毛泽东讲解了当时的革命形势、党的民族政策、抗日主张和革命的前途命运，对方介绍了当地的风土人情，两人相谈甚欢。这就是著名"单家集夜话"。第二天凌晨，毛泽东率领红军部队提前离开了单家集。在红军部队离开半小时后，国民党的飞机就在这儿投下 7 颗炸弹，其中 2 颗落在毛主席住的院子水井里，但没有爆炸，还有几颗落在清真寺的礼拜大殿前，当场炸飞了一株果树，炸死了院里的两头小毛驴。至今，清真寺北厢房仍留存 20 多处炸弹穿洞的痕迹。如今，农家小院的土坯房作为毛主席住宿旧址被保存下来。门板上，当年国民党飞机投下炸弹所留的大小弹孔清晰可见。

1993 年，为纪念毛泽东同志一百周年诞辰、缅怀一代伟人的丰功伟绩，单家集群众第一次自发捐款 3 万余元，修建了民族团结纪念碑。2006 年，为纪念中国工农红军长征 70 周年，单家集人民第二次捐款集资，21 户农民举家搬迁让出地方，新建了占地 7200 平方米的民族团结广场和以汉、阿拉伯两种文字铭刻着"人民救星　伟大领袖"的纪念碑。

碑记：1935 年 10 月 5 日，毛泽东主席率中央红军途经单家集，当地群众盛情接待。应穆斯林之邀，毛主席参观了陕义堂清真寺，与执坊阿訇促膝交谈，阐明党和红军尊重回族习俗，倡导民族团结，对群众的财产秋毫无犯，深得民心，次日拂晓，部队开拔，攀越六盘峰巅，国民党闻讯派飞机轰炸村庄，殃及群众。之前"仁义之师"红 25 军到此，向穆斯林赠送"回汉兄弟亲如一家"锦匾，之后，红一军团西征，在该地成立"中共静宁县委静宁县苏维埃政府"。红军三过单家集，播下革命火种，谱写民族团结史歌，军民鱼水，流芳百世，长征精神，光照后人。恰逢红军长征 70 周年，单家集人沐浴新农村建设的春风，正在走向更加美好的未来。抚今追昔，鸿恩难忘。为缅怀红军丰功伟绩，激励子孙后代团结奋进，自发集资，树碑纪念。

1936 年 5 月初，红二、六军团渡过金沙江后，在中甸（今香格里拉）士旺、福格、吾竹一带短期休整，为进入藏区做准备。在中甸的 19 天时间里，红二、红六军团模范执行党的民族宗教政策，尊重藏民族的宗教信仰自由，深得藏族群众及广大僧侣的理解、爱戴和拥护，在红军中进行民族政策教育，对各部队做了以下规定："一、我军人员一律露宿街头，不住民房，不进经堂，不撕毁藏胞门楣挂着的红布和门板贴着的佛像；二、不进寺庙，不侵犯僧侣利益，保障宗教信仰自由；三、公买公卖、态度和蔼，爱护藏胞牲畜、庄稼；四、这一带吃水困难，要帮助藏族老人背水；五、上街刷写保护藏胞的标语。"

中甸县城外的归化寺（今松赞林寺）是云南最大的喇嘛寺，由八大老僧执掌，控制着中甸地区的政治、经济、文化。红军入城后，由于受到国民党反动派的欺骗宣传，归化寺僧人紧闭寺门，不与红军见面。贺龙总指挥即以中华苏维埃人民共和国中央革命军事委员会湘鄂川黔康分会主席的名义，张贴布告，向藏族同胞宣示红军宗旨，说明红军来意："本军以扶助番民，解除番民痛苦，兴番灭蒋，为民谋利益之目的……军行所至，纪律严明，秋毫无犯"。当天，归化寺派喇嘛夏那古瓦与红军谈判，贺龙亲自出门迎接，热情接待，并向夏那古瓦解释党的民族、宗教政策，说明红军尊重藏族的宗教信仰，保护喇嘛寺和僧侣的生命财产安全，消除了喇嘛对红军的疑虑。贺龙还以自己的名义写了一封信请夏那古瓦转交给八大老僧。5月1日，归化寺派夏那古瓦率藏胞捧着哈达，背着青稞酒，牵着牛羊，驮着酥油糌粑来慰问红军。贺龙、任弼时等红军首长热情接待，并向他们回赠了礼物。第二天，贺龙、任弼时、关向应等应邀前往归化寺拜访，并赠送了一块书写着"兴盛番族"的锦幛和丰厚的礼物。历经80多年岁月洗礼，锦幛至今仍然光彩夺目。

在北京中国人民革命军事博物馆里，收藏着一幅写有"兴盛番族"4个大字的红色锦幛。这幅锦幛长2.85米、宽0.64米，"兴盛番族"4个字每个字0.4米见方，锦幛的右端竖书"中甸归化寺存"，左下角竖书"贺龙"。这一锦幛见证了中国工农红军与云南藏族同胞的一段情谊。

在迪庆红军长征博物馆里，有一首格达活佛的诗：

啊，红军，红军！
藏族人民的亲人，
为了祖国的统一，
你们历尽艰辛，

　　　　　踏上了征程，

　　　　　愿佛主保佑你们，

　　　　　盼你们早日归回。

　　归化寺，即今位于云南省迪庆藏族自治州州府香格里拉市北 5 公里处的噶丹·松赞林寺。寺院建于清康熙十八年（公元 1679 年），为康熙皇帝所敕建的藏族聚居区十三林之一，也是藏族聚居区格鲁教派颇负盛名的大寺。因其外观布局酷似西藏拉萨的布达拉宫，所以又有"小布达拉宫"之称。清雍正时，赐汉语名"归化寺"。是新中国成立前云南最大的一座藏传佛教寺庙，也是中甸的统治中心。当年的归化寺可以说荟萃了藏族宗教文化的精华，金碧辉煌的鎏金铜瓦、宽敞恢宏的大殿以及殿中供奉的诸多佛像，显现着佛法的精深与宏大。同时，寺内历代珍品众多，有五世达赖、七世达赖时期的 8 尊包金释迦牟尼佛像、贝叶经、五彩金汁精绘唐卡及各种精美的鎏金或银质香炉、万年灯等。遗憾的是，这座在云南很有影响的大寺毁于"文革"，殿堂损毁，许多珍贵的文物也不知去向……

　　当年，松赞林寺八大老僧积极为红军筹办给养。5 月 3 日，松赞林寺打开 3 个仓库，将 2000 多斗青稞（6 万余斤）以及牦牛肉、红糖、粉丝等食物售予红军，部队一一计价支付现金。同时，当地一些做买卖的商户也积极为红军筹粮奔忙。红军先后在中甸筹粮 10 多万斤，为北上与红四方面军会师准备了充足物资。

　　迪庆红军长征博物馆位于云南省迪庆藏族自治州香格里拉市独克宗古城日月广场北侧，是为纪念 1936 年红军长征时抢渡金沙江后进入迪庆所做的专题博物馆。1936 年 2 月，红二、红六军团 1.7 万余人，从湖南省桑植县刘家坪等地出发，开始长征。进入黔西，在大定、毕节一带发动群众，建立政权。2 月底，两军团进入乌蒙山区。3 月底，两军团终于从国民党军的包围圈中突围出来。乌蒙山回旋战，书写了红二、红六军团长征史上最为精彩的篇章，也是中国革命战争史上灵活用兵、巧妙突围的著名战役。3 个方面军会师之后，毛泽东在保安与红二方面军、红四方面军部分领导人会晤时，曾十分高兴地说："二、六军团在乌蒙山打转转，不要说敌人，连我们也被你们转昏了头，硬是转出来了嘛！出贵州、过乌江，我们付出了大代价，二、六军团讨了巧，就没有吃亏。你们一万人，走过来还是一万人，没有蚀本，是个了不起的奇迹，是一个大经验，要总结，要大家学。"

"贺龙敲石鼓，红旗漫天舞，天兵飞渡金沙江，笑话当年元世祖。纳西穷人见太阳，从此不怕木王府。龙云队伍遇红军，夹尾逃窜像灰鼠。纳西人跟着闹革命走，要掌江山自做主。"这是流传在丽江石鼓镇的一首歌谣。红军从石鼓渡过金沙江后，红六军团团长萧克赋诗一首："盘江三月燧烽飚，铁马西驰调敌忙。炮火横飞普渡水，红旗直指金沙江。后闻金鼓诚为虑，前得轻舟喜欲狂。遥望玉龙舒鳞甲，会师康藏向北方。"

"不合脚的靴子，它是彩虹我也不要；感情不和的伴侣，她是天仙我也不要。奔腾的雅砻江怎能倒流，离弦的飞箭绝不会回头。我们共同的心愿，是同红军走到底。心愿！心愿！长征到底！心愿！心愿！扎西德勒！"在云南省迪庆藏族自治州红军长征博物馆内，有这样一首名为《心愿》的诗歌，是一位藏族战士在 1936 年写下的。

第23讲

长征文化是一种破茧化蝶的浴火文化

　　古阿拉伯传说：有神鸟，满 500 岁后，聚香木自焚于火，尔后从死灰中更生，异常鲜美，不复死，此即中国所说之凤凰。凤凰，号百鸟之王，雄为凤，雌为凰。西方文化中的凤凰是一神鸟，源自古希腊神话。大小如鹰，长有紫红色的灿烂的羽毛。凤凰的寿命为 500 年，到了 500 年，就在棕榈林中，用香料建巢，唱一曲动听的哀歌，用翅膀扇起熊熊烈火，将自己烧成灰烬。从灰烬中将诞生一只新凤凰，与先前同样年轻和美丽。由于这个传说，凤凰成为永生和复活的象征。

　　《凤凰涅槃》是郭沫若创作的一首长篇抒情叙事诗，发表于 1920 年，后收入诗集《女神》。此诗是现代诗歌史上具有重要历史地位的诗篇。它以凤凰的传说为素材，通过凤凰集火自焚，从烈焰中新生的神话传说，鞭挞丑恶的现实，呼唤美好的未来，塑造了一只浴火更生的凤凰形象，表达了对祖国的深沉眷念与无限热爱之情，暗喻只有彻底破坏旧的社会体制和旧的封建思想才能营造一个全新的光明新世界。

　　　　　　　　凤凰和鸣
　　　　　　　　我们更生了，
　　　　　　　　我们更生了。
　　　　　　　　一切的一切，更生了。
　　　　　　　　一切的一切，更生了。
　　　　　　　　我们便是他，他们便是我，
　　　　　　　　我中也有你，你中也有我。
　　　　　　　　我便是你，

你便是我。

火便是凰。

凤便是火。

翱翔！翱翔！

欢唱！欢唱！

长征是人类历史上的伟大奇迹，中央红军共进行了 380 余次战斗，攻占了 700 多座县城，红军牺牲了营以上干部多达 430 余人，平均年龄不到 30 岁，共击溃国民党军数百个团，其间共经过 11 个省，翻越 18 座大山，跨过 24 条大河，走过荒草地，翻过雪山，行程约二万五千里。在漫长的艰难征程中，红军的影响力得到空前扩大。沿途的人民群众对红军队伍有了切身的感受：共产党的队伍与国民党的队伍有着本质区别。正是因为红军影响力的提升，使张学良、杨虎城看到了希望，在民族危亡的关键时刻，毅然发动了西安事变。中国共产党以大局为重，促成了西安事变的和平解决，开创了国共合作抗日的崭新篇章。

红军是工农的武装，是人民的队伍。红军充满真善美的政治理想，为穷苦大众打天下，官兵在政治上、人格上的一律平等，士兵委员会对重大事情的民主决策、民主监督机制，红军对人民群众的纪律严明、秋毫不犯……这一系列顺应历史发展方向的新举措深深打动了人民、鼓舞了人民、感染了人民。人民从共产党和红军身上看到了国家前途、民族希望。他们衷心拥护共产党，希望共产党在未来的斗争中取得最后胜利。红军所经之地停留的时间虽然短暂，但影响却很深远，为在不远的将来取得革命全面胜利打下了良好的群众基础。

四路红军长征出发时总数约 20.6 万人，长征结束时仅剩下约 5.7 万人，加上沿途扩充的 2 万多人，实际损失约 3/4。但由于红军骨干和基本队伍得到了保存，在随后相继进行的抗日战争、解放战争中，中国共产党领导的武装力量又得到了迅猛发展。

中国英雄们的长征，是中国人民的史诗，也是世界人类的史诗。这部史诗是中国人民和中国共产党人用自己的脚步和鲜血镌刻在我们这个星球上的。它像一条鲜艳夺目的红飘带挂在这个星球上，给人类、给后世留下永远的纪念。

长征已经过去了半个多世纪。它的历史意义究竟是什么呢？现在回头来看，历史本身已经显示得很清楚了：正是长征付出重大代价之后所留下的火种，孕育了抗日战争的胜利；正是由于抗日战争中人民力量的壮大，才迎来了解放的曙光。这样来看，长征正是中国漫漫长夜的第一缕躁动的晨曦。在中国黎明之前展开的这场惊心动魄的斗争，它与我们民族和人民的命运有着多么深刻的关联！

在茫茫的草地上，一支红军队伍被后面的敌人追赶着。偏偏一位怀孕的女同志临产，部队只好停了下来，焦急万分地等候一个小生命的诞生。敌人的飞机在天上转，追兵越逼越近。这时，参加过中国共产党第一次全国代表大会的董必武对红五军团的军团长董振堂说："一定要顶住敌人，打出一个生孩子的时间。"

整整两个多钟头，小生命才姗姗来到人间。而打阻击战的部队已经牺牲了几个战士，有人叹息，董振堂却板起脸说："我们干革命打仗，为了什么？不就是为了孩子们吗！""为了孩子"，这是所有烈士的心愿。"为了孩子"，这是人世间最朴实也是最美丽的诗。"为了孩子"，这是革命者信奉的最深刻的哲理。长征，就这样成了人世间最长的一首生命之诗。

2016 年 1 月 5 日，习近平总书记在视察 13 集团军时做重要讲话："对军队来讲，坚定信仰信念最核心最紧要的就是铸牢军魂，毫不动摇坚持党对军队绝对领导。刚才，在参观军史馆时，我对长征途中红 31 军 93 师 274 团'半截皮带'的故事，感触很深。红军战士宁肯忍饥挨饿，也要将半截皮带留下来，带着它'去延安见毛主席'。这就是信仰的力量，就是'铁心跟党走'的生动写照。部队中像这样的红色资源很多，要发掘好、运用好，丰富'红色基因代代传'工程内涵，加强党史军史和光荣传统教育，确保官兵永远听党话、跟党走。"

走进原成都军区某红军团四连的荣誉室，一张黑白照片格外醒目。照片里仅有一条被截去一段的老式牛皮皮带，皮带背面烙有"长征记"3 个字。这条皮带的主人，是一名普普通通的红军战士，红四方面军 31 军 93 师 274 团 8 连战士周国才。就是这样一条皮带真实地见证了那段艰辛而充满希望的岁月，可为了抵抗饥饿，挽救全班战友的生命，他只得将自己的皮带贡献了出来。看着心爱的皮带，被细细地切成一小段一小段的皮带丝，漂在稀溜溜的汤水里。周国才禁不住流下了眼泪。当皮带第一个眼儿前面那一截被吃完后，他实在忍不住了，哭着恳求战友说："我不吃了，同志们，我们把它留着做个纪念吧，我们带着它去延安见毛主席。"周国才的 6 位战友相继牺牲，只有他随红四方面军胜利到达了延安。为了缅怀牺牲的战友，他用铁筷子在皮带背面烫上了"长征记" 3 个字，并用红绸子包裹起来。1975 年，周国才将这珍藏了几十年的半截皮带捐赠给国家，由中国革命博物馆 (现中国国家博物馆) 收藏。

红军长征途中，几乎平均每天就有一次遭遇战，路上一共 360 多天，有 15 整天用在打大决战。有 253 天用在白天行军上，18 天用于夜行军。长征路上，红军只休息了 44 天，平均 365 华里才休整一次，日平均行军 74 华里。路上共爬过 18 个山脉，其中 5 个终年积雪，渡过 24 条河流，占领过大小 62 个城市。突破了 10 个地方军阀的封锁包围，通过 6 个不同的少数民族地区。红一方面军从瑞金出发到达陕北，平均每行进一公里，就有三四个红军战士献出生命。这是一部悲壮的历史史诗！

正如斯诺所言："这些战士战斗得那么长久，那么顽强，那么勇敢……他们到底是什么样的人？是什么使他们那样地战斗？是什么支持着他们？他们的运动的革命基础是什么？是什么样的希望，什么样的目标，什么样的理想，使他们成为顽强到令人难以置信的战士的呢……但他们却身经百战，经历封锁、缺盐、饥饿、疾病、瘟疫，最后还有那六千英里的历史性'长征'……冲破千千万万国民党军队的阻拦，终于胜利地出现在西北的一个强大的新根据地上。"①

正如 1935 年 12 月 27 日毛泽东在《论反对日本帝国主义的策略》的报告中所说："长征一完结，新局面就开始。"雄关漫道真如铁，而今迈步从头越。长征虽已结束，但红军将士创造的长征精神却得到传承和发扬。由于日本帝国主义的入侵，中日民族矛盾上升，中国共产党和其领导的久经考验的红军队伍又义无反顾地奔向了抗日战场！

---

① 埃德加·斯诺.西行漫记[M].董乐山，译.上海：生活·读书·新知三联书店，1979：3.

第四篇
黄河文化——中华民族的根和魂

    2019年9月18日，黄河流域生态保护和高质量发展座谈会在郑州召开，习近平总书记强调："黄河文化是中华文明的重要组成部分，是中华民族的根和魂。要推进黄河文化遗产的系统保护，深入挖掘黄河文化蕴含的时代价值，讲好'黄河故事'，延续历史文脉，坚定文化自信，为实现中华民族伟大复兴的中国梦凝聚精神力量。"

    黄河发源于青海巴颜喀拉山，直入渤海，流经9个省区、300个县市，全长5464公里。流域面积达到752442平方公里，上千条支流与溪川相连，犹如无数毛细血管，源源不断地为祖国大地输送着活力与生机。在我国5000多年文明史上，黄河孕育了河湟文化、河洛文化、关中文化、齐鲁文化，诞生了"四大发明"和《诗经》《老子》《史记》等经典著作。九曲黄河，奔腾向前，以百折不挠的磅礴气势塑造了中华民族自强不息的民族品格，是中华民族坚定文化自信的重要根基。从高空俯瞰，它恰似书写在祖国心脏的一个巨大"几"字，又隐隐显示着中华民族那独一无二的图腾——"龙"的符号。

黄河文化的民本精神

据说，是黄帝创始了中国政治的民本精神。《黄帝巾几铭》中记载："予居民上，摇摇恐夕不至朝，惕惕恐朝不及夕。兢兢栗栗，日慎一日。"歌谣《黄帝巾几铭》中曰："无掘壑而附丘，无舍本而治末。日中必彗，操刀必割，执斧必伐。日中不彗，是谓失时。操刀不割，失利之期。执斧不伐，贼人将来。涓涓不塞，将为江河。荧荧不救，炎炎奈何。两叶不去，将用斧柯。"这是最早记载民本精神的文字。

管子曰："黄帝立明台之议者，上观於兵也；尧有衢室之问者，下听於民也；舜有告善之旌，而主不蔽也；禹立建鼓於朝，而备诉讼也；汤有总街之廷，以观民非也；武王有灵台之囿，而贤者进也：此古圣帝明王所以有而勿失，得而勿忘也。"

黄帝是传说中上古帝王轩辕氏的称号，相传他有 25 个儿子，分别得 12 个姓，后来的唐、虞、夏、商、周、秦都是这十二姓的后代。不仅中原的汉族这样说，北方的匈奴，西边的羌族，南方的苗、戎、狄、毛等少数民族，也都自称是炎黄的子孙。所以，黄帝被视为中华民族的共同祖先。每个民族都有自己的传说时代，黄帝就是中国传说时代的一位英雄人物代表，人们在他的身上集中了古人的各种优点、诸多创造，他带领中华民族从野蛮走向文明，开了中华民族灿烂文化的先河，是我们中华民族物质文明和精神文明的源头，因而被奉为人文始祖。

据《史记·黄帝本纪》记载，黄帝"生而神灵，弱而能言"。黄帝出生不久，就能言语，一岁就能说话，还主动向父母介绍了自己的身世。黄帝说："爷、娘，我本是天上的轩辕星，跟随众位仙君来凡间察看。因为我从中宫走出来，中宫是天的正中央，而有熊是地的正中心，我看到人间荒凉至极，便决意留在人间，帮助大家。"这种充满神话色彩的民间传说，也表达着后人对黄帝的敬仰。史书《太平御览》中这样记载，黄帝造车，故号"轩辕氏"。轩，指的是木车上的栏杆；辕，是前面驾车的木杆。

黄帝泉，位于涿鹿县矾山镇黄帝城，古称之为阪泉，即为黄帝族饮水之处。位于黄帝城东 0.5 公里处。传说，轩辕黄帝当年常在此泉"濯浴龙体"，故又称"濯龙池"。黄帝泉为自流泉，水自平地涌出，积聚成池，池围97.2 米，直径 31 米，北有一出水口，潺潺流向千年形成的天然河道，足供矾山镇十多个村万余民众饮用，据国家水利部门专家测定，黄帝泉水为地下1700~5000 米的深层水，日流量 4600~4800 吨，水色清澈。黄帝泉的神奇处，不仅在于其源于 5000 米深处的地下岩泉水，而且冬不结冰，夏不生腐，久旱不枯竭，天涝不外溢。水温常年保持在 12.5℃~13.4℃。水在泉中时色如沉墨，掬起时又晶莹清澈。正如史书上说的："平地涌潴，聚而不溢。"黄帝泉能够五千年涌流不息，堪为神奇。

关于这眼古泉，当地有一个民间传说：说黄帝和炎帝为争雄而开始的阪泉之战初期，炎帝盼咐部落臣民们从竹鹿山砍了许多干柴，堆在黄帝城四周点燃，霎时大火熊熊，烈焰冲天，城内人被烟熏火烤，乱成一团，眼看就要丢失城池。忽然，从轩辕黄帝濯浴龙体的泉中飞出一条腾云驾雾的黑龙，在黄帝城上张开如盆大口喷出瀑布般一股泉水，把火浇灭后又钻入泉中。一城人从惊悸中醒来后，都赶忙跪地而拜。为了报答黑龙的救命之恩，轩辕黄帝给此泉赐名为"黑龙池"。黄帝从此不在泉中洗浴了。依《山海经》记载，黄帝派常义等人司职，在此泉观察月球以定历法，后人又在泉边盖了一座黑龙庙。传说塑像时让黑龙坐北面南,而黑龙却自行调过来面北而坐,几次调过去,他都又调过来,甚为奇异。人们说,黑龙其实是黄帝之子应龙。他本是管雷雨的神龙,因为在涿鹿大战中在灵山河谷蓄水淹了蚩尤城,使无数百姓和士兵死亡,被上天处罚于黄帝泉中永远不得上天。他面北而坐,是因为他时刻在关心父亲轩辕黄帝的事业,永远护佑他们"(《轩辕黄帝的传说》)。现在黄帝泉边又盖上了龙王庙,庙中塑像仍然是黑脸应龙。

尧、舜、禹是黄帝之后,黄河流域先后出现的三位部落联盟首领。《史记》云,尧帝"其仁如天,其知如神,就之如日,望之如云"。接近他如太阳一般,远望他如云霞一样灿烂。尧在位,天下洪水汤汤,用鲧治水,九年无功而返,又启用禹,使洪水得以治理。尧设置谏言之鼓,让天下百姓尽其言;立诽谤之木,让天下百姓攻击他的过错。他治天下 50 年,问天下治与不治?百姓爱戴自己与否?左右不知,朝野不知。他于是微服访于民间,有一位老人含着食、鼓着腹、敲着土地唱道:"日出而作,日入而息,凿井而饮,耕田而食,帝力于我何有哉。"这首古诗称作《击壤歌》。

尧开了帝王禅让之先河,在位 70 年,认为儿子丹朱不成器,决定从民间选用贤良之才。尧问四方诸侯首领:"谁能担负起天子的重任?"四方诸侯首领说:"有个单身汉,在民间。叫虞舜。"于是,尧微服私访,来到历山一带,听说舜在田间耕地,便到了田间。看见一个青年,身材魁伟、体阔神敏,正在聚精会神地耕地,犁前驾着一头黑牛、一头黄牛。奇怪的是,这个青年从不用鞭打牛,而是在犁辕上挂一个簸箕,隔一会儿,敲一下簸箕,吆喝一声。尧等舜犁到地头,便问:"耕夫都用鞭打牛,你为何只敲簸箕不打牛?"舜见有老人问,拱手以揖答道:"牛为人耕田出力流汗很辛苦,再用鞭打,于心何忍?我打簸箕,黑牛以为我打黄牛,黄牛以为我打黑牛,就都卖力拉犁了。"尧一听,觉得这个青年既有智慧,又有善心,对牛尚如此,对百姓就更有爱心。尧与舜在田间扯起话题,谈了一些治理天下的问题,舜的谈论明事理、晓大义,非一般凡人之见。尧又走访了方圆百里,都夸舜是一个贤良之才。尧便决定试一试舜。尧把两个女儿娥皇、女英嫁给舜,让两个女儿观其德;把九个男儿安排在舜周围,让九个男儿观其行。把舜放进深山之中,虎豹毒蛇都被他驯服。舜头脑清醒,方向明确,深山之中不迷失,很快就走了出来。尧先让舜在朝中作虞官，试舜三年后，让舜在尧的文庙拜了尧的先祖，尧便让舜代其行天子之政。

夏启废禅让建立家天下，宣扬"有夏服天命"的天命观。其子太康无道，被有穷、后羿抓起来废了。太康的五个弟弟作《五子之歌》述大禹之训诫："皇祖有训，民可近，不可下，民惟邦本，本固邦宁。予视天下愚夫愚妇，一能胜予，一人三失，怨岂在明，不见是图。予临兆民，懔乎若朽索之驭六马，为人上者，奈何不敬。"

"水能载舟，亦能覆舟"是中国人耳熟能详的格言。《荀子·哀公》篇，是荀子讲述孔子与鲁哀公的一段对话。鲁哀公问于孔子曰："寡人生于深宫之中，长于妇人之手，寡人未尝知哀也，未尝知忧也，未尝知劳也，未尝知惧也，未尝知危也。"孔子曰："君之所问，圣君之问也，丘，小人也，何足以知之？"曰："非吾子无所闻之也。"孔子曰："君入庙门而右，登自阼阶，仰视榱栋，俯见几筵，其器存，其人亡，君以此思哀，则哀将焉而不至矣？君昧爽而栉冠，平明而听朝，一物不应，乱之端也，君以此思忧，则忧将焉而不至矣？君平明而听朝，日昃而退，诸侯之子孙必有在君之末庭者，君以此思劳，则劳将焉而不至矣？君出鲁之四门，以望鲁四郊，亡国之虚则必有数盖焉，君以此思惧，则惧将焉而不至矣？且丘闻之，君者，舟也；庶人者，水也。水则载舟，水则覆舟，君以此思危，则危将焉而不至矣？"

唐太宗曾对身边的大臣说："君依于国，国依于民。刻民以奉君，犹割肉以充腹，腹饱而身毙，君富而国亡。故人君之患，不自外来，常由身出。夫欲盛则费广，费广则赋重，赋重则民愁，民愁则国危，国危则君丧矣。朕常以此思之，故不敢纵欲也。"太子李治从小就被他传授民本思想："你知道你现在吃在嘴里的饭菜是谁怎么来的吗？百姓们辛辛苦苦播种、培育，历经两个时节才能有所收成。一旦天降大旱，那些以种田为生的百姓可能就得饿肚子。而你却坐在皇宫享受着衣食无忧的生活，看不到那些百姓的疾苦生活。"他带李治去泛舟的时候，教育他："你看，现在这艘小舟正缓缓地行驶在湖面上，看起来风平浪静。一旦底下的湖水起了波澜，那么小舟行驶得还会这么稳当吗？君王跟百姓的关系也是如此，如果君王过度剥削了百姓，那么他就会像小舟一样，被舟下的湖水给掀翻。"

　　随着人口规模的渐大，黄土高原的森林气候变化巨大。带给黄河的是一个影响深远的问题——泥沙。泥沙被呼啸的流水带到下游，造成河流壅塞，冲毁堤坝，四下漫溢。从前 602 年到 1949 年，2000 多年时间黄河下游决溢 1590 次。

　　1952 年 10 月底至 11 月初，毛泽东主席先后来到济南、徐州、兰考、开封、郑州、新乡等地对黄河进行实地考察。这是中华人民共和国成立之后，毛泽东主席第一次专程离京视察。面对滔滔黄河，他心潮澎湃，思绪万千，语重心长地说，"要把黄河的事情办好，不然，我是睡不好觉的"。

　　1952 年 10 月 27 日下午，毛主席看完大明湖景观，就在罗瑞卿请示之后视察的地点之时，毛主席突然说："我们去泺口大坝。"在去泺口大坝的车上，毛主席问许世友："世友同志，你知道这里为什么叫泺口吗？""不知道，我没读过多少书。"许世友回答。毛主席解释道："泺口也叫洛口。泺和洛通用，当湖水讲，泺口在黄河南岸、济南北边，市内的泺水由此入济水即黄河。"据考察，在泺口黄河大坝上立着五石碑，是黄河全境非常罕见的治黄文物。这五通石碑由北向南，面向黄河排成一列，前四通石碑碑文都是四个大字，分别为："绩著平成""三省感恩""己饥己溺""廉明勤果"。最后一通石碑碑文为"寿张、濮阳、郓城、范县、阳谷、东平、汶上、东阿"八县绅民记录林修竹领导堵复李升屯、黄花寺黄河段事迹的德政碑颂。

　　1958 年的 7 月，由于持续的暴雨天气，导致黄河出现了历史上罕见的特大洪水，洪水冲倒了郑州黄河铁路大桥的桥墩。该桥修建于清末民初时期，是由清政府邀请的德国、意大利和美国等国专家亲自到现场参观考察并最终选定了大桥的地址。这座桥也因为其战略位置险要，是南北交通的咽喉位置，在战争年代也饱经战火的摧残，几次被毁坏又修复。当时有 5 个桥墩出现险情，而 11 号桥墩更是被洪水冲毁了，导致桥身的偏移和坍塌，情况十万火急。如果不能及时处理，将会导致严重后果。郑州报给国务院的方案就是组织并使用一万多人的部队官兵和群众一起用纤绳，依靠人力将桥墩拉正归位。

　　当时周总理正在上海视察，得知险情后立刻从上海飞往郑州，令所有人没有想到的是，在拉纤的当天，周总理也来到了现场，周总理并没有为他们喊"加油"，而是随手脱下外套加入到了拉纤的队伍中。"同志们！这里没有总理，只有纤夫。"大型廉政话剧《纤夫》中再现了周恩来总理1958年指挥黄河抢险时一幕感人至深的场景。

黄河，这条流淌了160万年的母亲河，在流经山西省永和县河会里村、后山里村和陕西延川县土岗乡大程、小程村和伏义河村一带时，形成了一个"是"形大转弯，形成了一个神秘的造型，留下了一个古老的神话传说。相传太昊伏羲氏在这里"仰则观象于天，俯则观法于地，观鸟兽之文与地之宜，近取诸身，远取诸物，于是始作八卦，以通神明之德，以类万物之情"。

在乾坤湾的左河道中，托起一块鞋状的沙丘，人称鞋岛，是黄河中少见的在河之洲。这里水鸟翔集，是鸟类的天堂。乾坤亭地下是用大石铺成的阴阳太极图，和山下的乾坤湾相对应。亭柱上刻着两行大字"天地造化乾坤湾，羲皇推演太极图"。相邻的清水湾，具有同样的神秘色彩，据说是大禹生活过的地方。

1969年1月13日，八一中学20多名同学踏上知青专列，辗转3天来到了延川县文安驿公社。公社举行了简短的招待会。各村来接知青的村民，都蹲在墙根院角远远地看着这些从北京来的"高干子弟"吃饭。后来知青才知道，那天招待他们的白馍和猪肉炖菜，是当时公社能拿出的过年才舍得吃的好饭菜。饭后，习近平等15名知青被分配到了梁家河大队。后来，习近平在一篇《我是黄土地的儿子》文章里回忆道，知青岁月，除了要过"饮食关"，还有跳蚤关、劳动关、思想关。跳蚤咬得大家身上都是奇痒无比的大红包，一抓破就会流血。劳动关就更考验人，大队一个壮劳力一天的工分是十分，而知青一开始一天只能拿五六分，用陕北话说，"连一个婆姨（女子）也不如"。

习近平总书记说："在陕北插队的七年，给我留下的东西几乎带有一种很神秘也很神圣的感觉，我们在后来每有一种挑战，一种考验，或者要去做一个新的工作的时候，我们脑海里翻腾的都是陕北高原上耕牛的父老兄弟的信天游。下雨刮风我是在窑洞里跟他们铡草，晚上跟着看牲口，然后跟他们去放羊，什么活都干，因为我那时候扛 200 斤麦子，十里山路我不换肩的。"

2014 年 5 月 5 日，习近平总书记给延川县文安驿镇梁家河村复信，他在信中说："去年夏天，延川遭受了严重的持续降雨灾害，我一直惦记着村里的乡亲们。在党和政府支持下，你们带领乡亲们积极抢险自救，全面启动灾后重建，稳步发展农业生产，村民收入又上了一个新的台阶，我得知以后感到欣慰。我说过，小康不小康，关键看老乡。让村里乡亲们和全国广大农民一起早日过上小康生活，一直是我的心愿。今年，村里制定了发展计划。希望你们带领乡亲们脚踏实地、真抓实干，努力把日子过得越来越红火，把村子建得越来越美丽。向全村乡亲们问好。"

在宁夏银川西南 50 公里，永宁县以西、贺兰山以东，宽阔的道路指向一个 6 万多人的小镇——闽宁镇。红瓦白墙的居民区被绿树环绕，红树莓、葡萄、番茄、百合纵横成田。此镇以"闽宁"为名，由习近平总书记亲自命名。1997 年，时任福建省委副书记的习近平亲自带队考察后，决定在这里建设一个移民示范区，实施"移民吊庄"工程，从福建到宁夏，跨越 2000 多公里、历时近 20 年后，如今当地农民人均年可支配收入增长了 20 多倍，成为当今中国发展的一个缩影，创造了东西部协作发展的崭新模式。

2016 年 7 月 19 日，习近平总书记来到闽宁镇考察，到海国宝家中看望，与村民代表座谈。"总书记先问我厨房在哪，说想去看看。"海国宝回忆："他走进厨房，先拧开水龙头看了看，又走到灶台边，问锅里炒的什么菜，说闻上去香得很。""我们这个地方，最缺的就是水。总书记一来就先拧水龙头，他太了解我们最需要什么了！"海国宝十分感慨。

那天上午，在海国宝家的客厅里，习近平总书记和村民代表们围坐一起拉家常。总书记深情回忆："1997 年我来到这里，被当地的贫困状态震撼了，下决心贯彻党中央决策部署，推动福建和宁夏开展对口帮扶。那时，重点实施了'移民吊庄'工程，让生活在'一方水土养活不了一方人'那些地方的群众搬迁到适宜生产生活的地方，建起了闽宁村。"

从当年的"干沙滩"变成了今天的"金沙滩"，2016 年 7 月 19 日，习近平对此给予了高度肯定：闽宁镇探索出了一条康庄大道，我们要把这个宝贵经验向全国推广。

2021年9月13—14日，习近平总书记在陕西榆林考察调研。在多个考察点，他细细观看、殷殷嘱托。"我们要继续把这条路走好。走好路，就要不忘来路。看看过去的沟沟坎坎，我们是从这里走过来的，其作始也简，其将毕也必巨。"

中共绥德地委旧址讲解员马航回忆说："9月14日，习近平总书记来到中共绥德地委旧址，我有幸担任讲解员。总书记轻声念着展厅里的两行字'站在最大多数劳动人民的一面''把屁股端端地坐在老百姓的这一面'，并强调，中国共产党领导人民取得革命胜利，是赢得了民心，是亿万人民群众坚定选择站在我们这一边。这一幕深深打动了我。我想起查阅文献资料时，一些饱含人民情怀的动人史实。1941年，绥德分区还是一个人多地少、生活贫苦的新区。原西北革命根据地创始人之一张秀山的侄子张宪国回忆了那时在绥德的情形：一天只能喝三顿稀饭，身上穿的是用麻袋片缝制的衣服，打着赤脚。张秀山当时虽然已有领导职务，但也因为营养缺乏、积劳成疾病倒了。即使这样艰苦，共产党人仍始终与人民同甘共苦、为人民艰苦奋斗。

习近平总书记在中共绥德地委旧址考察时说："我在陕北待了六七年，你们这里的情况当时不如'额们'那里。论吃饭，你们这里常饿肚子。当时从绥德、米脂南下讨饭的很多。沧桑之变啊，乡亲们今天的日子过得很踏实。"

2019年3月22日，习近平总书记在罗马会见意大利众议长菲科。临近结束时，菲科问习近平，当选中国国家主席时是什么心情。习近平总书记回答："这么大一个国家，责任非常重、工作非常艰巨。我将无我，不负人民。我愿意做到一个'无我'的状态，为中国的发展奉献自己。"

习近平总书记在2020年新年贺词中说："同往常一样，我无论多忙，都要抽时间到乡亲们中走一走看一看。大家跟我说了很多心里话，我一直记在心上。云南贡山独龙族群众、福建寿宁县下党乡的乡亲、'王杰班'全体战士、北京体育大学研究生冠军班同学、澳门小朋友和义工老人，给我写了信。我在回信中肯定了大家取得的成绩，也表达了良好祝愿。"

在庆祝中国共产党成立 100 周年大会上，习近平总书记强调指出："江山就是人民、人民就是江山，打江山、守江山，守的是人民的心"。

第 25 讲

黄河文化的创造精神

　　宗璞在《黄河魂》这样描述黄河："来到壶口，我一下子惊呆了。壶口瀑布那惊天动地的磅礴气势，仿佛把我给吞没了。放眼北望，只见铺天盖地滚滚而来的，分明是千万条张牙舞爪的黄鳞巨龙。它们翻滚着，缠绕着，拥挤着，撕咬着，昂首甩尾，一路挟雷裹电，咆哮而来。"

　　1926 年 10 月 15 日，我国第一代田野考古学家、美国哈佛大学博士李济先生踏入山西省夏县西阴村遗址，主持了一次具有开拓意义的考古发掘工作，发现了一个半割的丝似的半个茧壳。这颗丝质茧壳长约 1.36 厘米，茧幅约 1.04 厘米，被锐利的刀刃割掉了一半，已部分腐蚀，但仍有光泽，而且茧壳的切割面极为平直。有关这半个蚕茧的报道很快飞过千山万水，远涉重洋，传到了世界各地。据考证，此茧属距今 5500~6000 年的仰韶文化。

　　关于桑蚕的起源有这样一个传说：黄帝的妻子嫘祖发明了养蚕。有一天，嫘祖在一株桑树下搭灶烧水。她边向灶下添火，一边观望着桑树上白色的蚕虫在吐丝作茧，越看越出神。忽然，一阵大风吹过，一只蚕茧掉进了烧沸的水锅里。嫘祖赶紧用一根树枝去打捞蚕茧，谁知没有捞起蚕茧，却捞起了一根洁白透明的长丝线，而且越拉越长。嫘祖又用一根短树枝将丝线绕起来，绕成一团。嫘祖望着这一团洁白的丝线，忽然产生了用这种丝线纺织的念头。她动手一试，果然织成了块白白的丝绸。后来，嫘祖被后世祀为先蚕神，历朝历代都有王后嫔妃祭祀先蚕神的仪式。

2020年5月，郑州市文物考古研究院公布了双槐树古国时代都邑遗址阶段性重大考古成果。在"河洛古国"发现了国宝级的文物——中国最早的骨质蚕雕艺术品。这件艺术品长6.4厘米、宽不足1厘米、厚0.1厘米，用野猪獠牙雕刻而成，是一条正在吐丝的家蚕形象。它的做工十分精致，腹足、胸足、头部组合明晰，和现代的家蚕极为相似，同时背部凸起，头昂尾翘，与蚕吐丝或即将吐丝时的造型高度契合。它与青台遗址等周边同时期遗址出土的迄今最早丝绸实物一起，实证了5300年前后黄河中游地区的先民们已经养蚕缫丝。这一发现为中华文明农桑并重这一重要特征找到了最早的源头。

2021年4月13日，双槐树遗址入选"2020年度全国十大考古新发现"。2021年10月18日，入选全国"百年百大考古发现"。

1921年10月27日至12月1日，时任中国政府矿政顾问、农商部地质调查所研究人员的瑞典地质学家安特生与年轻的中国地质学家袁复礼等一起，在中国中央政府、河南省政府及渑池县政府的大力支持下，对河南省渑池县仰韶村遗址进行了科学的考古发掘，发现了以磨制石器与彩陶为特征的史前文化，并将之命名为"仰韶文化"。

宁夏，因黄河而生，因黄河而兴，是沿黄河9省区中唯一全境属于黄河流域的省份。习近平总书记在考察时说，天下黄河富宁夏，黄河长期以来润泽着这里的沃土。自中卫市南长滩进入宁夏起，到石嘴山市麻黄沟出境止，黄河宁夏段全长397公里，这个长度几乎占到了黄河全长的1/14。虽然宁夏处在我国大西北内陆地区，距海较远，受海洋水汽影响较小，属于半干旱区，降水量也只有200毫米。但是由于黄河流经的宁夏段土地平坦，黄河由西南向东北三收两放形成卫宁和银川两个平原，河水流经其中且流速缓慢，这为当地的灌溉农业提供了充足的水源，2000多年来人们利用黄河水进行自流引灌造就了一片"塞上江南"。

自四万年前开始，就有人类开始在水洞沟繁衍生息。宁夏水洞沟遗址旅游区位于宁夏灵武市临河镇，西距银川市 19 公里，南距灵武市 30 公里，距河东机场 11 公里，北与内蒙古鄂尔多斯市相接，是连接宁蒙的纽带，占地面积 7.8 平方公里。水洞沟是中国最早发掘的旧石器时代文化遗址，被誉为"中国史前考古的发祥地""中西方文化交流的历史见证"，是全国重点文物保护单位、国家 5A 级旅游景区、国家地质公园。被国家列为全国文物保护的 100 处大遗址之一、"最具中华文明意义的百项考古发现"之一。

水洞沟遗址记录了远古人类繁衍生息、同大自然搏斗的历史见证，蕴藏着丰富而珍贵的史前资料。它向人们展示了距今四万年前古人类的生存画卷，是迄今为止我国在黄河地区经过正式发掘的旧石器时代遗址。1919 年，比利时传教士肯特在途经水洞沟时，落脚在"张三小店"。肯特在水洞沟断崖上发现了一具犀牛头骨化石和一件经过人工打制的石英岩石片。在天津遇到法国地质古生物学家桑志华，并把自己在宁夏的发现告诉了桑志华。1923 年 6 月，桑志华和著名学者德日进在结束对甘肃部分地区的考察之后来到水洞沟。在断崖边，发现了裸露在地表的哺乳动物化石。一场历时 12 天的考察发掘就此展开，总共发掘出了 300 多公斤的石制品和动物化石，主要包括石核、刮削器、尖状器等旧石器。这一发现，推翻了西方学者认为"中国没有旧石器时代文化"论断，揭开了中国旧石器时代考古的新篇章，水洞沟因此成为我国最早发现旧石器时代的古人类文化遗址。前后经过六次考古发掘，在水洞沟出土了 3 万多件石器和 67 件古动物化石。

从水洞沟到红山堡之间，有一条长约 4 公里的峡谷，明代这里成了长城"深沟高垒"防御体系的重要组成部分。在峡谷两侧悬崖上的一个个黑洞，就是著名的"藏兵洞"。所谓藏兵洞，是红山堡守军由地上转入地下，隐蔽军队，保护自己，伺机出击，或在空旷处设伏的场所。在我国的长城防御体系中，把长城、城堡和地下藏兵洞紧密联系在一起的防御系统，全国这是独一处。奇特的藏兵洞高出沟底 10 多米，蜿蜒曲折于悬壁之上，上下相通，左右相连，洞中分叉路口颇多，左右盘旋，犹如迷宫久久不见尽头。洞内辟有居室、粮食储藏室、水井、灶台、兵器库、火药库、炮台、陷阱、暗器孔道等设施。如果说抗战时期，八路军和游击队的地道战能让敌人胆战心惊、闻风丧胆，那么我们可以想象500多年前明代的边塞守军也是以同样的智慧和勇敢将侵略者挡在了长城之外。

黄河是中华文明最主要的发源地，中国人称其为"母亲河"。每年都会携带16亿吨泥沙，其中有12亿吨流入大海，剩下4亿吨长年留在黄河下游，形成冲积平原，有利于种植。黄河流域是我国开发最早的地区。在世界各地大都还处在蒙昧状态的时候，我们勤劳勇敢的祖先就在这块广阔的土地上斩荆棘、辟草莱，劳动生息，创造了灿烂夺目的古代文化。

老子道德经注碑全名为"唐开元神武皇帝道德经注碑"，碑文是唐玄宗对道德经的释文，为文物之珍品。该碑位于河南省鹿邑县太清宫景区太极殿前神道东侧，立于唐天宝元年，即742年，碑高3.7米、宽1.2米、厚0.36米，碑首为半圆形，首身一石，碑身四面刻字，正反两面为正文，每面22行，满行51字，隶书字体，左右两侧为文人题咏。

唐玄宗是我国历史上一位很有作为的皇帝，继唐太宗李世民、武则天之后，他开创了开元盛世，他遵循老子无为而治的道家思想，一生都在关注、研究、推广、宣传老子，他两次对《道德经》进行注释，又创下了中国历史上皇帝的一个之最。第一次是在唐开元二十三年（735年），玄宗皇帝50岁时，他总结前半生读老、拜老、研老心得，亲笔著下了《御注道德真经》一书。唐玄宗在为第一次御注写的序中指出："每因清宴，辄叩玄关，随所意得，遂为笺注，岂成一家之说……今兹绝笔，是询于众……"意思是《道德经》的笺注是和大家交流的成果。

第二次是在唐玄宗天宝十四年（755年）他70岁时，又写下了《道德真经疏》一书。这一年，安史之乱爆发，国遭大难，贵胄重臣，闻风鼠窜；真源县（鹿邑古县名）县令张巡，一介文弱书生，七品微官，却率千余之众，扼敌要道，尽忠竭智，苦斗至死，用温热的血，写下了一曲名将赞歌。

值得强调的是，"唐开元神武皇帝道德经注碑"也是了解鹿邑县这个地方地质地貌的好教材。此碑建于唐朝，2002年以前，此碑在地面以上仅露碑头尺许，碑头大部、碑身、碑座都被埋入地下。当地百姓还以为这只是一块普通的石头，把它当作了磨刀石，磨去了不少，磨痕犹在。而此碑初建时应建在地上，也就是说，1300年来，太清宫这个地方，地面整体增高了整通唐碑的高度，即接近 3.8 米，这也是黄河冲积的结果。

风陵渡在山西省运城盆地西南端，处于黄河东转的拐角，是晋秦豫的交通要塞，跨华北、西北、华中三大地区之界。自古以来就是黄河上最大的渡口。因唐代圣历元年在此置关，又称风陵津，是黄河南泄转而东流之地。

相传轩辕黄帝和蚩尤战于逐鹿之野，蚩尤作大雾，黄帝部落的将士顿时东西不辨，迷失四方，不能作战。这时候，黄帝的贤臣风后及时赶来，献上他制作的指南车，给大军指明方向，摆脱困境，终于战胜蚩尤。风后死后，埋葬在这里，后来建有风后陵。风后陵，在赵村东南，高二米余，周围 30 米，故称风陵关。据《帝王世纪》载："黄帝梦大风吹天下之尘垢皆去……帝寤而叹曰：'风为号令，执政者也。垢去土，后在也，天下岂有姓风名后者哉……'于是依二占而求之，得风后于海隅，登以为相。"

当地至今还保留着匼河背冰的习俗。每年元宵节，风陵渡的男人们光着身子，赤着脚，只穿一个大红裤衩，背着冰块、磨盘，扛着铡刀，喊着号子，旁边还有人不断地往他们身上泼着冷水。背冰狂欢的奇俗，剽悍勇猛的精神，给人一种奇特的心灵震撼。

黄河在宁夏境内一改往日的汹涌，平静缓流，滋润两岸，自古就有"天下黄河富宁夏"之说，可以说自引黄灌溉起，宁夏两千多年的水利开发建设史就是一部流淌着的经济社会发展史。虽历经沧桑却从未中断，历代开凿的14 条古渠，依然在惠泽着宁夏平原，滋润了这片土地的农业文明，也孕育了灿烂的黄河文化。2017 年 10 月 10 日，在墨西哥城召开的国际灌溉排水委员会执行大会上，宁夏引黄古灌区成功列入世界灌渠工程遗产名录，这标志着我国黄河流域主干道上产生了第一处世界灌溉工程遗产。国际灌溉排水委员会认为，宁夏引黄古灌区具有独特的、创新的、科学的引水工程结构，是宁夏平原2200 余年来农业发展的里程碑。

1958 年，黄河流域第二座水利枢纽工程青铜峡拦河大坝开工建设。1960 年，建设者在青铜峡黄河上修筑了一座高 42.7 米、长 697 米的拦河大坝，并同时建成了装机 30.5 万千瓦的中国第一座闸墩式水电站，形成了一座容量为 600 万立方米、回水 5 公里的峡谷形水库，形成了集发电、灌溉、防洪于一体的大型水利枢纽工程。作为"塞上江南发源地"，秦渠、汉渠、汉延渠、唐徕渠、七星渠等引黄古渠系由青铜峡而发，密织如网，贯穿了宁夏平原，滋润着沿岸的广阔大地。董必武曾题诗："青铜峡扼黄河喉，约束水从峡底流。导引分渠资灌溉，下流千里保丰收。"

20世纪70年代，高中语文课本（第三册）第一节诗词内容为毛泽东诗词《游泳》《登庐山》，该节阅读课文内容为《英雄战黄河 塞上添明珠——记黄河青铜峡水利枢纽工程的建设》，该篇课文内容选自1974年9月17日《人民日报》（第三版）刊发的新华社通讯稿，主要内容为宁夏各族人民在毛主席的指引下，自力更生，奋发图强，建设青铜峡水利枢纽的光辉事迹。

"我们伟大祖国的古老黄河，从巴颜喀拉山源头奔腾而下，几经迂回，进入西北黄土高原，经兰州折向东北而去，在巍峨的贺兰山和鄂尔多斯高原之间，被青铜峡谷紧紧夹住。在这里，一座混凝土拦河大坝屹立在滚滚波涛之中，迫使湍急的河水按照人们的意志，进入一座座电站，发出强大的电流，泄向一条条渠道，灌溉着良田沃土……宁夏各族劳动人民喜看'塞上江南'添明珠，沙漠荒滩造银河，纵情欢呼……"在《人民日报》刊发该篇文章的前一天，也就是1974年9月16日，《宁夏日报》头版刊发新华社通讯《英雄战黄河 塞上添明珠——记黄河青铜峡水利枢纽工程的建设》，青铜峡水利枢纽在新华社通讯中首次被誉为"塞上明珠"。高中语文课本将其收录其中，进一步提高了"塞上明珠青铜峡"的美誉度。

近年来，青铜峡市充分发挥"世界灌溉工程遗产"及青铜峡水利枢纽工程品牌价值，先后打造了黄河楼、黄河大峡谷、黄河坛、黄河生态园等景区，奏响因河而建、因水兴城的新篇章。

自秦汉开始，宁夏平原古代先民依黄河而生存、依黄河而发展，开渠引流，屯垦造田，因此有了农牧结合的独具西北特色的风光。1226年，成吉思汗率大军第6次征讨西夏，实行残忍的屠城政策，引黄灌溉渠道遭到彻底毁坏，呈现出"古渠淤坏，泥沙淤浅""田野荒芜，生灵涂炭"的惨淡景象。1264年，忽必烈任命中书左丞张文谦出任西夏中兴等路行省长官，并命诸路河渠提举郭守敬同行，具体负责宁夏治水复屯事宜。西夏灭亡37年后，郭守敬随张文谦来宁夏治水。他首先沿着黄河两岸踏勘，对宁夏平原地区正渠与支渠的数量、长度、溉田亩数等进行了详细的调查，并深入了解当地地势、水情、水利灌溉历史和治水、治淤的经验。提出"因旧谋新"意见，否定了另开新渠的主张，认为重点应放在修复疏通旧有渠道上。在宁夏屯田军民的大力支持下，经过数年的辛勤劳动，共修复疏浚兴、灵、应理、鸣沙四州主干渠 12 条（含唐徕、汉延二渠）、支渠 68 条，使 9 万余顷土地恢复了灌溉。这次修复的沿河渠道坝闸，设计精细，质量坚固，直到明代中期还在继续使用。就是在当今，宁夏引黄灌区仍普遍采用坝闸节制水量的办法。郭守敬从兴筑水渠到建筑水坝和水闸的做法，是人类由储水到控水认识上的一个飞跃，也是人工灌溉史上的一个进步。

　　发源于青藏高原的黄河，在中游的尾端，用她从黄土高原带来的黄土，形成了丰饶的洛阳盆地。至郑州桃花峪以下，地势进一步变得平坦，泥沙得以大量沉淀，在数千年不停的决堤、改道过程中，形成了幅员广阔的黄河冲积扇华北平原，亦即黄淮海大平原。这里气候适宜、土壤肥沃，孕育了中国高度发达的农耕文明，成为中国立国之根本。

　　河图洛书是中华文明之始。河图洛书是中国古代流传下来的两幅神秘图案，蕴含了深奥的宇宙星象之理，被誉为"宇宙魔方"，是中华文化、阴阳五行术数之源。语出易经《系辞·上》，"河出图，洛出书"，河，黄河。洛，洛水。河图本是星图，其用为地理，故在天为象，在地成形也。在天为象乃三垣二十八宿，在地成形则青龙、白虎、朱雀、玄武、明堂。河图之象、之数、之理至简至易，又深邃无穷。河图上，排列成数阵的黑点和白点，蕴藏着无穷的奥秘。河图最初的原型是一条白色旋转的龙，将银河画成白龙，围绕着中点运转，而这个中点是北极星。这幅图在后来演变成了一黑一白两条龙，逐渐成为今人熟悉的太极阴阳图。"洛书"之意，其实就是"脉络图"，是表述天地空间变化脉络的图案。洛书，它的内容表达实际上是空间的，包括整个水平空间、二维空间，以及东、西、南、北这四个方向。洛书上，纵、横、斜三条线上的三个数字，其和皆等于 15。河图洛书和二十八星宿、黄道十二宫对照，它们有着密切联系。"河图""洛书"凝结了古代先哲神秘的想象和超凡的智慧。至汉代，一些经学家用"河图洛书"解说《周易》和《尚书》，认为八卦和《周易》是伏羲和文王所演作，《洪范》九畴则是夏禹和箕子所为，二者皆出自天授，取法乎天，并进而形成了"阴阳五行"学说。"河图洛书"作为中国儒家经典之来源，蕴含着中国哲学最古老的原创思想和东方人高度的智慧。2014年11月11日，河图洛书传说经国务院批准列入第四批国家级非物质文化遗产名录。

1899年，一片甲骨惊天下，沉睡千年的甲骨文开始走进人们的视野。河南安阳殷墟甲骨文的发现是中华文明乃至人类文明发展史上的一件大事。作为世界四大古文字之一，以甲骨文为代表的古汉字也为推动世界文明进程作出了贡献，2006年成功入选联合国教科文组织"世界记忆名录"。最近几十年来，我国考古界先后发布了一系列较殷墟甲骨文更早，且与汉字起源有关的出土资料。汉字从黄帝时期的仓颉历经虞夏、殷商而写到了今天，这是世界上其他民族、国家不可比拟的，我们的文化自信也出自几千年源远流长的汉字文化。

南乐县地处黄河故道，仓颉陵所在的村落名为"史官村"，相传仓颉是黄帝的史官，这里是仓颉的故乡，村里人都认为自己是仓颉的后人。仓颉庙内现存两通旧碑，其中一通刻有宋朝名相寇准祭拜仓颉庙时拟写的楹联"盘古斯文地，开天圣人家"；另一通为元代残碑，碑文称"仓颉生于斯葬于斯，乃邑人之光也"。

仓颉造字，是中国古代神话传说之一，仓颉造字的地方叫"凤凰衔书台"。出自《淮南子·本经训》："昔者仓颉作书，而天雨粟，鬼夜哭。"《明一统志·人物上古》亦记载："仓颉，南乐吴村人，生而齐圣，有四目，观鸟迹虫文始制文字以代结绳之政，乃轩辕黄帝之史官也。"

传说仓颉"双瞳四目"，仓颉"始作书契，以代结绳"。在此以前，人们结绳记事，即大事打一大结，小事打一小结，相连的事打一连环结。后又发展到用刀子在木竹上刻以符号作为记事。随着历史的发展，文明渐进，事情繁杂，名物繁多，用结合刻木的方法，远不能适应需要。有一年，仓颉到南方巡狩，走到一个三岔路口时，几个人为往哪条路走争辩起来。一个人坚持要往东，说有羚羊；一个人要往北，说前面可以追到鹿群；一个人偏要往西，说有两只老虎，不及时打死，就会错过了机会。仓颉一问，原来他们都是看着地上野兽的脚印认定的。仓颉心中猛然一喜：既然一个脚印代表一种野兽，我为什么不能用一种符号来表示某种东西呢？仓颉以"羊马蹄印"为源灵感，日思夜想，到处观察，看尽了天上星宿的分布情况、地上山川脉络的样子、鸟兽虫鱼的痕迹、草木器具的形状，描摹绘写，造出种种不同的符号，并且定下了每个符号所代表的意义。他按自己的心意用符号拼凑成几段，拿给人看，经他解说，倒也看得明白。仓颉把这种符号叫作"字"。

仓颉造字只是传说，比如鲁迅就认为"仓颉也不止一个，有的在刀柄上刻一点图，有的在门户上画一些画，心心相印，口口相传，文字就多起来了，史官一采集，就可以敷衍记事了。中国文字的来由，恐怕逃不出这例子。"（《鲁迅·门外文谈》）。也就是说，汉字不可能是仓颉一个人创造出来的，而是由许许多多的像仓颉这样的人慢慢丰富起来的，仓颉只不过在这些人当中比较重要、起的作用比较大而已。汉字的出现，标志着中国历史走进了由文字记载的时代，是历史长河中的一件大事，对后世也有着重要的影响。目前，28个兽蹄鸟迹石崖临摹拓片已成为稀世珍品，"仓颉造字传说"和"谷雨公祭仓颉典礼"已列入非遗名录，这都是我们中华民族的骄傲。

仓颉陵向西约100公里处的安阳殷都区，坐落着商朝后期都城遗址——殷墟。120多年前，刻在龟壳、兽骨上的甲骨文就从这里出土。甲骨文是镌刻或写在龟甲和兽骨上的文字。出土在河南安阳小屯村一带，因为这里曾是商代后期商王盘庚至帝辛的都城，史称为"殷"。商灭国，遂成为废墟，后人便以"殷墟"名之。其内容绝大多数是王室占卜之辞，故又称"卜辞"或"贞卜文字"。这种文字基本上都是由契刻而成的，又称"契文"或"殷契"等。最早被河南安阳小屯村的村民们发现，当时他们不知道这是古代的遗物，只当作包治百病的药材"龙骨"使用或贩卖，由于药铺老板拒收上面有刻画痕迹的龙骨，小屯村的农民就用小刀将上面的痕迹刮掉，以6文钱一斤的价格，将挖出的龙骨卖给药铺。于是许许多多的商代史料被磨成粉，当作药吃进肚里，这就是所谓的"人吞商史"。后来，晚清官员、金石学家王懿荣看见一味中药叫龙骨，看见上面刻着字，就觉得很奇怪，翻看药渣，没想到上面居然有一种看似文字的图案。于是他把所有的龙骨都买了下来，发现每片龙骨上都有相似的图案。他把这些奇怪的图案画下来，经过长时间的研究他确信这是一种文字，而且比较完善，应该是殷商时期的。后来，人们找到了龙骨出土的地方——河南安阳小屯村。

1900 年 7 月，侵略军兵临城下，慈禧太后带领皇室人员仓皇出逃，王懿荣彻底失望了。他对家人说："吾义不可苟生！"随即写了一首绝命词毅然服毒坠井而死，年方 56 岁。后来人们称这位最先发现甲骨文的人为"甲骨文之父"，在甲骨文发现 90 周年的 1989 年秋，在他的家乡山东烟台市福山区建成王懿荣纪念馆，以纪念他的功绩。

120 多年来，通过考古发掘及其他途径出土的甲骨已超过 154600 块。坐落在甲骨文故乡安阳的中国文字博物馆，是国内首座以文字为主题的国家级博物馆，它依托数千件文物精华，系统诠释了中国文字的构形特征和演化历程，堪称"一部让世人领略中华文明的景观式文字大典"。"文字归巢"，首任馆长冯其庸曾这样评价中国文字博物馆的设立。

汉字从甲骨文开始，发展至今已有 3000 多年，形体不断简化，伴随着中华历史的演进先后经历了甲骨文、金文、大篆、小篆、隶书、楷书的字形变化，成为我们今天使用的文字。千年积淀，孕育出了灿烂多彩的汉字文化，甲骨文的出现比两河流域的钉头字晚了约 2000 年，但是汉字却是古典文字中唯一流传并使用至今的文字。并远播日本、朝鲜、越南等国家和地区，形成包含 30 多种文字的汉字文化圈。

汉字是当今世界上最古老的文字，也是当今世界上延续至今仍为全球华人广泛使用的文字。汉字在当今世界上的各种文字系统中是绝无仅有的表意系统的文字。东汉许慎在《说文解字》中将汉字构造规律概括为"六书"：象形、指事、会意、形声、转注、假借。其中，象形、指事、会意、形声四项为造字原理，是"造字法"；而转注、假借则为用字规律，是"用字法"。

西周开国之初，周公制礼作乐，奠定了中国传统文化的基调，由此确立了道德在治国理念中的主导地位，这对于中国历史的发展方向产生了极为深远的影响。到了春秋时期，由于种种原因，这套制度瓦解了，世道大乱，史称"礼崩乐坏"。

《礼记·乐记》中说："乐者，天地之和也；礼者，天地之序也。和，故百物皆化，序，故群物皆别。乐由天作，礼以地制。过制则乱，过作则暴。明于天地，然后能兴礼乐也。"周公旦"制礼作乐"，制定和推行了一套维护君臣宗法和上下等级的典章制度。确立的嫡长子继承制，即以血缘为纽带，规定周天子的王位由长子继承，同时把其他庶子分封为诸侯、卿大夫，他们与天子的关系是地方与中央、小宗与大宗的关系。这套礼乐制度，也是孔子一生所追求的有序社会，影响了后世几千年。

张载，北宋思想家、教育家、理学创始人之一。其学以《易》为宗，以《中庸》为体，以孔、孟为法。认为世界万物的一切存在和一切现象都是"气"，即"太虚"，主张"理在气中"。因讲学关中，故其学派称为"关学"。为天地立心，为生民立命，为往圣继绝学，为万世开太平。其弟子吕大忠、吕大均、吕大临创《吕氏乡约》，对后世影响很大。比如，《聚会》："每月一聚具食，每季一会具酒食，所费率钱合当事者主之。遇聚会则书其善恶行赏罚。若有不便之事，共议更易。"

人文始祖伏羲、炎帝、黄帝都诞生在黄河流域，黄河流域裴李岗文化、仰韶文化、龙山文化、大汶口文化、二里头文化、马家窑文化等，是华夏早期文明的典型代表。黄河文化艺术灿若星河。最早的诗歌总集《诗经》以及汉赋、唐诗、宋词、《史记》《资治通鉴》等汇集了黄河文史之大成，《周礼》《仪礼》《礼记》以及夏商周直至秦汉以后的典章制度，是我国礼制不断完善成熟的基础。

马克思曾说："火药、罗盘针、印刷术——这是预兆资产阶级社会到来的三项伟大发明。火药把骑士阶层炸得粉碎，罗盘针打开了世界市场，并建立了殖民地，而印刷术则变成新教的工具。并且一般地说，变成科学复兴的手段，变成创造精神发展的必要前提的最强大的推动力。"

恩格斯也高度评价中国在火药发明中的首创作用："现在已经毫无疑义地证实了火药是从中国经过印度传给阿拉伯人又由阿拉伯人和火药武器一道经过西班牙传入欧洲的。"

中国头两个国家级农业高新技术产业示范区，都诞生在黄河流域，一个是陕西的杨凌农高区，另一个就是山东的黄河三角洲农高区。

黄河三角洲农业高新技术产业示范区，简称"黄三角农高区"，成立于2015年10月，是我国第二个国家级农高区，总面积350平方公里，以盐碱地综合利用为基本任务，在盐碱地特色种业、盐碱地生物农业等方面积极探索实践。盐碱地"湿时泥泞、干时板结龟裂"，植物在盐碱地上不容易扎根生长。得益于农业科技的神奇之功，黄河三角洲农高区如今拥有了良田、良种、良法，昔日的荒地逐步变为沃土。黑小麦、藜麦、大豆、马铃薯等耐盐粮食作物和苜蓿、燕麦、甜高粱等耐盐牧草种植总面积达1.28万亩。其中，航天大豆试验品种的最高亩产已达850斤。

2021年10月21日上午，正在东营考察的习近平总书记，考察了位于这里的黄河三角洲农高区，重点了解黄河三角洲盐碱地综合利用和现代农业发展。种子和耕地问题，是总书记长期关注的重点。端牢中国人自己的饭碗，种子是关键。在2020年年的中央经济工作会议上，总书记提出，要开展种源"卡脖子"技术攻关，立志打一场种业翻身仗。

1961年，勘探人员在山东广饶境内的东营村，打下第8口深度基准井，胜利油田博物馆的文献上记载着8井出油瞬间的情形：3月5日，当（32120钻井队）钻至1194米中途起钻时，发现卡在牙轮钻头上的一颗油砂，有指头肚一般大小，太阳光的照射下闪着光辉。大家如获至宝，怎么也看不够，装进小瓶子，系上红绸子，着重地写上：华北油区第一块油砂几字，发加急电报向上级报喜……

60多年来，胜利油田人始终在为祖国采石油、献石油，但采油方式却发生了巨大的变迁，科技含量越来越高。胜利油田被誉为"石油地质大观园"，地质构造极为复杂，断层密布，落差悬殊，像"一个盘子摔在地上、摔得粉碎、又被踢了一脚"。从注水把油"挤"出来、用化学剂把油"洗"出来，再到用二氧化碳把油"驱"出来，胜利油田的采油变迁史，就是一部创新发展史。

第26讲
黄河文化的抗争精神

习近平总书记强调指出："江河之所以能冲开绝壁夺隘而出，是因其积聚了千里奔涌、万壑归流的洪荒伟力。在近代以来漫长的历史进程中，中国人民经历了太多太多的磨难，付出了太多太多的牺牲，进行了太多太多的拼搏。现在，中国人民和中华民族在历史进程中积累的强大能量已经充分爆发出来了，为实现中华民族伟大复兴提供了势不可挡的磅礴力量。"

在地图上看黄河，让我们印象最深的就是那个大"几"字形。黄河由陕晋交界南流至陕晋豫三省交界处，折向东流。在这个大"几"字的拐弯处，有个城市叫三门峡市。在三门峡大坝下游约200米远的河道中，有个突出水面的小山头，这个小山头就是中流砥柱中的"砥柱"。郦道元《水经注》中记载："昔禹治洪水，山陵当水者凿之，故破山以通河，河水分流，包山而过，山见于水中若柱然，故曰砥柱也。"20世纪50年代，在修建黄河三门峡大坝时，三座峡门作为大坝坝基使用被拆除，而砥柱被保留了下来，它见证了浩浩万年中华历史，是中华民族的历史之石、文化之柱，更是中华民族精神的象征。

相传在古时华夏大地洪水滔天，三门峡一带更是因为砥柱山阻挡了水路的畅通，黄河洪水肆虐。大禹治水时将阻挡河水的砥柱山劈出人、神、鬼三门，对水路进行疏通，解决了水患。北边是人门，中间是神门，南边是鬼门。因此，那里的峡谷就有了非常形象的名称叫三门峡，这也是三门峡市名的由来。

638年，唐太宗李世民来到这里，写下了"仰临砥柱，北望龙门；茫茫禹迹，浩浩长春"的诗句，勒于砥柱之阴。唐代著名书法家柳公权也赋有《砥柱》一诗：

禹凿锋铦后，巍峨直至今。

孤峰浮水面，一柱钉波心。

顶压三门险，根随九曲深。

拄天形突兀，逐浪势浮沉。

岸向秋涛射，祠斑夜涨侵。

喷香龙上下，刷羽鸟登临。

祇有尖迎日，曾无柱影阴。

旧碑文字在，遗事可追寻。

砥柱石又被称为"朝我来"，传说是一位黄河老艄公的化身。很久以前，一位老艄公率领几条货船行到神门河口，突然天气骤变，看不清水势。眼看小船就要被风浪推向岩石，老艄公大喝一声："掌好舵，朝我来"，便纵身跳进了波涛之中。船工在狂涛声中，听到前面有人高呼"朝我来"，原来是老艄公站在激流当中为船导航。待船工安全驶过险滩，发现老艄公昂头挺立在激流中，已经化为一座石岛，为过往船只指引航向。因此，当地人们也把这座"中流砥柱"称为"朝我来"。

"风在吼，马在叫，黄河在咆哮……"黄河，这条中华民族的母亲河，不仅哺育了中华儿女，还在抗日战争时期，用她那坚韧的胸膛，阻挡了日寇的疯狂进攻，保护了黄河以西的广大人民免遭日寇铁蹄践踏。而黄河西岸的广大榆林儿女，也用他们顽强的意志、英勇的斗争，粉碎了日寇一次次进攻，让"保卫黄河、保卫华北、保卫全中国"的歌声响彻神州大地。

1941年冬，马占山将军陪同晋陕绥边区总司令邓宝珊将军来到榆林城郊的红石峡，看到红石峡东西两处悬崖峭壁上的题刻，想到被日本帝国主义铁蹄践踏的国土，悲愤难平，于是挥笔写下了岳飞的名言"还我河山"，表达了驱逐日寇、统一祖国的爱国之志。工匠刻好之后，他觉得不是很满意，随后又写了第二幅。于是工匠又将第二幅"还我河山"刻在红石峡壁。据说，当时马将军右手有伤，这两幅"还我河山"都是马将军用左手书写的。两幅英雄的手笔，一片抗战的决心，一曲英雄的赞歌。

佳县东临黄河与山西相望，是一座有着千年历史的古城。抗战期间，日机曾多次对佳县实施轰炸。1939年11月20日，侵入山西西北部的日寇在炮火掩护下，强渡佳县渡口，被陕甘宁边区河防部队击退。虽然经历多次战斗，佳县从未被日寇踏入半步，成为阻止敌人西进的重要堡垒。在抗战持续阶段，中国共产党领导的边区获得了难得的发展，劳动人民真正体会到了翻身得解放的滋味。其中的农民歌唱家李有源正是在这时唱出了动人心扉的《东方红》。

李有源是佳县农民，少年时因家中生活艰难，以放羊维持生计。直到家乡"闹红"，他和穷苦兄弟才真正翻身做了主人。因此，他打心眼里感激中国共产党、感激毛主席。1942年冬天的一个早上，李有源外出劳作。此时，火红的太阳渐渐从莽莽群山中升起，万丈光芒温暖地照在了李有源身上。翻身得解放的他，面对解放区冉冉升起的又红又大的太阳，心潮澎湃，突发灵感，脱口用陕北民歌《骑白马》曲调唱出发自肺腑的歌声："我说东方，你就一个红；我说太阳，你就一个升；咱们中国出了一个毛泽东，他为人民谋生存，他是人民大救星……"后来经过专业文艺工作者的加工，成了唱遍全中国的《东方红》。歌曲形象生动地表达了全国人民对伟大领袖毛泽东和中国共产党无比热爱的感情，唱出了他和穷苦兄弟们的心声。

1936年2月，红一方面军以"中国人民红军抗日先锋军"的名义，在毛泽东、彭德怀、刘志丹的指挥下，红军从子长县出发，挺进到清涧县高杰村的袁家沟一带时，部队在这里休整了16天。毛泽东当时住在农民白治民家中。初春2月的一天，毛泽东在陕北清涧县袁家沟筹划渡河时，天上飘起鹅毛大雪，仿佛是要为出征的红军将士壮行。辽阔的天空，苍茫的雪地，雄浑的黄河，构成了一幅悲壮苍劲的画面。伟人站在秦晋高原，看着这一切，面对苍茫大地，胸中豪情激荡，一种神圣的使命感就像火团一样在胸中燃烧起来，由此引发了他壮怀激烈的诗兴。2月7日，怀着革命必胜的坚定信念，毛泽东挥毫疾书，一口气写下了气吞山河的千古绝唱《沁园春·雪》。

1945年8月28日毛泽东飞抵重庆与蒋介石谈判。8月30日，毛泽东在桂园寓所宴请柳亚子、沈钧儒等人。席间，柳亚子赠毛泽东七律一首："阔别羊城十九秋，重逢握手喜渝州，弥天大勇诚能格，遍地劳民战尚休。霖雨苍生新建国，云雷青史旧同舟。中山卡尔双源合，一笑昆仑顶上头。"10月7日，毛泽东将《沁园春·雪》题赠柳亚子，并致信说："初到陕北看见大雪时，填过一首词，似与先生诗格略近，录呈审正。"11月14日重庆《新民报晚刊》根据传抄稿刊出《沁园春·雪》，1957年《诗刊》1月号正式发表《沁园春·雪》。

1938年10月，武汉沦陷后，张光年率领抗敌演剧队辗转来到陕西省宜川县黄河壶口附近，渡河去吕梁山抗日根据地。船头立着一位60来岁的白胡子老汉，他就是掌握全船人命运的总舵手。桨手和舵手随着划桨的节奏，一呼一应地喊唱着低沉有力的船夫号子。随着浪涛的汹涌起伏，号子的声调越来越高，音量越来越强，盖过了浪涛的怒吼；节奏也一阵紧似一阵，船夫们在老舵手的统一指挥下，齐心协力，奋勇划桨，渡船冲过湍急的河水，向着对岸驶去。这是一场人与自然的生死搏斗，惊心动魄。那船夫的号子充分表现出了我国劳动人民的英雄气魄、坚定信心和不屈不挠的抗争精神。

这次渡河给张光年留下了极其深刻的印象，同时也激起他创作一首歌颂黄河、歌颂黄河船夫的诗歌的念头，诗歌初定名《黄河吟》，1938年11月创作完成并定名为《黄河大合唱》。

1939年3月，冼星海抱病完成《黄河大合唱》的全部作曲。1939年4月13日晚，抗敌演剧三队和鲁迅艺术学院在延安陕北公学大礼堂举行音乐晚会，《黄河大合唱》在这个晚会上首次演唱，获得巨大成功。从此，《黄河大合唱》就以它磅礴的气势、震撼人心的力量，走进每一个中国人的内心深处。

《黄河大合唱》的八个乐章分别是《黄河船夫曲》《黄河颂》《黄河之水

天上来》《黄河对口曲》《黄水谣》《黄河怨》《保卫黄河》《怒吼吧，黄河》。可以说这八个乐章共同组成了一幅壮阔的历史画卷，唱出了黄河儿女的苦难与抗争……

1939年5月11日，在延安庆祝鲁艺成立周年晚会上，冼星海穿着灰布军装和草鞋、打着绑腿指挥《黄河大合唱》，在场的毛泽东和其他中央首长连声叫好。更有许多人唱着"风在吼，马在叫"，走向抗日战争最前线。

严良堃这样评价：冼星海的指挥非常新鲜，特别是唱词中的"起来，起来，起来……"第一个"起来"用左手向前一挥，第二个"起来"右手一挥，到了第三个"起来"两个手一齐向上挥，并跟着向前跨了一大步，非常富有煽动力，把在场的观众的情绪全都激发起来了。

禹门口，在山西省河津市西北的黄河峡谷中，为黄河晋陕峡谷的南端出口。这里两岸峭壁夹峙，形如门阙，黄河水流经禹门口，被约束在高山峡谷之间，越近龙门，河床越窄。奔腾的黄河，受到峡谷约束，勃然大怒，横冲直撞，雷霆万钧，却被静静的高山峡谷挤压在河床中，快到峡谷尽头龙门口，一个急转弯，又撞在峭壁上，它呼啸着，飞出一层层凌空雪浪，掉过头来，反扑对岸巨石，又一次咆哮着，飞出层层凌空雪浪。回撞河床中的巨大礁屿，再一次疯狂地咆哮起来，将一道道水柱喷入天空，在一阵喧嚣之后，从空中颤抖着落入谷底，跳出龙门。这龙门三激浪，是黄河千百年来的奇观，激起无数文人墨客的诗情画意。

河津县人民政府1992年12月29日刻立的抗日烈士纪念碑记述了1938年那场抗战历史：

1937年，日本帝国主义发动卢沟桥事变，妄图亡我中华，灭我民族。国共两党合作，领导全国人民奋起抗战。

1938年12月26日，盘踞在河津之敌酋藤田，纠集日伪军四千余，重炮数十门，飞机多架，陆空配合，攻我禹门，企图渡河西犯。禹门乃秦晋咽喉，西北屏障，我国民革命军陆军新编第八师之加强营七百余名将士，凭险据守。敌啸聚蚁结，蜂拥而来。我守军同仇敌忾，众志成城。硝烟弥漫，山河失色；白雪红刃，天地震惊。在友军及当地民众的配合支援下，浴血奋战四昼夜，我云中寺、洞山、关帝庙阵地失而复得者三。29日敌陈尸千余具，狼狈遁走。我阵地巍然屹立，大西北安然无恙。

此役我军牺牲连长田兴武、王俊杰，排长耿甲臣、赵自强、杨子超、刁柏林、左少炳、张安、周少昌以及战士共二百九十名。中华精英，为国捐躯，英名当旌。今我神州大地在中国共产党领导下，自立于世界民族之林。国运昌隆，人民幸福，堪慰先烈于九泉，遂建碑以纪念英烈，表彰忠勇，激励来兹。

这次战役后，日军又多次进攻禹门口，尽管日军最后攻陷了禹门口东侧，但他们的铁蹄始终没有跨过禹门、跨过黄河，祖国西北大地的大好河山，在中国军民的殊死抗争下，得到了完好的护卫，最终取得了抗日战争的全面胜利。但千年禹庙却被敌人的炮火夷为平地。

1942年5月，侵华日军开始对太行山抗日根据地进行"铁壁合围"大扫荡，为掩护中共中央北方局和八路军总部机关突围，八路军副参谋长左权率部抗敌，不幸在山西辽县十字岭战斗中壮烈牺牲，时年仅37岁。这是抗日战争爆发后，我军第一个在战场上殉国的高级指挥员。左权一生留下了11封家书，从中我们可以感受到这位铁血男儿的家国情怀。

1942年5月22日，左权给妻子写下一封平常家书，三天后，日军的炮弹击中了他，这封家书也成了他给妻子的最后一封信。

志兰：

就江明同志回延之便，再带给你十几个字。乔迁同志那批过路的人，在几天前已安全通过敌之封锁线了，很快可以到达延安，想来不久你就可以看到我的信。

……再重复说一次，我虽然如此爱太北，但是时局有变，你可大胆按情况处理太北的问题，不必顾及我。一切以不再多给你受累、不再多妨碍你的学习及妨碍必要时之行动为原则。

1942年，湖南醴陵的一位农家母亲，请人代笔写下一纸祭文："吾儿抗日成仁，死得其所，不愧有志男儿。现已得着民主解放成功，牺牲一身，有何足惜，吾儿有知，地下瞑目矣！"

那一年，她的儿子已经离家整整19年。漫长的19年，终究没能让她迎来一个完美的答案。她在家中的守候，最终还是演化为一个悲情的故事。她就是左权的母亲。

1937年，左权收到叔父左铭三的来信。信中告诉左权，他的大哥左育林病逝，他的老母亲孤身艰难度日，希望他能够回家看望一下老母亲。在民族生死存亡的关键时刻，左权没能回家看望母亲。他给叔父回了一封信：

我以己任不能不在外奔走，家中所持者全系林哥。不幸林哥作古，家失柱石，使我悲痛万分。叔父！我虽一时不能回家，我牺牲了我的一切幸福为我的事业来奋斗，请你相信这一道路是光明的、伟大的，愿以我的成功的事业报你与我母亲对我的恩爱，报我林哥对我的培养。

他给自己的母亲也写了一封信：

母亲：

亡国奴的确不好当。……日寇不仅要亡我之国，并要灭我之种，亡国灭种惨祸，已临到每一个中国人民的头上。……为了民族国家的利益，过去没有一个铜板，现在仍然是没有一个铜板，准备将来也不要一个铜板，过去吃过草，准备吃草。母亲！您好吗？家里的人都好吗？我时刻记念着！

这封信，也是左权留给母亲的最后一封信。

1999年上映的电影《黄河绝恋》通过外国人的视角看到中国人民在侵略者面前不屈的民族精神，看到他们博大的胸怀、崇高的人性和对和平的呼唤。影片中有"大恨"与"小恨"。小恨是寨主与黑子的家族仇恨，而"大恨"则是中华民族对日军的恨。面对家国的"恨"，寨主和三炮都放下了自己的小恨，用生命去捍卫民族尊严。一个油嘴滑舌、攀缘附会的小管家，在残暴的日军面前，他没有屈服、没有叛变，为了给安洁他们传递危险信号，烧毁茅草房，即便被活埋也要唱着最爱的"信天游"，这个小人物要用他最后嘹亮的歌声控诉日军的暴行。

哈佛大学神学院教授大卫·查普曼在《谈中国神话——信仰的力量》中指出："我们的神话里，火是上帝赐予的；希腊神话里，火是普罗米修斯偷来的；而在中国的神话里，火是他们钻木取火坚韧不拔摩擦出来的！这就是区别，他们用这样的故事告诫后代，与自然作斗争！"面对末日洪水，我们在诺亚方舟里躲避，但中国人的神话里，他们的祖先战胜了洪水，看吧，仍然是斗争，与灾难作斗争……如果你们去读一下中国神话，你会觉得他们的故事很不可思议，抛开故事情节，找到神话里表现的文化核心，你就会发现，只有两个字：抗争。假如有一座山挡在你的门前，你是选择搬家还是挖隧道？显而易见，搬家是最好的选择。然而在中国的故事里，他们却把山搬开了！可惜，这样的精神内核，我们的神话里却不存在，我们的神话是听从神的安排。"

1947年，在陕北佳县，毛泽东主席起草完《中国人民解放军宣言》，心情难以平静，专门带着警卫员去看黄河。面对黄河，他心潮澎湃："没有黄河，就没有我们这个民族啊！"1948年，毛泽东主席到达吴堡县川口，准备东渡黄河。面对黄河，他思绪万千，伫立良久，深情地说："这个世界上什么都可以藐视，就是不可以藐视黄河；藐视黄河，就是藐视我们这个民族啊！"

抗日战争时期，1938年，为阻止日军西侵郑州，蒋介石命令扒开郑州花园口黄河大堤，造成洪水以阻隔日军。全河又向南流，沿贾鲁河、颍河、涡河入淮河。洪水漫流，灾民遍野。直到1947年堵复花园口后，黄河才回归北道，自山东垦利县（今垦利区）入海。携带着滚滚泥沙的黄河，以善决、善徙而闻名，在千百年的时间里留下了复杂的故道体系，它们曾经是伤痛的纪念碑，岁月流逝，有的变身为荒芜的盐碱地，有的成为水草丰美的湿地或者尚存的小型河道。

《元史·太祖本纪》载：蒙古太祖二十一年（1226年）秋天，成吉思汗"遂逾沙陀，至黄河九渡，取应里等县"。这是成吉思汗攻灭西夏的最后一战。当时，成吉思汗由河西走廊进兵途中不幸坠马受伤，认为不太吉利，遂有退兵之意。于是遣使前往西夏，责问西夏无端之处，以便找个撤兵的台阶。哪知西夏国主不知实情，看到成吉思汗大兵压境，一场灭顶之灾不可避免，只好硬着头皮说强硬话。成吉思汗乃性格刚烈而心胸狭窄之人，他忘不了1218年西征中西亚及欧洲时，要西夏随同出兵，夏主拒命，大臣阿沙敢不蔑视说："力既不足，何以为汗。"成吉思汗远征欧洲七年，日夜不忘西夏君臣奚落之言，现在面对自己如此强大的军力，西夏还同过去一样傲慢、轻蔑，成吉思汗怒火中烧，这就出现了史书上说的"扶疾进兵"。成吉思汗带着疾病指挥大军越过沙坡头，到达黄河九渡，攻占了应理（今中卫市沙坡头区）等县。"九渡"，应是成吉思汗大军在中卫由黄河北岸渡到黄河南岸时的渡口名称。

河南兰考张庄，九曲黄河最后一个弯上一座普通而又特别的村庄。历史上这里曾是兰考县最大的风口，沙丘遍布，贫困凋敝。160多年前，黄河于河南兰考县铜瓦厢决口改道。就在这最后一道折弯处，泥沙沉积、河道风劲，84个风口中最大的那个就在张庄村。因此这里也是我们所熟知的焦裕禄兰考治沙的"主战场"。现如今，如同中国成千上万个张庄一样，随着脱贫攻坚、乡村振兴战略的实施，一个新时代的新张庄赫然呈现在世人面前。跨越两个世纪，是共产党人让这里的山河图景、贫困面貌得以彻底改观。乡亲们说："焦裕禄带咱治了沙，习近平总书记领咱脱了贫！"

1963年，新任兰考县委书记焦裕禄来到兰考张庄。一天早上他到张庄探流沙、查风口，看到村民魏铎彬手捧黏糊糊的泥土一个劲儿地往坟头上抹。焦裕禄不解，上前请教。魏铎彬说，这是母亲的坟，风太大把坟头刮没了，如果挖点黏土封住，再种上草，风再大也刮不动。正为找治沙办法而寝食难安的焦裕禄听后，兴奋不已。焦裕禄把这套治风沙办法称作"贴膏药扎针"——用淤泥黏土封住沙是"贴膏药"，再种上槐树是"扎针"。在他的带领下，兰考干部群众开始了一场前所未有的向"风沙、盐碱、内涝"宣战的"除三害"运动。如今，在九曲黄河的最后一个弯，有了一个完全不一样的张庄。

黄河文化的融合精神

　　黄河，从雪峰连绵的莽莽昆仑奔腾而出，九曲回转，横越塞上，在内蒙古托克托南边的河口镇处，折向南流，在清水河县的喇嘛湾以南，进入黄土高原的东部。黄河急流南下，在茫茫黄土原上拉开了一道的巨大深邃的峡谷。这条峡谷，从起点河口镇到陕西省韩城市与山西河津之间的禹门口共有726公里。它将中华腹地的肥原沃野——黄土高原一分为二。其中河曲县到龙门段长达500千米，即著名的秦晋大峡谷。秦晋大峡谷因古时峡谷以西为秦国，以东为晋国而得名。秦晋大峡谷是黄河5464公里中水势最为凶猛的一段，是黄河之魂魄所在。它是华夏民族的摇篮，这里很早就有远古先民生息繁衍；是华夏文明的核心区域，黄河东岸的河东传为尧、舜、禹古都所在，黄河西岸有中华民族的始祖黄帝的陵墓，所以黄河才被称为母亲河。在这条峡谷里，既有仰韶文化、马家窑文化、哈休文化、营盘山文化和沙乌都文化、宝墩文化、三星堆文化、金沙文化的衍生轮廓和脉络，又有游牧文化、狩猎文化、农耕文化和原始宗教文化、道教文化、藏传佛教文化、汉传佛教文化以及藏文化、羌文化、回文化、汉文化的历史轨迹，可以说是中华文明融合发展的一个时空隧道。

在漫长的历史发展中，黄河、黄土、黄帝、黄种人，中华民族自然和谐地融合在了一起，塑造了中华民族的民族精神、民族性格以及民族思维方式，形成了以黄河文化为基本内核的中华文明。

纳西族是个信仰多种宗教的民族，既信仰本民族的本土宗教——东巴教，又信仰藏传佛教、汉传佛教和道教，信众最多的是东巴教。纳西族有本民族语言，纳西语属于汉藏语系藏缅语族彝语支。纳西族的族源，学术界认为源于远古时期居住在中国西北河（黄河）湟（湟河）地带的古羌人，向南迁徙至岷江上游，又向西南方向迁徙至雅砻江流域，再西迁至金沙江上游东西地带。

东巴文化其实是纳西族的传统文化，因其保存于东巴教而得名，已经有近千年的历史。东巴教是纳西族的原始宗教，以祖先崇拜、自然崇拜为基本特征，信奉万物皆有神灵。其教徒称"东巴"，意为"智者"，他们集巫、医、学、艺、匠于一身，是纳西族传统文化的主要传承者。至今保留在民间的东巴象形文字，共有1400多个单字，被誉为当今世界"唯一活着的象形文字"，用东巴象形文字记载的东巴经文典籍，多达2万多册、1500多种，其内容有哲学、历史、宗教、医学、艺术等，堪称纳西族古代社会的"百科全书"。

距西宁市26公里的塔尔寺，是我国藏传佛教格鲁派（俗称黄教）创始人宗喀巴大师的诞生地，是藏区黄教六大寺院之一。栩栩如生的酥油花、绚丽多彩的壁画和色彩绚烂的堆绣被誉为"塔尔寺艺术三绝"。

宗喀巴离家赴藏一心学法多年，其母香萨阿切思儿心切，让人捎去自己的一束白发，意在告诉他，老母已白发苍苍，希望他回来一晤。宗喀巴为佛教事业决意不返，给母亲和姐姐各捎去一幅用自己的鼻血画成的自画像和狮子吼佛像，并在信中写道："若能在我出生地点用10万狮子吼佛像和菩提树为胎藏，修建一座佛塔，就如同我见面一样。"1379年，其母与众信徒按宗喀巴的意愿，用石片砌成一座莲聚塔，这便是塔尔寺最早的建筑物。1577年在此塔旁建了一座明制汉式佛殿，称弥勒殿。由于先有塔，之后才有寺，安多地区的汉族群众便将二者合称为塔尔寺。在这里，藏传佛教明显融入了很多中国元素，加入了亲情母子。

《在那遥远的地方》是一首由王洛宾创作的民歌，是电影《小城之春》的插曲。1994年，王洛宾凭借该曲获得了联合国教科文组织东西方文化交流特殊贡献奖。该曲是王洛宾最珍视的歌，也是王洛宾歌曲中艺术评价最高的歌曲，被赞为"艺术里的珍品，皇冠上的明珠"。

1939年7月，导演郑君里带领电影队前往青海省海晏县金银滩草原，进行纪录片《民族万岁》的拍摄工作，王洛宾随剧组采风。当地民众知道郑君里要在这里拍电影后，特为摄制组举行了一个欢迎宴会，摄制组也准备在宴会上选择一位当地的女性出演电影，17岁的萨耶卓玛在宴会上进行了表演，吸引了王洛宾，事后萨耶卓玛成为电影的女演员，王洛宾便主动出演一个帮着卓玛赶羊的帮工。完成拍摄后，卓玛为王洛宾送别。王洛宾坐在返程的骆驼背上，突然想起卓玛为他清唱过的一首哈萨克族民歌《羊群里躺着想念你的人》，这时卓玛姑娘美丽的形象在他心中升腾，形象和旋律水乳交融，令他产生了创作歌曲的欲望，于是他耗时三个晚上，融合藏族民歌《亚拉苏》、哈萨克族民歌《羊群里躺着想念你的人》、维吾尔族歌曲《牧羊人之歌》，创作了《在那遥远的地方》。可以说这首歌融进了几个民族的音乐元素。

说起王洛宾，宁夏人最熟知的就是王洛宾和"五朵梅"的故事。1938年4月，王洛宾和萧军等一行由西安至兰州，途经六盘山时遇雨雪天气而滞留，随即歇息在泾源县六盘山镇和尚铺村一家叫作"五朵梅"的客栈。客栈老板娘，虽已人到中年，却依然相貌俊美，因她额头上有处梅花状的印迹，认识她的人都亲切地称她为"五朵梅"。当他们要离开时，五朵梅突然生出一份留恋、一份牵挂，不由自主地唱了一首《眼泪花儿》：

走咧走咧着，走远咧
越走呀越远了
眼泪的花儿飘满了
哎嗨哎的哟
眼泪的花儿把心淹了

走咧走咧着，走远咧

越走呀越远了

褡裢里的锅盔者就轻哈了

哎嗨哎的哟

心里的惆怅者重哈了

王洛宾被震撼了，一首凄楚苍凉的花儿，悲怆、哀怨的声音，悠长的曲调，优美的旋律，宛似天籁传音，久久在王洛宾耳畔激荡。王洛宾颤抖着手，记下了这首《眼泪花儿》的曲谱。王洛宾在写于1986年的《万朵"花儿"永世飘香》一文中回忆："40多年前，我来西北的途中，遇到连天阴雨，在六盘山下一个车马店里住了3天，欣赏到车马店女主人唱的'花儿'。"多么迷人醉心的歌，这是最古老的开拓者之歌，那透迤动听的旋律，口头文学的朴实，句句渗入了人心。原来车马店女主人是六盘山下有名的'花儿'歌手——'五朵梅'。这段因缘，使得我逐渐放弃了对西洋音乐的向往，投入了民歌的海洋。从此，我在民歌中吸取了生命的营养，那首浓郁芬芳的'花儿'，的确是我一生事业的转折点。"

"达坂城的姑娘辫子长啊，两个眼睛真漂亮，你要是嫁人，不要嫁给别人，一定要嫁给我……"

"太阳下山明早依旧爬上来，花儿谢了明天还是一样的开，美丽小鸟一去无影踪，我的青春小鸟一样不回来……"

王洛宾的《达坂城的姑娘》可以说耳熟能详，但估计不少人都不知道这首歌不是创作于新疆，而是兰州。抗日战争爆发后，国难当头，王洛宾一路辗转来到山西，参加了丁玲领导的"西北战地服务团"。在六盘山下，一次意外的巧遇，王洛宾彻底被"五朵梅"的"花儿调"征服了。

对此，王洛宾在采访中说了当时的感受："……这个五朵梅老奶奶的歌，我觉得很美，当时我们同行5个朋友，那4个人就跟我说，'王洛宾你到外国学什么，你听咱们中国的民歌，中国的歌。最美的旋律、最美的诗、文学、歌词就在我们西北高原上'，经过六盘山通过这个老奶奶的歌声，我也体会到最美的歌声就在我们脚底下。"

　　告别五朵梅后，王洛宾等人一路辗转到达兰州。抗战时期，兰州作为大西北的重镇，是苏联为中国运送抗战物资的重要通道和中转站，几乎每天都有新疆的车队源源而来。这一天，又有一支运送苏联援助抗战物资的新疆车队经过兰州。当晚，王洛宾所在的抗战剧团组织联欢会，慰劳车队的司机朋友。联欢会上，一位头戴小花帽、留着小胡子的维吾尔族青年司机上台演唱了一首新疆民歌。因为他用维吾尔语唱，听不懂他唱的内容，但歌声还是深深地触动了王洛宾。

　　演出一结束，王洛宾就去找那位司机。诚挚地请他把唱过的歌再唱一遍。王洛宾不懂维吾尔语，那位司机也不会说汉语。两个人连说带比画折腾了半天，王洛宾才听懂几组相互间没有什么关联的词句："达坂城""丫头""辫子"……

　　王洛宾记下了旋律，一个晚上就写好了一首《马车夫的幻想》。他先让洛珊试唱，第二天，在欢送新疆车队的联欢会上，王洛宾登台演唱了自己创作的这首歌，并配以刚学来的维吾尔族舞蹈，所有的人都被这首风趣欢快的《马车夫的幻想》深深打动，歌曲不胫而走，像一阵风吹遍了兰州城。后来，王洛宾对歌词进行了修改，定名为《达坂城的姑娘》。

　　1935—1936 年，红军长征曾三次经过宁夏西吉县兴隆镇的这个回族聚居村——单家集，在这里留下了不少红色足迹和革命故事，"单家集夜话"就是其中之一。"单家集夜话"讲的是 1935 年毛泽东带领中央红军经过这里，夜宿单家集的故事。当晚，毛泽东与当地的一位宗教人士促膝夜谈，他讲解了党的民族政策和抗日主张，对方介绍了当地的风土人情，两人相谈甚欢。

　　这段历史在《中共宁夏党史大事记》中也有记载：1935 年 10 月 5 日，中国工农红军陕甘支队（中央红军）一纵队到达兴隆镇、单家集一带，毛泽东等中央领导随一纵队行动，当晚宿营于单家集，并参观了清真寺。

　　"毛主席就住在农户张春德家。农户想让首长睡个好觉，把土炕烧得很热，后来又怕炕太热首长睡不惯，找了一副门板垫在羊毛毡下。"从小听老人们讲革命故事的单家集单南村党支部书记单云，讲起那段历史熟稔于心。"单家集夜话"也是回汉一家亲的历史见证。

"单家集夜话"反映的是毛主席率领中央红军在宁夏五天四夜的历史。那是 1935 年 10 月，六盘山层林尽染，美丽而宁静的单家集瓜果飘香，"红军又要来了"的消息在村里不胫而走。兴高采烈的单家集穆斯林男女老少像迎接亲人一样，收拾屋子，打扫院落，每家每户准备了油香、馓子、盖碗茶，迎接红军的到来。一天，红军的队伍再次开进单家集，乡亲们夹道欢迎这支亲人的军队。这时，队伍中走来一位身材魁梧、相貌堂堂的红军首长，身后还跟着一名十五六岁的小战士，这位红军首长就是毛泽东。

当时毛泽东参观了单家集清真寺，住在清真寺北侧的农家院，并和阿訇进行了长谈。老阿訇马德海听说毛泽东到了单家集，还特意请他到自己在清真寺的居所做客。毛泽东盘腿坐在土炕上，一边喝着盖碗茶，一边向马阿訇宣传党的民族宗教政策。马阿訇翻开《古兰经》向毛泽东介绍回族信仰，两人谈得十分投机，清真寺内时不时传出爽朗开怀的笑声。

坐落在将台堡内的中国工农红军长征将台堡会师纪念碑，碑高 26.36 米，顶部雕有三尊红军头像，象征红军三大主力会师。三军会师纪念馆陈列有《红军教会了西吉人做粉条》油画和"单家集夜话"的复原场景。

画中回族老人和妇女在红军战士的指点下学习粉条的制作技术，画的下面，是一件红军当年用过的粉勺。长征时期曾有两支红军队伍来过宁夏，红二十五军是第一支来到宁夏的红军队伍，红军来到单家集与回族群众积极搞好关系，尊重回民的宗教信仰，并把制作粉条的技术传授给了当地的回族群众，使"三粉"加工成了西吉现在的特色产业之一。当地的回族群众为了纪念红军，还把制作的粉条叫作"红粉"。

在单家集、将台堡，很多人都知道红粉的来历。当年红军长征在此休整期间，看到这里的人们靠着蒸、煮、炒、烤等简单粗加工技术食用马铃薯，掌握制作苕粉、河粉、米粉技术的红军战士便教会了当地群众用马铃薯制作粉条。红军战士先把马铃薯切成碎块，再使用石磨将其磨成淀粉汁子，之后用粉勺将淀粉汁子漏成条，用开水锅煮熟后捞出来晾干。如今，当地人不仅种植马铃薯，还加工粉条、粉丝、粉带，许多加工粉条的作坊用的都还是红军留下的方法。

黄河流域自古以来就是一个农耕文明与游牧文明、中原文化与草原文化交流交融的地方。炎黄时期各个族群的交流融合、东周时期华夏族与其他族群的融合、南北朝时期汉族与其他族群的融合。这种交融不仅孕育形成了中华民族，更缔造了"万姓同根，万宗同源"的民族文化认同和"大一统"的主流意识，彰显了中华民族"尚和合""求大同"的精神标识。

习近平总书记在亚洲文明对话大会开幕式上的主旨演讲中指出："中华文明是在同其他文明不断交流互鉴中形成的开放体系。从历史上的佛教东传、'伊儒会通'，到近代以来的'西学东渐'、新文化运动、马克思主义和社会主义思想传入中国，再到改革开放以来全方位对外开放，中华文明始终在兼收并蓄中历久弥新。"

2010年8月1日，坐落在嵩山腹地及周围的天地之中历史建筑群〔少林寺（常住院、初祖庵、塔林）、东汉三阙（太室阙、少室阙、启母阙）、中岳庙、嵩岳寺塔、会善寺、嵩阳书院、观星台〕被列为世界文化遗产。以"天地之中"为基本理念的庙、阙、寺、塔、台和书院等集中体现了中国各代的礼制、宗教、科技、教育等建筑学成就，是我国中原文化和传统文化的杰出代表，是佛教、道教、儒教三教的源头和三教集大成之地，是中国多元文化的载体和典范。

东汉三阙（太室阙、少室阙、启母阙），是中国最古老的国家级祭祀礼制建筑典范。中岳庙是中国道教在中原地区早期发展的中心，世界道教主流全真教的圣地。嵩岳寺塔位于嵩山南麓嵩岳寺，原为宣武帝的离宫，后改建为佛教寺院，为中国现存最早的砖塔。会善寺，北魏孝文帝离宫，寺西山坡上原有唐代名僧一行创建的琉璃戒坛，是当时全国僧人三大戒坛之一。嵩阳书院，古代著名书院之一，司马光《资治通鉴》有一部分就是在这里完成的。观星台是中国现存最古老的天文台，也是世界上重要的天文古迹之一。

我们将视线转向黄河东流穿城而过的第一个大城市——兰州。兰州，是祖国内陆唯一由黄河穿城而过的省会城市。九曲蜿蜒的黄河水，在穿越连绵叠嶂、山地高原、高山草甸……一路奔流而下来到这块东西方向狭长的百里盆地，不仅抚慰了黄土高原的苍凉，更是奇迹般地孕育出了一座神奇的高原城市。

黄河中山桥，作为兰州的城市名片，在兰州人的心目当中，不仅仅是一座桥，更是一个城市的象征，也是这座城市文化的体现。中山桥（兰州黄河铁桥）是当时黄河上游唯一一座永久性跨黄河桥梁，是继 1905 年郑州黄河铁桥建成后，在万里黄河上架设的第二座大桥。1908—1909 年，投资 30.6 万余两白银，由清廷批准，陕甘总督升允组织，兰州道彭英甲具体负责，美国桥梁公司设计，德国泰来洋行驻天津经理喀佑斯承包修建，中国人负责施工完成的。

1906 年 9 月 11 日，甘肃洋务总局与德国泰来洋行正式签订黄河铁桥包修合同，合同规定，铁桥自完工之日起保固 80 年。1989 年，黄河铁桥保固期已满，德国有关方面给兰州市政府发来信函，申明合同到期。

铁桥上部为穿式钢桁架，计 5 跨，每跨跨径 45.9 米，全长 233.5 米，总宽 8.36 米，其中车行道宽 6 米，两侧人行道各宽 1 米，桁架高 5.1 米，桥架横梁为钢梁，栏杆由角铁及钢管焊接而成；下部结构：南北两岸桥台为水泥砂浆砌条石，中间四个桥墩为高强快凝水泥砌料石重力式桥墩，沉井基础开挖至岩层。设计荷载为通行马车。铁桥所用桁架构件钢材、水泥以及其他各种器材、机具设备等，均由德国泰来洋行从德国购置。1907 年 5 月全部运至天津，自天津经京奉铁路运至丰台火车站，再由京汉铁路运至河南新乡火车站。新乡取道西安至兰州，均用马车运输。由甘肃洋务局派员办理材料转运事务，天津、新乡、西安派驻材料接运委员，兰州设置收料委员会，主持收料事宜。

新乡至兰州由直、鲁、豫、陕四省大车货运，西安至兰州由兰州车户王新年独运。整个材料机具分 36 批，自 1907 年 8 月起运，次年五月止，历时 10 个月，途经数省，将总计 2000 吨钢材零部件、设备、机具运至兰州，创造了近代运输史上的奇迹。

铁桥于 1908 年 2 月开工，美国工程师满宝本为施工技术人，德国工程师德罗负责收管材料、统计施工进度等，天津人刘永起为工地现场负责技术人，从天津、上海等地招来技术工人 10 余人，雇用兰州铁、木、泥工匠 60 余人及小工百余人，最多时达 500 多人参与施工。宣统元年六月竣工，验收通车。铁桥竣工后，升允于 1909 年六 6 撰文立碑，以记其始末。此碑现立于中山桥北水榭式广场西端。初名兰州黄河铁桥，1942 年改名中山桥，以纪念孙中山先生。应该说在那个特殊的年代，这座铁桥也具有特殊的意义，是美、德、中共同建造施工完成的。

1937年，日寇对兰州进行了长达6年的疯狂轰炸，他们轰炸的重要目标就是在战争期间起着重要运输通道的黄河中山铁桥，为躲避敌人的轰炸对铁桥造成伤害，人们不得不将铁桥的颜色由原来的橘红色改为银灰色。

1949年8月26日，在解放兰州战役中，炮弹击中了过桥的两辆国民党军车，车上弹药爆炸，大火烧毁了桥南端18节木桥面和部分纵梁。军管会组织了300多人昼夜抢修，抢修后虽恢复了通行，但人行桥上桥面晃动不定，已难以担负日益繁忙的运输任务。当时解放军进攻受阻，因桥面突然起火，解放军趁机发动进攻才取得成功。

2011年，中山桥迎来了建成后的第18次大修。这次大修除提高中山桥抗震能力、抗洪能力和加固桥墩外，还让这座百年老桥长高了1.2米，提升了通航能力。

"黄启炎传，铁汉秦章光陇板；河清海晏，桥虹耀彩卫金城。"如今，这座古老的桥梁依然横跨黄河之上，与白塔山相呼应。"举头迎白塔，缓步过黄河。对岸两山峙，中流意兴多。"赵朴初的诗句颇能勾出人的游兴。和诸多桥梁相比，中山桥的观赏和纪念价值似乎比交通作用更有意义。

第28讲

黄河文化的奉献精神

　　延河，是黄河的一级支流，为延安市第二大河，也是陕北第二条大河，全长 286.9 公里，源于白于山附近，由西北向东南注入黄河。由于延安是中国共产党革命的根据地，延河被称为"中国革命母亲河"，宝塔山和延河水是延安最具体的形象。

　　1944 年 9 月 8 日，毛泽东在一位普通战士的追悼会上第一次以"为人民服务"为题发表了影响深远的演讲。这位战士叫张思德，牺牲在平凡的岗位上。

　　据和张思德同龄同籍又同时入伍的杜泽洲回忆，张思德"作战勇敢、顽强，警卫忠诚、机智"。在一次战斗中，张思德不怕牺牲，深入敌阵，创造了一人夺得两挺机枪的战绩，负重伤并荣立战功。长征路上，张思德在过草地时为了同志们的安全，多次冒着生命危险试吃野菜，为此还中过毒。"他舍己为人的品质在困难面前体现得非常明显。"杜泽洲说。张思德干一行爱一行，能上能下。1942 年，部队整编合并时，张思德从班长又成了战士，他没有任何怨言，带头表示：当班长是革命的需要，当战士也是革命的需要，班长和战士的职责不同，但为党工作是一样的。

1944 年，张思德响应党中央关于开展大生产运动的号召，主动报名参加中央机关生产小分队，到距延安 70 多里的安塞县农场烧木炭。9 月 5 日，天下着雨，张思德和战友照常进山赶挖新窑。中午时分，炭窑在雨中发生崩塌。危急时刻，张思德将另一名战士推出窑口，自己却被埋在坍塌的土堆里，献出了年仅 29 岁的生命。

9 月 8 日下午，延安凤凰山脚下的枣园操场上，张思德追悼大会现场庄严肃穆。毛泽东发表了著名讲话，他说："人总是要死的，但死的意义有不同。为人民利益而死，就比泰山还重；替法西斯卖力，替剥削人民和压迫人民的人去死，就比鸿毛还轻。张思德同志是为人民利益而死的，他的死是比泰山还要重的。"

刘志丹，中国工农红军高级将领，忠诚的共产主义战士，杰出的无产阶级革命家、军事家，西北红军和西北革命根据地的主要创建人之一。1936 年 3 月，率红二十八军参加东征战役，由罗峪口附近东渡黄河，挺进晋西北，连克敌军。4 月 14 日在山西中阳县三交镇（现柳林县三交镇）战斗中牺牲，年仅 33 岁。毛泽东获悉后十分悲痛地说："我到陕北只和刘志丹同志见过一面，就知道他是一个很好的共产党员。他的英勇牺牲，出于意外，但他的忠心耿耿为党为国的精神永远留在党与人民中间，不会磨灭的。"后来，他在一次干部大会上又语重心长地说："一个人死了开追悼会，群众的反应怎样，这就是衡量的一个标准，刘志丹同志牺牲后，陕北的老百姓伤心得很，这说明他是真正的群众领袖。"这是对刘志丹光辉一生最好的褒奖。

丁玲，著名作家、社会活动家。1936 年夏天，著名女作家丁玲从南京来到陕北保安。党中央在延安举行了热烈的欢迎宴会，会后毛泽东问丁玲今后打算做什么，她回答"当红军"。丁玲在保安仅仅住了 12 天，便到前方总政治部工作了。毛泽东写下《临江仙·给丁玲同志》并在给陇东前线聂荣臻的电报中，附上了这首词，因丁玲一直在前线，未能读到。次年春，丁玲陪同史沫特莱从前线回延安，毛泽东抄录了这首词送给她。

临江仙·给丁玲同志

壁上红旗翻落照，

西风漫卷孤城。

保安人物一时新。

洞中开宴会，

招待出牢人。

纤笔一枝谁与似？

三千毛瑟精兵。

阵图开向陇山东。

昨天文小姐，

今日武将军。

　　《一颗未出膛的枪弹》是丁玲到延安后在前线创作的第一篇小说，讲述了一个因掉队而被老百姓留藏在家里的小红军战士，面对要枪杀他的东北国民党士兵，他大义凛然："还是留着一颗枪弹吧！留着去打日本！你可以用刀杀掉我！"一个抗日小战士的心声感动了要杀他的国民党官兵，最终他们的枪弹没有出膛。据说这也是丁玲随杨尚昆同志到前线后，根据听到的一个真实故事创作的。小说最后写道：

　　围拢来看的人一层一层地在增加，多少人在捏一把汗，多少心在担忧，多少眼睛变成怯弱的，露出乞怜的光去望着连长。连长却深藏着自己的情感，只淡淡地说道："那末给你一颗枪弹吧！"

　　老太婆又嚎哭起来了。许多人的眼皮沉重地垂下了。有的便走开去。但没有人，就是那些凶狠的家伙也没有请示，是不是要立刻执行。

　　"不，"孩子却镇静地说了，"连长！还是留着一颗枪弹吧！留着去打日本！你可以用刀杀掉我！"

　　忍不住了的连长，从许多人之中跑出来用力拥抱着这孩子，他大声喊道："大家的良心在哪里？日本人占了我们的家乡，杀了我们的父母妻子，我们不去报仇，却老在这里杀中国人。看这个小红军，我们配和他相比、配叫土匪吗？谁还要杀他，先杀了我吧……"声音慢慢地由嘶哑而梗住了。

孩子觉得有热的东西滴落在他手上、衣襟上。他的眼也慢慢模糊了，隔着一层水雾，那红色的五星浮漾着，渐渐地高去，而他也被举起来了！

著名豫剧表演艺术家常香玉说："对于一个农民什么最大？种好地最大，地比天大。对于一个演员什么最大？唱好戏最大，戏比天大！"1951年6月1日，中国人民抗美援朝总会向全国人民发出了开展捐献飞机、大炮、坦克的号召，一场全国范围内的捐献武器运动高潮由此展开。常香玉和她领导的"香玉剧社"决心在全国各大城市巡回义演，用演出的收入为志愿军购买一架战斗机。为此，常香玉变卖了孩子的金锁和首饰，变卖了汽车，首先捐款4千万元（旧币），并用余下的钱作为剧社巡回义演的基金，购买义演时所需的东西。为了安心义演，常香玉把3个孩子托付给西安市保育院。在她的带动下，剧社全体演职员爱国热情高涨，不辞辛苦，从1951年8月起，在河南、陕西、湖北、湖南、广东、江西6省巡回义演170多场，观众达30多万人。经过半年的巡回义演，香玉剧社终于实现了为志愿军捐一架飞机的愿望，为了表彰常香玉的壮举，经中央军委同意，空军特命名一架该型战机为"常香玉号"。常香玉因此被誉为爱国艺人，在全国产生巨大影响。在中国人民革命军事博物馆的《抗美援朝战争馆》里，陈列着一份已经褪色的《香玉剧社半年来捐献演出的工作总结》。这份总结真实地记录了1951年8月至1952年2月率领香玉剧社到6省市巡回演出的情况。1953年春天，她带着剧团的骨干出发了，去抗美援朝前线为战士们演出！在近半年的时间里，常香玉和战士们一样爬雪窝、上阵地，在敌人的炮火下，只要志愿军战士们不动，戏就绝不停唱。就在朝鲜慰问的期间，她见到了彭德怀，彭德怀看着戏外的这位"花木兰"，佩服地说："你真不简单。"常香玉的不简单，是骨子里的"德"，是炉火纯青的"艺"，是一份炽热的爱国心！

张伯驹，河南项城人，张伯驹一生醉心于古代文物，致力于收藏字画名迹，从30岁开始收藏中国古代书画，当初仅为爱好，曾买下西晋陆机《平复帖》、隋展子虔《游春图》、唐代大诗人李白的《上阳台贴》等，经他手蓄藏的中国历代顶级书画名迹见诸其著作《丛碧书画录》者便有118件之多，被称为"天下第一藏"。

《平复帖》是西晋书法家陆机仅存的作品，也是中国现存较古老的一件书法瑰宝，收藏界尊其为"中华第一帖"。张伯驹最早是在湖北一次赈灾书画会上见到《平复帖》的，当时归溥儒（溥心畬）所有。溥儒是道光皇帝的曾孙、恭亲王之孙。溥儒在 1936 年将所藏的唐代韩干的《照夜白图》卖予他人，后流于海外。这件事情让张伯驹久久不能释怀。张伯驹表示愿意出高价购买《平复帖》，溥儒索要 20 万银圆未果，张伯驹后来偶然得知溥儒丧母，急需钱财为母发丧，经人斡旋，终以 4 万元购得。张伯驹后来写了篇小文提及此事："在昔欲阻《照夜白图》出国而未能，此则终了夙愿，亦吾生之一大事。"在张伯驹眼里，这些蕴含了中国文化的字画的价值，甚至超过自己的生命。

1941 年，上海发生了一起轰动一时的绑架案，被绑架者正是张伯驹。绑架者的身份和底细也很快成了上海滩公开的秘密——他们是汪伪特工总部的"76 号"特务组织，他们向张伯驹夫人潘素索要 300 万（伪币），否则就撕票。绑架者明显是冲着张伯驹的钱财来的，但张家的钱其实大部分变成了那些珍贵的字画了。"我父亲的叔叔跟我母亲到处借钱，因为家里没有钱，他们有钱都买了字画。"张传彩回忆，最简单可行的办法是变卖字画，拿钱赎人。潘素后来设法去看了张伯驹一次，丈夫却偷偷告诉她，家里那些字画千万不能动，尤其那幅《平复帖》！"父亲说，这是我的命，我死了不要紧，这个字画要留下来，他说不要以卖掉字画换钱来赎我，这样的话我不出去。"如是僵持了近八个月，张伯驹宁可冒着随时被"撕票"的危险，却始终不肯答应变卖一件藏品。直到绑匪妥协，将赎金从 300 万降到 40 万，潘素与张家人多方筹借，才将张伯驹救出。

在我国现存最早的法帖中，西晋陆机的《平复帖》要早于《三希堂法帖》。"三希"除王洵《伯远帖》为真迹外，王羲之《快雪时晴帖》、王献之《中秋帖》均为唐摹本，而《平复帖》不但是真迹，而且是唯一的传世孤本，因首句"平复"而得名，被称为"天下第一帖"。

1964 年启功先生见此帖后，以其广博学识和对书法的精通，释读了全文。他在《启功丛稿》中释文如下："彦先羸瘵，恐难平复。往属初病，虑不止此。此已为庆。承使唯男，幸为复失前忧耳。吴子杨往初来主，吾不能尽。临西复来，威仪详跱。举动成观，自躯体之美也。思识量之迈前，势所恒有，宜称之。夏伯荣寇乱之际，闻问不悉。"

　　1956 年，故宫博物院收到了一份极为珍贵的大礼：著名收藏家张伯驹及其夫人潘素，将其 30 年所收藏的珍品——包括陆机的《平复帖》、杜牧的《张好好诗》、范仲淹的《道服赞》以及黄庭坚《草书》等 8 幅书法，无偿捐献出来。政府为此奖励的 20 万元，被张伯驹婉言谢绝。他说得很简单："我看的东西和收藏的东西相当多，跟过眼云烟一样，但是这些东西不一定要永远保留在我这里，我可以捐出来，使这件宝物永远保存在我们的国土上。"

　　2019 年 3 月，习近平总书记在全国政协联组会讲话中说道："去年，我们隆重庆祝改革开放 40 周年，表彰了 100 名改革先锋，其中就有许多作家、艺术家、社会科学家，像李谷一、李雪健、施光南、蒋子龙、谢晋、路遥、樊锦诗、厉以宁、林毅夫、王家福、胡福明、许崇德、杜润生、郑德荣等，他们都是紧跟时代、奉献时代的优秀代表。"其中就有用生命创作的路遥，一位鼓舞亿万农村青年投身改革开放的优秀作家。经过 6 年的"长途跋涉"，1988 年 5 月 25 日，路遥为《平凡的世界》全书画上了句号。这一刻，他几乎不受思想的支配，将手中的那支圆珠笔从窗户里扔了出去……之后，路遥在卫生间里看到了陌生的苍老的自己，终于禁不住放声大哭。1992 年 11 月 17 日，路遥平静地走了。在他的墓碑上，铭刻着"像牛一样劳动，像土地一样奉献"。路遥是以生命为代价在创作，在呕心沥血的付出之后，他奉献给这个世界的是《人生》，是《平凡的世界》，是永远烈火重生一样的精神力量。

　　作家柳青多次被习近平总书记提起。为了创作长篇小说《创业史》，1952 年，柳青放弃城市生活，把全家从北京迁到陕西省长安县皇甫村，直到 1966 年，一住就是 14 年。很多村民不知道柳青是个大作家，因为他的形象太过普通，和当地农民一样剃着光头，穿着对襟黑袄，戴一顶当地农民喜欢的帽子。他和关中农民一样把手缩在袖筒里，不动声色地在集市上和人家捏指头摸价，交易粮食。1960 年 4 月，柳青将《创业史》第一部 10 万册的稿酬 16065 元，捐给王曲公社做工业基建费用；1961 年开始写《创业史》第二部时，他向中国青年出版社预借 5500 元稿费，为皇甫村支付高压电线、电杆费用。记者采访时，皇甫村支部书记罗斌说："他（柳青）在皇甫村留下了他的一切。他一心一意为党工作，一心一意为人民群众，一心一意为老百姓幸福着想。柳青精神是我们最大的一笔财富，我们要学柳青、改作风、换脑子，在今后的工作中用我们的实际行动践行柳青精神。"

　　在习近平总书记的七年知青岁月中，为了修沼气池，他亲自去四川学习沼气技术。没有沙子、水泥，他就带着青年到十几里外去挖沙子、运水泥；池子漏水跑气，他就和技术员一块跳下去，清洗和修补沾满粪浆的池壁，3个月时间就让梁家河家家都点上了沼气灯，震动全县。为了解决吃水困难问题，他亲自带领村民打井，经常两条腿都踩在冰冷的泥水里挖土；大队镰刀、锄头等劳动工具不足，就兴办铁业社，多打出来的铁具还能卖到供销社赚钱；耕地不够，就带大家打坝地；陆续办起来的还有缝纫社、磨坊、代销店……

第29讲

黄河文化的凝聚精神

"你们看延安的窑洞像什么？"一位老红军在重返革命圣地延安时，激动地问，"像不像同心同德的'同'字？"椭圆的洞口，下面的横楣以及方窗和门，还真像一个"同"字。

1937年1月，中国人民抗日红军大学改称为中国人民抗日军事政治大学，简称"抗大"。1937年11月，为激励学员努力学习，肩负起抗日救国的责任，毛泽东让中共中央宣传部负责人凯丰为抗大谱写一首新的校歌，以取代原来的校歌。凯丰望着一群群热血青年感慨万端：自抗大创办后，除来自红军部队和抗日前线的将士外，还吸引了一大批爱国之士，他们放弃了优越的家庭生活，从海内外会集于宝塔山下，寻找抗日救国的真理，探索民族救亡之道。一幕幕感人情景让凯丰心潮澎湃。很快，他就将从心灵深处流淌出的歌词交给了年仅27岁的青年作曲家吕骥。11月10日，吕骥反复吟诵着歌词，心如潮涌，一串串音符挟着强烈的感情喷涌而出，仅用一个下午的时间便完成了谱曲任务。《抗日军政大学校歌》从校园传遍延安，飞越万水千山，唱遍抗日前线，并一直传唱至今。

黄河之滨，

集合着一群中华民族优秀的子孙。

人类解放，救国的责任，

全靠我们自己来担承。

同学们，努力学习，

团结紧张、严肃活泼，

我们的作风。

同学们，积极工作，

艰苦奋斗，英勇牺牲，

我们的传统。

像黄河之水，汹涌澎湃，

把日寇驱逐于国土之东，

向着新社会前进，前进，

我们是劳动者的先锋！

　　1939 年，"七七"抗战两周年之际，朱自清在《这一天》中写道："从廿六年这一天以来，我们自己，我们的友邦，甚至我们的敌人开始认识我们新中国的面影。从前只知道我们是文化的古国，我们自己只能有意无意地夸耀我们的老，世界也只有意无意的夸奖我们的老。同时我们不能不自伤老大，自伤老弱：世界也无视我们这老大的老弱的中国。中国几乎成了一个历史上的或地理上的名词。

　　从两年前这一天起，我们惊奇我们也能和东亚的强敌抗战，我们也能迅速现代化，迎头赶上去。世界也刮目相看，东亚病夫居然奋起了，睡狮果然醒了。从前只是一大块沃土，一大盘散沙的死中国，现在是有血有肉的活中国了。从前中国在若有若无之间，现在确乎是有了。"

　　他自信地宣称："从前只是一大块沃土，一大盘散沙的死中国，现在是有血有肉的活中国了……从两年后的这一天看，我们不但有光荣的古代，而且有光荣的现代；不但有光荣的现代，而且有光荣的将来无穷的世代"。

　　在《呐喊》序中，鲁迅谈到他弃医从文的经过和目的。他于 1898 年在南京江南水师学堂肄业，第二年改入江南陆师学堂附设的矿务铁路学堂，1902 年毕业后即由清政府派赴日本留学，1904 年进仙台的医学专门学校，1906 年中止学医，回东京准备从事文艺运动。是一次课堂上看画片的经历使他弃医从文的。他回忆道：有一回，我竟在画片上忽然会见我久违的许多中国人了，一个绑在中间，许多站在左右，一样是强壮的体格，而显出麻木的神情。据解说，这绑着的是替俄国做了军事上的侦探，正要被日军砍下头颅来示众，而围着的便是来赏鉴这示众的盛举的人们。从那一回以后，鲁迅便觉得医学并非一件紧要事，凡是愚弱的国民，即使体格如何健全、如何茁壮，也只能做毫无意义的示众的材料和看客，病死多少是不必以为不幸的。所以我们的第一要著，是在改变他们的精神，而善于改变精神的是，我那时以为当然要推文艺，于是想提倡文艺运动了。

鲁迅谈到他把《狂人日记》等小说投稿到《新青年》的经过。他曾问办《新青年》的朋友："假如一间铁屋子，是绝无窗户而万难破毁的，里面有许多熟睡的人们，不久都要闷死了，然而是从昏睡入死灭，并不感到就死的悲哀。现在你大嚷起来，惊起了较为清醒的几个人，使这不幸的少数者来受无可挽救的临终的苦楚，你倒以为对得起他们吗？"那人答道："然而几个人既然起来，你不能说绝没有毁坏这铁屋的希望。"于是他便写了《狂人日记》，鲁迅是希望自己的作品能叫醒"铁屋"中的人，使国人得救。

在延安鲁艺展览大厅，有一张年轻英俊的照片，照片的主人叫孔迈，是孔子七十五代孙，1919 年生于荷属东印度（今印度尼西亚）苏门答腊棉兰市。1937 年抗日战争爆发，海外华侨掀起抗日救亡运动。1938 年 6 月，19 岁的孔迈同几个同学偷偷离开父母，他们怀着报效祖国的豪情壮志，毅然回国投身到抗日救亡的洪流之中。途经香港时，为了表示自己献身祖国的决心和与父母不辞而别的歉疚，便在自己一张 7 岁照片背面写上"妈妈，把我献给祖国吧！"然后，托人转交给仍在印度尼西亚的父母，从此一别成为永诀。

孔迈和妻子徐舟力同是抗大学员，同是革命军人，同是新闻工作者和驻外记者。他们的两个男孩都是在印度新德里出生的。大儿子取名"邦西"，是"潘查希拉"的译音，以纪念中印两国总理倡导的"和平共处五项原则"，回国后改名"孔泉"。小儿子取名"邦东",是英语"万隆"的谐音,以纪念周总理参加印度尼西亚万隆的"亚非会议"。他用自己一生的勤奋工作实践了自己的誓言:"妈妈,把我献给祖国吧!"

在淮海战役纪念馆支前厅,就陈列着一件国家一级文物——1根长约1米的竹竿。这支竹竿的主人就是电影《车轮滚滚》的人物原型:特等支前功臣、"华东支前英雄"——山东莱阳的唐和恩。唐振明回忆说,父亲听说村里要组织民工队到淮海前线去,便到村里主动要求参加,随后,唐和恩带领本村小车队启程,加入淮海战役支前大军。临行前,唐和恩还随身携带了一根竹竿。累了,用它当拄棍,过河、涉水、踏雪时用它探路。有心的唐和恩每到一地,便用针尖把地名刻在小竹竿上面。

"解放军打到哪里,我们就支援到哪里。"为支援前线,唐和恩他们还想尽办法将米和白面省下来给解放军吃。"满犁不到地头不卸牛,打不下淮海不家走。"唐和恩他们硬是将小推车从胶东推到淮海,推到了淮海战役胜利的那天。

淮海战役纪念馆讲解员介绍:"唐和恩将他走过的 88 个城镇乡村的名称,密密麻麻地刻在了这根一米来长的竹竿上,将这些地名连接起来,就形成了跨越山东、安徽、江苏三个省,长达 3000 公里的人民支前历程图。"

这里需要探讨的是,唐和恩这样的农民为什么会有这么高的支前热情呢?因为 1948 年 10 月,解放区人民迎来了土改后的第一个大丰收,解放区各个地方分到土地的农民都洋溢着喜悦的心情,对共产党、解放军充满感激。他们要尽自己最大的努力,保卫来之不易的胜利成果。

在 2020 年全国抗疫表彰大会上,习近平总书记说:"在这次抗疫斗争中,青年一代的突出表现令人欣慰、令人感动。参加抗疫的医务人员中有近一半是'90 后''00 后',他们有一句话感动了中国:'2003 年非典的时候你们保护了我们,今天轮到我们来保护你们了。'长辈们说:'哪里有什么白衣天使,不过是一群孩子换了一身衣服。'世上没有从天而降的英雄,只有挺身而出的凡人。身患渐冻症的张定宇同志说:'我必须跑得更快,才能从病毒手里抢回更多病人。'钟南山同志说:'其实,我不过就是一个看病的大夫。'"

　　伟大抗疫精神，同中华民族长期形成的特质禀赋和文化基因一脉相承，是爱国主义、集体主义、社会主义精神的传承和发展，是中国精神的生动诠释，丰富了民族精神和时代精神的内涵。

　　抗疫斗争伟大实践再次证明，社会主义核心价值观、中华优秀传统文化所具有的强大精神动力，是凝聚人心、汇聚民力的强大力量。文化自信是一个国家、一个民族发展中最基本、最深沉、最持久的力量。向上向善的文化是一个国家、一个民族休戚与共、血脉相连的重要纽带。

　　黄帝陵，是华夏始祖轩辕黄帝的陵寝，被誉为"天下第一陵"。1937年的清明节，对位于陕西省黄陵县桥山的黄帝陵来说，是一个特殊的日子。国共两党在经历十年内战后，首次聚在一起，同派代表共祭黄陵，以表达停止内战、团结御侮的决心。4月5日上午10时，中共中央特派代表林伯渠宣读了毛泽东亲自撰写的《祭黄帝陵文》。

> 赫赫始祖，吾华肇造，胄衍祀绵，岳峨河浩。
> 聪明睿智，光被遐荒，建此伟业，雄立东方。
> 世变沧桑，中更蹉跌，越数千年，强邻蔑德。
> 琉台不守，三韩为墟，辽海燕冀，汉奸何多！
> 以地事敌，敌欲岂足，人执笞绳，我为奴辱。
> 懿维我祖，命世之英，涿鹿奋战，区宇以宁。
> 岂其苗裔，不武如斯，泱泱大国，让其沦胥。
> 东等不才，剑屦俱奋，万里崎岖，为国效命。
> 频年苦斗，备历险夷，匈奴未灭，何以家为。
> 各党各界，团结坚固，不论军民，不分贫富。
> 民族阵线，救国良方，四万万众，坚决抵抗。
> 民主共和，改革内政，亿兆一心，战则必胜。
> 还我河山，卫我国权，此物此志，永矢勿谖。
> 经武整军，昭告列祖，实鉴临之，皇天后土。
> 尚飨。

　　这篇祭文是毛泽东代表中国共产党发布的号召全民族抗战的宣言书，也被誉为中国共产党及其领导的军民誓为抗日救亡之先驱的"出师表"。

第30讲
黄河文化的守望精神

　　我是一个土生土长的河南人，我的家乡二门村是河南鹿邑县一个人口稠密的村庄，有上百户人家，全村有周、赵两个大姓，村子西头的人基本都姓赵，村子东头的人基本都姓周，但我家附近却有一家姓刘的，我很小的时候就听父母说，这一家是因发洪水从外地搬来的。阅读了李准的小说《黄河东流去》，我第一次为黄河水患所震慑：

　　到了黄昏时候，天空中忽然出现了奇异的景象。天忽然黄了！它不像晚霞夕照，也不像落日余晖，却像是一层几十丈高的黄尘和水雾迷漫在天空。接着狂风呼叫起来，这风也怪，它是从地面溜过来的，不见树梢有大的摆动，却把地里的麦子，路旁的野草吹得像揍住头一样直不起腰来。这时，大家在街上站着，忽然感到两条腿上直发凉！紧接着一阵呜——呜——呜的嚷叫声隐隐地传了过来。

　　大家急忙跑到村头去看，只见东北边天空，黄雾茫茫，乱云飞滚，呜——呜——呜的凄厉响声，把脚底下的地都震得直晃动。它像是几千只老虎在咆哮，几万只野狼在嚷叫，又像是一个大战场上两军在呐喊厮杀。

春义说："莫不是日本鬼子过来了吧？"

李麦说："不像是……没有枪炮响声啊！"她又说："怎么这么大灰气？什么也看不清！"话音还没落地，只见从东北方向，齐陡陡，一丈多高的黄河水头，像墙一样压了过来。

李麦还当是云彩，天亮眼尖，他看到几个大麦垛飘在半空，就急忙大声喊："水！黄河水下来了！"

1938年国民党军队为阻止日军进攻，扒开了黄河花园口大堤，淹没了河南、江苏、安徽三省四十四县。

《黄河东流去》中最年长的老者徐秋斋，他笃信人应该有"仁爱之心"，处世对人应该"推己及人""人有不及，可以情恕"，对人的过错不必苛责，要有宽恕、原谅的胸怀。《黄河东流去》的主角李麦，秉承了中国农村妇女身上的坚忍品质。从她四岁丧母跟随失明老父流浪要饭时起，就注定要面对坎坷命运的考验。她遇事从不悲观消极，更不会坐以待毙，是一个"不信神的女人"。当乡村变成汪洋，灾难把村民推到了绝境的时候，李麦说出了一段话，她说："咱千万不能走绝路，投河上吊的都是傻子，一个人来到世上就得刚强地活下去！"作者说，他写这部作品"不是为逝去的岁月唱挽歌，而是想在时代的天平上重新估量一下我们这个民族赖以生存和延续的生命力量"。

《黄河东流去》中的老实人海老清，是众多受苦受难河南人的缩影，他有着对土地近乎病态的热爱，一直以来坚信"笑脸求人，不如黑脸求土"，只有在土地上劳动，才能"活得干净、活得清白"。他的牛被国民党军官不停地逃跑累死了，他泪流满面，军官让他去卖累死的牛，他说："长官，你去卖吧！不管卖多少钱你花吧！在你看来，它是畜牲，你是人，在我看来，它却是人！你们知道我们做庄稼人的心吗？你们知道不知道我们把牛是当作一口人的？你们要粮，我们出粮，你们要款，我们出款，你们要差车，我们出差车，可是你们干些什么？日本鬼子来，你们一枪不还，只顾往西跑！还嫌我的牛跑得慢。结果，你把它累死了……你手里有枪，我手里只有鞭子，我打不过你。可是我心里不服你！我永远不服！"牲畜对一个农民来说已远远超越了耕作工具的意义。但这个宁愿与妻女分开，忍受劳累与孤独也要种地的老农民，在灾荒面前，如蝼蚁一般渺小，到生命的最后一刻也没来得及喝上一勺米粥，心脏就停止了跳动。海老清饿死在外，再也未能回到自己日思夜想的家。

深受典型的宗法制农耕文化的影响，留存着中华民族最底层、最悠久秉性特质的徐秋斋在得知坐火车回家无望时，率先提议"起旱路回家"，并拍着胸膛对同乡人保证说："我不拖累你们。你们一天走一百，我走一百，走八十，我走八十。我不含糊，骡子马还知道扑家，何况是个人？"他在回来的头一天夜里躺下后，就抓了一把泥土，放在鼻子上使劲地闻着。泥土的气味是清香的，还夹杂着一股湿漉漉的草叶香味……他仰望着天空中的一轮明月，又给自己编了一个快板：

> 人老百没才，回到家乡来。
> 田地遍荒草，房屋沙里埋。
> 吃水没有井，烧火没有柴。
> 感谢故乡土，除病又消灾。

河湟谷地，黄河与湟水流域肥沃的二角地带，山川相间，地貌奇特，是黄河流域人类活动最早的地区之一，历史的变迁使这里成了西北少数民族的发祥地之一。而今，独居此地的土族和撒拉族更是五十六朵民族之花中鲜艳夺目的奇葩。河湟谷地处在中原通往中亚、西藏的通道上，中原文明、印度文明、阿拉伯文明在这里形成一个独特的交会点。

河湟
杜牧

> 元载相公曾借箸，宪宗皇帝亦留神。
> 旋见衣冠就东市，忽遗弓箭不西巡。
> 牧羊驱马虽戎服，白发丹心尽汉臣。
> 唯有凉州歌舞曲，流传天下乐闲人。

《河湟》是唐代文学家杜牧创作的一首诗。此诗前四句感慨宰相元载提出过收复失地的建议，却遭陷害；唐宪宗李纯在看地图时，也曾感叹过河湟地区的失陷，常想恢复失地，但未及西征，便赍志以殁。后四句写河湟地区的百姓虽然沦为异族臣民，身着戎服牧羊驱马，却仍然"白发丹心"地忠于汉家王朝；可是当朝统治者对此却无所谓，而只是对"凉州歌舞曲"感兴趣，过着悠闲享乐的生活。全诗歌颂长期受吐蕃奴役、渴望版图归唐的河湟地区人民，讥刺元和以后无心国事而只知享乐的统治者，风格劲健而不枯直，意境阔大而显深沉，笔锋斡旋之中可见冷光四射，直刺麻痹已久的人心。

今天，在河南，在山东，在河北，在安徽……乃至大半个中国，广为流传着一首歌谣："问我祖先何处来，山西洪洞大槐树；祖先故居叫什么，大槐树下老鹳窝。"元末战乱历经20余年，朱元璋一统天下，但是，此时的江山已是遍地疮痍，布满了战争的创伤。山东、河南、河北一带多是无人之地。此时山西晋南一带却是另一番景象，由于地理环境等因素，当时风调雨顺，五谷丰登，百姓丰衣足食，安居乐业。中原一带的老百姓听说那里富庶，并且不打仗，便纷纷往那里逃。如此一来，与中原一带人烟稀少相比，山西倒是人满为患了。为了恢复农业生产、发展经济，为了使人口均衡、天下太平，巩固明王朝的统治，明洪武年间，朱元璋采取了移民政策，按"四家之口留一、六家之口留二、八家之口留三"的比例迁移。

凡移民者，都必须到洪洞县的广济寺办理迁移手续，领取"凭照川资"，然后从这里出发，按官方指派的方向，在官兵的监护下，分别迁往中原各地。有民间传说称，当时的官府预先张贴告示：除广济寺大槐树底下的人不迁，所有地方的人都迁，也有的传说限定某日凡愿迁者都到大槐树下报道，不愿迁者也必须到那里向官府央情。结果，当成千上万的民众齐聚在大槐树下的时候，官府出其不意，调集大批官兵，一举将大槐树下的人群团团包围，所到之人，不论男女老幼，全部迁移。据说，移民的后裔有两个特征：一是走起路来背抄手；二是小拇指甲有两个。"背手走路，那是因为两手被成年累月反绑，遂成习惯。小拇指甲有两个，说的是脚的小拇指甲盖儿上有一道竖纹，乍一看像是两个指甲。据说当年移民的人，为了将来亲人能够相认，就在小脚趾的指甲盖上划了一刀，小脚趾的指甲盖就逐渐变成了两瓣了。

在"文化大革命"中，李准又一次来到黄泛区。人们知道他有文化，村子里死了老人，就来找他写"祭文"。这种"祭文"通常是把死者一生的经历和善行德事写出来，在祭奠时当众宣读。找他写第一篇"祭文"的是三兄弟。他们的大哥死了，他们弟兄三人穿着白色孝服来到他住的茅屋。见面时，先跪在地下叩了个头（这是当地办丧事的习俗），接着就眼泪汪汪地向他讲他哥哥的一生经历：

这位大哥在逃难时，父母都被黄水淹死了，他领着三个弟弟逃难到陕西省，他给人扛长工、帮人宰牛，在流浪生活中，把三个弟弟养活。他一生没有舍得讨老婆，却给三个弟弟娶了妻。有一次，他的二弟被国民党抓壮丁抓去，因为逃跑被抓回后，要执行枪决。这位大哥赶来了，他向执行的军官跪下求情，情愿替弟弟服刑被处死，换回弟弟。军官问他为什么要替他弟弟死，他说他刚给弟弟娶了妻，家里还要靠他弟弟传宗接代。自己是个光身汉，死了没有挂碍。这个军官居然被这种古老的人道精神感动了，释放了他的弟弟。

2005年夏，时任文化部部长孙家正写了一首诗——《寻找与守望》，诗中写道：

寻找 寻找 寻找

一千遍一万遍地寻找

寻找源头

寻找根脉

寻找回家的小路

寻找我的魂牵梦绕

守望 守望 守望

一千年一万年地守望

守望初衷

守望未来

守望精神的家园
守望一个民族的骄傲

据载，《天下黄河九十九道湾》是李思命所作。李思命是山西佳县荷叶坪人，自幼家贫，十几岁时便奔波于包头至潼关的黄河水道，开始了他的艄公生涯。一泻千里、迂回曲折、地形复杂的黄河水道，李思命却非常熟悉。李思命性格豪放、才思敏捷，还有一副好嗓子，能自编自唱，是当地出色的民间艺人，也是唱秧歌、搬水船的高手，深受当地群众欢迎。1920 年，在村里的春节闹秧歌中，他扮演老艄公，与同伴张士铭演出《搬水船》。他以老船工与陈姑娘对歌的形式，唱出了《天下黄河九十九道湾》：

你晓得天下黄河几十几道弯哎？
几十几道弯上，几十几只船哎？
几十几只船上，几十几根竿哎？
几十几个那艄公嗬呦来把船来搬？
我晓得天下黄河九十九道湾哎，
九十九道湾上，九十九只船哎，
九十九只船上，九十九根竿哎，
九十九个那艄公嗬呦来把船来搬。

斑驳的土墙、生锈的铁锹、破旧的背篓、蒙尘的马灯……在宁夏水利博物馆里，一间低矮窄小的土坯房和一应老物件，承载着耄耋老人董天成在黄河边护渠的那段遥远回忆。

"过去护渠手段落后，条件也艰苦，但守好、用好黄河就能造福百姓。"老人说。

20 世纪 50 年代初，董天成刚参加工作时，一把铁锹、一个马灯就是护渠人的全部家当。为保护沿岸居民不受水患侵袭，护渠人要日夜巡堤，用水高峰季甚至吃住在河边，树枝和柴草搭建的窝棚低矮简陋，"我个子高，进屋头上总要沾些干树叶。"老人说。他挺直的脊背已在岁月中微驼。

董天成先后守过惠农渠、汉延渠这两条古渠，其中东汉时修建的汉延渠是黄河进入宁夏平原的一大入口。宁夏因引黄灌区享有"塞北江南"的千年美誉，而宁夏引黄灌区是中国历史最悠久、规模最大的灌区之一，也是中国黄河流域主干道上产生的第一处世界灌溉工程遗产。

在青铜峡水利枢纽建成前，宁夏引黄古灌区是无坝引水，护渠人要用草和沙石逐层卷制埽堤，人工抬高水位。河口处河面宽达 1.5 公里，董天成的"水手班"要和几万名群众一起，花大半个月时间，才能制成多个埽连成百米"长龙"，驯化"野水"。

于是，秋冬枯水期上山采石、卷埽，堵住支渠防洪水；春夏用水季节，日夜巡护防决堤，"一年没个闲时候。我算是第二代护渠人，从师父那辈到我们都这么过来的。"董天成说。

在董天成看来，护渠人要牺牲很多，有时甚至是生命。引黄灌溉离不开闸门，而过去做闸门主要靠人工插木头，黄河水急，一不小心就会被河水冲走，其中就有老人的师父。

兰州是黄河唯一穿城而过的省会城市，坐落于一条东西向延伸的狭长形谷地，夹于南北两山之间，黄河在市北的九州山脚下穿城而过。以中山桥为中轴，沿黄河两岸，开通了一条东西 50 多公里的滨河路，并打造了全国唯一的城市内黄河风情线，被称为兰州的"外滩"。

中山桥的前身是黄河浮桥。当时有这样一首民谣："黄河害，黄河险；凌洪不能渡，大水难行船；隔河如隔天，渡河如渡鬼门关！"南北两岸的人要过黄河，夏秋凭小船和羊皮筏子横渡，冬天河面结冰，只能在冰上行走。

1906 年春天一个春寒料峭的下午，一个英国人从河西走廊出来后，沿黄河河谷进入兰州，大约在 3 月 10 日到达兰州。这个叫布鲁斯的英国人先是站在黄河北岸，很抒情地对当时兰州的北城墙进行了"风景如画，给人印象很深"的赞美后，接下来便对如何过黄河进入"风景如画"的城里感到头疼了，他这样写道："根据季节的变化，你可以做出不同的选择：经过西北部的船桥或乘渡船来到兰州。城市对面的河宽将近有 300 码，我们途经时，河水尚未解冻。冬天人们就在（河水）冰面上直接经过，听说每年解冻的时候都会淹死很多人。在河面早就不再安全的时候，这些人还坚持走这条冰面上的路，疏忽了潜在的危险。对此，兰州诗人王光晟倒是很抒情地用诗歌的形式记录了黄河冰桥的情形：一夜河凝骇神异，碎玉零琼谁委积？错落元冰大壑填，经过漫步如平地……当年的黄河浮桥用 25 只大船搭成，每船相距一丈五尺（约 4.5 米），下碇石固定在河面上，一字排开，用大木板连接起来，围上围栏，两岸各立 2 根将军柱（大铁柱）、6 根大木柱，又用两条各长 120 丈的铁索将船固定在河面上。但这种浮桥属于季节性的桥，因为黄河凌汛，每年 11 月黄河结冰前必须拆除。

我第一次去兰州，就听人讲，由于严重缺水，在甘肃种一棵树比养个孩子还难，兰州曾流传过一句民谚"皋兰山上一棵树，白塔山上七棵树"。说的就是 20 世纪 50 年代兰州南北两山上，荒山秃岭不见林木的情景。1954 年，甘肃省和兰州市号召绿化白塔山春秋季平地植树，夏季挑黄河水上山浇树。冬季背黄河冰块上山，置于树坑，蓄水保墒，终于栽活第一批树苗。许多老一辈的兰州人至今都记得背冰上山的情形。

现在，有人这样描述黄河风情线："黄河途经数不尽的乱草土岗，眼累了，心也乏了，忽地，前方两岸起了光亮。河动了动嘴唇，兰州河段到了，这是流经的唯一省会城市呵。于是忙着抹平潦草的身段，伤出细碎的步子，还未整理完毕，河已被两岸的光彩照亮，河知道，自己驶入了兰州人精心打造的百里黄河风情线。"

2019 年 8 月 21 日，习近平总书记来兰州考察时，曾对兰州黄河沿线风景称赞道："都说江南好，黄河之滨也很美嘛，很舒适。"

黄河文化的善治精神

　　黄河以"善淤、善决、善徙"而著称，向来有"三年两决口，百年一改道"之说。据黄河水利委员会统计，公元前602年至1938年，黄河下游共决口1590次，大的改道26次。改道最北的经海河，出大沽口，最南的经淮河，入黄海。

　　黄河干流所经过的地方，在150万年前还只有零星分布的几个湖泊。距今10万~50万年，黄河河道才基本贯通，而距今1万~10万年，由于古渤海的形成，黄河才得以从天津奔流到海。所以说，黄河冲出今小浪底水库上游的八里胡同峡是一次伟大的地质事件，从此，中国北部孕育华夏文明的温床才渐渐形成。黄河是世界上含沙量最大的河流，平均年输沙量16亿吨，而在多沙的年份，下游河道最大淤积量可达20亿吨。1938年，国民政府为了阻止日军西进，在郑州花园口扒开黄河堤坝，使黄河改道，在豫、皖、苏泛滥长达9年，这期间，黄河把大约100亿吨泥沙带到了淮河流域，黄泛区面积达5.4万平方公里。

　　在古代，相传大禹治水13年三过家门而不入，浚通了河道，治水获得成功。大禹，姒姓夏后氏，名文命，字高密，号禹，后世尊称大禹，夏后氏首领，传说为帝颛顼的曾孙，黄帝轩辕氏第六代玄孙。他的父亲名鲧，母亲为有莘氏女修己。相传禹治黄河水患有功，受舜禅让继帝位。禹是夏朝的第一位天子，因此后人也称他为夏禹。禹成功治理洪水，世人便把他敬为神人，尊为"大禹""神禹"，将他与天地相齐名，所谓天大、地大、禹大。当时人们甚至把整个中国叫"禹域"，意为大禹的天下，从而把治理江河、战胜洪灾、风调雨顺的所有美好愿望，都寄托在大禹身上。"大禹开九州，通九道，陂九泽，度九山"，大禹几乎成为无所不能的天神。

大禹吸取其父鲧堵塞之法失败的教训，兼用疏导方法，如"导河积石""岷山导江""导淮自桐柏"等，引全国主要河流入海，"以四海为壑"，救民于倒悬。我国最早的地理书《尚书·禹贡》记载：大禹"导河积石，至于龙门；南至于华阴，东至于厎柱，又东至于孟津，东过洛汭，至于大伾；北过降水，至于大陆；又北，播为九河，同为逆河，入于海。"意思是大禹疏导黄河，从积石山开始，直到龙门山；再向南到达华山之北；再向东到达厎柱山；又向东到达孟津，继续向东经过洛水弯曲处，就到了大伾山；然后折而北流，经过降水，再向前流入大陆泽；继续向北，分布为九条河道，这九个支流再汇合后注入大海。古籍记载他："劳身焦思，居外十三年，三过家门而不入"；"帝舜崩，三年丧毕，禹辞避舜之子商均于阳城"。大禹堪称中国史籍记载中功高德劭的完人。

西汉后期，黄河频决口，哀帝召集治河者议事。大臣贾让提出了治理黄河的上、中、下三策，后世称为贾让治河三策。上策主张滞洪改河，即在冀州改河，在遮害亭一带掘堤，使河水北去，穿过魏郡中部入海；中策提出筑渠分流，即在冀州多穿漕渠，以达到分洪、溉田兴利的目的；下策则为缮完故堤，即仍旧修缮故堤，加高培厚，劳费无已。

《瓠子歌》是由汉武帝刘彻亲临黄河决口现场的即兴诗作。公元前132年，黄河决入瓠子河，淮、泗一带连年遭灾。至公元前109年，汉武帝在泰山封禅后，发卒万人筑塞，下令以薪柴及所伐淇园竹所制成的楗堵塞决口，成功控制洪水。《瓠子歌》气势磅礴，对水患猖獗的描写入木三分。

其一

瓠子决兮将奈何，浩浩洋洋兮虑殚为河。

殚为河兮地不得宁，功无已时兮吾山平。

吾山平兮钜野溢，鱼弗忧兮柏冬日。

正道驰兮离常流，蛟龙骋兮放远游。

归旧川兮神哉沛，不封禅兮安知外。

为我谓河伯兮何不仁，泛滥不止兮愁吾人。

齿桑浮兮淮泗满，久不返兮水维缓。

其二

河汤汤兮激潺湲，北渡回兮汛流难。

搴长筊兮湛美玉，河伯许兮薪不属。

薪不属兮卫人罪，烧萧条兮噫乎何以御水。

颓林竹兮楗石菑，宣防塞兮万福来。

公元前 132 年春季，黄河于顿丘决口。入夏，又冲决了濮阳瓠子河堤，洪水注入钜鹿泽，流入淮河、泗水，梁、楚十六郡国均被水淹。汉武帝一向注意兴水利、去水患，这次遭灾后，他调拨十万人筑堤治水。不料，水患猖獗，塞而复坏，以至前功尽弃。"正道驰兮离常流，蛟龙骋兮放远游。归旧川兮神哉沛，不封禅兮安知外。"洪水不走正道而离开以往的河床，像蛟龙一样肆虐为害。汉武帝怨天，认为是上天的意志，人力无可奈何。其实，祸水之所以向南漫延，恰恰是"人祸"造成的。汉武帝治水，丞相田蚡的封地尽在黄河以北地区，担心遭灾，就别有用心地对汉武帝讲："塞之未必应天"，用神意阻挠继续治水，致使东郡百姓遭灾达 23 年之久。公元前 120年，灾情愈加严重，汉武帝下令将 70 万灾民迁徙到关中、朔方。"为我谓河伯兮何不仁，泛滥不止兮愁吾人。齿桑浮兮淮泗满，久不返兮水维缓。"这是把水患全部归咎于水神河伯，说他没有半点仁慈，泛滥不止的洪水淹没了黄河以南的大片土地，却迟迟没有退去的迹象。

《瓠子歌》第二首主要写堵塞决口的战斗场面。公元前 109 年，汉武帝到泰山封禅后，18万人马转头向西北方向的瓠子进发。刘彻是一个心肠很硬的君主，可一路走来，面对洪灾造成的惨状，却留下了泪水，顺口吟出了《瓠子歌》。"国之大事，在祀与戎"，泰山封禅，刘彻头戴十二旒的冕冠，身着镶有红边的黑色祭服，双膝跪地，头向天，目紧闭，手里捧举着一块玉璧。司马迁的父亲司马谈曾告诉他，当今皇上有两大最喜好的东西：一是封禅时高举的那块玉璧，二是那匹白色的坐骑。玉璧是张骞出使西域时，一位女王献给大汉皇帝一块十分罕见的和田玉料，刘彻用这块玉料请工匠精心制作而成。据说工匠在切磋琢磨玉料时，玉璧双面透亮，一条黑色的纹理若隐若现，活脱脱一条龙形，神奇至极。刘彻由此更加相信自己就是真龙天子，因而视玉璧为珍宝，亲自保管，且从不示人。至于他那匹白马，已经跟随了他20多年，他甚至专门设置了一个养马的机构——太仆寺。在紧接着举行了的祭祀河伯的仪式上，刘彻做出了一个令众人瞠目的决定，他命人把他最为喜爱的两件宝贝——白马、玉璧沉入黄河，献给大河之神河伯。这次治水很是成功，为此，汉武帝很高兴，诏示官员向百姓"宣防塞"，让人们懂得兴修水利是造福子孙的大事。

河南武陟县——"中国黄河文化之乡"。这里的历史、地域、民风、民俗、文化基因里都浸泡着黄河的影子。相传，当年周武王伐纣路过此地，登高望远，得名陟。位于黄河中下游分界线上的武陟县黄河第一观——嘉应观，是治河史上的标志，嘉应观被称为"小故宫"又名"黄河龙王庙"，是清代治理黄河的指挥中心，也是新中国引黄灌溉第一渠——人民胜利渠的建设指挥部。

清康熙末年，武陟黄河先后5次决口，康熙派四子雍亲王亲临堵口。雍正继位后，特下诏书建造嘉应观。为保黄河下游安澜，雍正修建了一座形似自己皇冠顶戴的碑亭，相当于把自己"帽子"放在了这里，以示治河的决心。

碑亭内有一座御制蛟龙碑，"朕抚临寰宇，夙夜孜孜，以经国安人为念"，蛟龙碑文上，雍正记述着对黄河深切的情感。顶部缠绕的三龙意为三龙治水。碑下压着河蛟，从外形上看十分庞大凶猛，据传这是龙王的最小一子——黄河蛟龙，是专门镇守黄河之物，因从小娇生惯养，接管黄河之后只顾玩耍，致使黄河经常泛滥决口，老百姓都说它是黄河泛滥的祸根，雍正治理黄河便是从根治起，所以遵照民意，用铜碑将蛟龙压在碑下，以示治理的决心。河蛟虽是龙子，但长相奇异，由龙头、牛身、狮尾、鹰爪四种动物的身体结构组合而成，所以当地老百姓也称它四不像。在过去，人们会向河蛟眼睛下面的小洞投入铜钱，通过水声的大小，来预测黄河水位水情。说来也是神奇，就在嘉应观及蛟龙碑建成后，黄河水澄清2000余里，持续了20多天。雍正皇帝感召大德，颁布"圣世河清普天同庆谕"，派大臣亲临嘉应观祭祀河神，并把全国文武百官的官职自一品至七品，全部晋加一级。这段历史记录在了嘉应观中另一座"水清碑"上。

嘉应观始建于1723年，是雍正为了纪念在武陟修坝堵口、祭祀河神、封赏治河功臣耗资288万两白银建造的淮黄诸河龙王庙，建筑布局效仿故宫，集宫、庙、衙署为一体。雍正皇帝封其"四渎称宗"，现存古建筑249间。江（长江）、河（黄河）、淮（淮河）、济（济水）这四条东西向的大河被赋予了神的属性，被称之为"四渎"。据县志记载，里面那棵位于御碑亭右后方的柏树是嘉应观建造时雍正皇帝手植的，寓意大清江山"万故长存"。

嘉应观里供奉着10位治河功臣。东大殿供奉的是西汉的贾让、东汉的土景、元朝的贾鲁、明朝的潘季驯和明初著名农民水利家白英。西大殿供奉的是明朝工部尚书宋礼，明朝兵部尚书刘天和，清朝三位治河总督齐苏勒、嵇曾筠和林则徐。

潘季驯"束水攻沙"，于河水泛滥之时，反其道而行之，收缩河道，淤滩固堤，借流冲沙，保证了黄河的安澜；新中国治理盐碱地，排水冲盐碱，淤灌造粮田，将黄河中下游寸草不生的"牛皮碱地"变成了广袤的粮田。潘季驯在《河议辩惑》中说："黄流最浊，以斗计之，沙居其六，若至伏秋，则水居其二矣。以二升之水载八斗之沙，非极迅溜，必致停滞。""水分则势缓，势缓则沙停，沙停则河饱，尺寸之水皆有沙面，止见其高。水合则势猛，势猛则沙刷，沙刷则河深，寻丈之水皆有河底，止见其卑。筑堤束水，以水攻沙，水不奔溢于两旁，则必直刷乎河底。一定之理，必然之势，此合之所以愈于分也。"

京杭大运河在山东境内的临清到济宁河段，地处丘陵地带，地势高，水源不足，多数河段岸狭水浅，不能通行重载船只，受到黄河决口的影响，河床经常淤塞，航运时断时续。作为治河总工程师的白英，经过八年艰苦卓绝的工作，完成了大运河南旺枢纽工程，南旺分水工程具有历史长、效益显著的特点，有关专家认为，该工程堪与都江堰工程相媲美。直至 1855 年黄河决口北徙、运河停运，才逐步废弃不用。1419 年，南旺水利枢纽工程告竣之后，工部尚书宋礼带着白英进京复命。走到德州桑园驿，已被八年的过度操劳榨尽心力的白英呕血而死，遗嘱葬于彩山（汶上县城东北）之阳，表示死后也要听汶流泉突、看坝安湖宁、迎送运河的帆来帆去。白英死后，明清历代为他建庙立祠，广颂业绩，明永乐皇帝追封他为"功漕神"，清乾隆皇帝封其为"永济神"，光绪皇帝封其为"白大王"。

人民胜利渠是黄河下游兴建的第一个大型引黄自流灌溉工程，渠首就位于河南省黄河北岸武陟县秦厂村。工程于 1951 年 3 月开工，1952 年第一期工程竣工，以后又经续建、扩建，设计灌溉面积 188 万亩。"抬头是邙山，低头是河滩。大风黄沙刮过来，光想埋住俺"，人民胜利渠建成前，这是当地百姓挂在嘴边的一句话。该渠的建成，结束了"黄河百害，唯富一套"的历史，拉开了大规模开发利用黄河水沙资源的序幕，宣告了新中国治理黄河初战告捷，打破了外国专家"黄河无法治理"的论断，标志着党和人民治黄事业上的胜利，成为新中国治黄史上的一座不朽丰碑。

1952 年 10 月底至 11 月初，毛泽东在对黄河进行实地考察后，发出"要把黄河的事情办好"的伟大号召，成为动员和激励几代人治理黄河的响亮口号。在返回的专列上，毛泽东非常高兴地说："变害为利，这是最好的办法。从黄河到卫河，这条人民开发的新渠，改变了过去黄河下游只决口遭灾、不受益的情况，起到了造福人民的作用。"中华儿女与黄河洪患不屈不挠的抗争精神，成为黄河文化乃至中华文化的突出特征，也造就了中华民族坚强不屈的品性和顽强的生命力。1952 年 10 月 31 日，毛泽东主席亲临人民胜利渠，视察渠首闸、总干渠、灌区和引黄入卫处，并在渠首闸摇动启闭机升起闸门，滚滚黄河水流入华北平原。

"俺们离了黄河水可不中！"这是灌区人民最深刻的感悟！走进胜利渠展览馆，首先映入眼帘的是毛主席的汉白玉坐座，这是 2006 年为纪念毛主席视察人民胜利渠 54 周年，当地群众自发筹资雕刻的。

2014 年 3 月，习近平总书记来到河南兰考，重温焦裕禄当年带领兰考人民防治风沙时战天斗地的革命精神，专门来到黄河最后一弯——位于东坝头乡的黄河岸边，细细询问黄河防汛和滩区群众生产生活情况。

2016 年 7 月，在宁夏，习近平总书记强调要加强黄河保护，坚决杜绝污染黄河的行为，让母亲河永远健康。同年 8 月，在青海，习近平总书记听取黄河源头鄂陵湖—扎陵湖观测点生态保护情况汇报，嘱托要确保"一江清水向东流"。

2017 年 6 月，在山西晋绥边区革命纪念馆，习近平总书记寻访毛泽东等中央领导同志渡过黄河驻扎于此的足迹，用深植于黄河文化的"吕梁精神"鼓励当地干部群众。

2019 年 8 月，在甘肃，习近平总书记深入了解黄河治理和生态保护情况，要求甘肃首先担负起黄河上游生态修复、水土保持和污染防治的重任。同年 9 月，习近平总书记来到河南，亲临黄河博物馆、黄河国家地质公园，深入了解中华民族的治黄历史，实地察看黄河的生态保护和堤防建设。

2019 年 9 月 18 日，习近平总书记在黄河流域生态保护和高质量发展座谈会上发表讲话："党的十八大以来，我多次实地考察黄河流域生态保护和发展情况，多次就三江源、祁连山、秦岭等重点区域生态保护建设提出要求。2014 年 3 月，我到兰考县调研指导党的群众路线教育实践活动，专程前往东坝头乡张庄村考察，那里也是焦裕禄同志当年找到防治风沙良策并首先取得成功的地方。上个月，我在甘肃考察期间专门调研了黄河流域生态保护和经济发展。这次来又考察了黄河河南段防洪等相关工作。"

随着历史社会的不断发展，黄河文化也在不断壮大，就像一个自强不息的生命，在不断吸收能量的同时孕育出中华民族伟大的民本精神、创造精神、抗争精神、融合精神、奉献精神、凝聚精神、守望精神、善治精神等。习近平总书记曾说过："江河之所以能冲开绝壁夺隘而出，是因其积聚了千里奔涌、万壑归流的洪荒伟力"。让我们以习近平新时代中国特色社会主义思想为指导，着力写好新时代保护、传承、弘扬黄河文化这篇大文章！

第五篇
长江文化论纲

1983 年的电视纪录片《话说长江》这样描述长江："长江，从青藏高原的涓涓细流，出千峡、纳万川，汇集成波涛滚滚的大江，横贯中华大地，万千姿态、雄伟壮观。您滔滔东去的江水，浇灌着神州华夏；甘甜纯美的乳汁，养育着炎黄子孙。赫赫功绩，无比辉煌！在您的两岸，有着数不尽的绮丽风光，江山如画！在您的两岸，有讲不完的历史陈迹、传说神话！古往今来，有多少著名的诗人，为您的魅力，巡游名胜、昂首歌唱啊！数千年间，有多少杰出的文豪，为您的风姿，写出了优美的篇章！"

长江文明源远流长，世界最早的稻作农业、最早的陶器、精美的良渚玉琮、天下无二的"曾侯乙"剑、云锦织机、苏绣屏风、岳麓书院、万里商船……巴蜀文化、荆楚文化、吴越文化交相辉映，几千年来，长江文化不断丰富、发展，汇聚成中华文明的壮丽画卷。

长江文化博大精深，我今天想用长江沿线具有代表性的一些人文传说、古建、非遗等，用"桥""楼""戏""搏""祭""御""通""红""求"这九个字，从另一个微观视角谈一下对长江文化丰富内涵的学习体会。

第 32 讲

长江文化之"桥"文化

　　毛主席有两首和长江有关的豪迈诗篇《菩萨蛮·黄鹤楼》和《水调歌头·游泳》最为大家所钟爱，且都创作于湖北武汉。1927 年，毛泽东主持武昌中央农民运动讲习所工作。在武昌都府堤 41 号，他撰写了著名的《湖南农民运动考察报告》。毛泽东和妻子杨开慧及儿子毛岸英、毛岸青，度过了难得的一段温馨家庭生活，三子毛岸龙也在武昌同仁医院（今武汉市第三医院）出生。

　　《水调歌头·游泳》是 1956 年毛主席巡视南方，在武汉三次畅游长江后在梅岭一号写下的脍炙人口的诗词。

水调歌头·游泳

毛泽东

才饮长沙水，又食武昌鱼。

万里长江横渡，极目楚天舒。

不管风吹浪打，胜似闲庭信步，今日得宽余。

子在川上曰：逝者如斯夫！

风樯动，龟蛇静，起宏图。

一桥飞架南北，天堑变通途。

更立西江石壁，截断巫山云雨，高峡出平湖。

神女应无恙，当惊世界殊。

梅岭，位于武汉东湖北岸的小山上，是一座单层庭式的别墅，古朴坚实，清静敞亮，掩盖在绿树丛中。从 1953 年 2 月到 1974 年 10 月，毛主席多次到武汉，都住东湖宾馆。1960 年梅岭别墅建成后，毛主席就住梅岭一号。毛主席曾在一封信中将此地喻为"白云黄鹤"的地方。

武汉长江大桥，是湖北省武汉市境内连接汉阳区与武昌区的过江通道，武汉长江大桥是中华人民共和国成立后在"天堑"长江上修建的第一座大桥，也是长江上的第一座公铁两用大桥，素有"万里长江第一桥"美誉。武汉长江大桥全长 1670.4 米，正桥是铁路、公路两用的双层钢木结构梁桥，上层为公路桥，下层为双线铁路桥，桥身共有八墩九孔，每孔跨为 128 米，桥下可通万吨巨轮，八个桥墩除第七墩外，其他都采用"大型管柱钻孔法"，这是由中国桥梁工作者所首创的新型施工方法，凝聚着中国桥梁工作者的机智和精湛的工艺。1955 年 9 月 1 日开工建设，1957 年 10 月 15 日建成通车。

长江在湖北境内有 1061 公里，截至 2019 年 9 月 21 日，长江从上游至下游，在湖北境内已经有 38 座过江大桥，武汉市目前已经有 11 座长江大桥。随着三峡大坝的建成并投入运营，毛主席诗中的"高峡出平湖"也早已变成现实。

1957 年 10 月 1 日，中国邮政发行纪 43《武汉长江大桥》纪念邮票 1 套 2 枚，这是新中国第一套以桥梁为主题的邮票，成为全国邮迷渴望亲临现场观赏的一处美景。1959 年 10 月 1 日，中国邮政发行纪 69《中华人民共和国成立十周年（第三组）》纪念邮票，其中第 4 枚邮票的主图是武汉长江大桥。1976 年 7 月 16 日，中国邮政发行 J10（"J"表示纪念邮票）《到大江大海去锻炼》纪念邮票，其中第 2 枚邮票的背景也是武汉长江大桥。

1962 年 4 月发行的第三套人民币，武汉长江大桥作为正面图案印制在贰角人民币上。

　　据说，当年武汉长江大桥建成时，武汉不少家庭新生的孩子，都在名字上加了"桥"字，以示纪念，比如"建桥""汉桥""美桥""艳桥""爱桥"，派出所不得不反复做工作，担心重名太多了，我有一个同事就叫"庆桥"……

　　南京，这座又被称为金陵的中国东南名城，自从三国时代起就是中国南方最重要的政治、军事、文化中心。东吴、南朝、南唐、明朝、民国等政权先后在此做都，但是都对一件事力不从心：在穿城而过的长江天堑上，架起一道沟通两岸的大桥。北洋政府请来了法国人，勘测无果。国民政府又请来了美国人，换来了一句"水深流急，不宜建桥"。

　　如果说武汉大桥的设计施工是在苏联专家的帮助下进行的，而南京大桥的设计工作则全部是由中国人独立自主完成的，因而，南京长江大桥也被国人誉为"争气桥"。

　　1968年9月30日，第一列火车拉着7节车厢从江岸南边开往浦口区。通车时，5万多人挤上大桥，桥下的路上甚至树上都是人。同年12月28日，长江大桥公路桥胜利通车，南京城万人空巷。第一辆开过大桥的彩车上，有一尊高大的毛主席塑像。数十万人涌向桥头，仅庆祝时挤掉的鞋子就装了两卡车。

　　1969年9月21日，毛泽东主席视察了南京长江大桥。毛主席再度吟诵起了自己在武汉写下的诗句：一桥飞架南北，天堑变通途。想当年，蒋介石妄想"划江而治"，岂能料到今天江面上能架起如此雄伟的大桥呢？接着他又转向许世友，冷不防提出了一个问题："长江大桥能否满足未来战争的战备需要？"许世友随即做了一个重大决定，从江北调动一个坦克团给南京长江大桥做一次"碾压测试"。

　　任务交给了当时南京军区坦克某师师长许枫。26日凌晨，坦克车队按照预定方案，开到南京长江大桥北桥头堡，80辆62式轻型坦克、60辆汽车一字排开，两两间隔50米，再加上前导车、宣传车、指挥车等，整个车队绵延近10公里，蔚为壮观。作为现场指挥员，许枫通宵未眠，关注每个环节，反复强调注意事项，通过电台下达一道道指令。时间点滴流逝，夜幕渐渐褪去，前来观看的市民也陆陆续续到来，站在大桥两端等待着。许枫向坦克团传达了许世友的命令:"行动开始!"随后,3 发信号弹升空,4 辆三轮摩托车前行开道,2 辆宣传车紧跟其后,4 个大广播放着《东方红》《解放军进行曲》,十几里外都能听见。紧接着的指挥车上,许世友手持毛主席语录,挥手向广大市民示意。接着是坦克车队,缓缓驶过大桥。这期间,许枫陪同许世友登上大桥南桥头堡,居高临下视察。

1969 年 9 月 26 日上午,当 80 辆坦克、60 辆汽车列队顺利通过南京长江大桥的时候,金陵城万人空巷,全城百姓和滚滚江水,共同见证了这一历史时刻。万里长江上第一座由中国人自行设计建造的公铁两用桥梁经受住了"百骑铁甲碾压"的考验,其对国人的激励,不亚于今天的"嫦娥"奔月。

南京长江大桥是南京的标志性建筑、江苏的文化符号、中国的辉煌,也是著名景点,被列为新金陵四十八景。1970—1993 年,先后接待 100 多个国家和地区的国家元首、政府首脑及 600 多个外国代表团,来此观览的国内外游客更是难以计数。大桥建设 8 年,耗资达 2.8758 亿元,使用 38.41 万立方米混凝土、6.65 万吨钢材。1960 年以"世界最长的公铁两用桥"被载入《吉尼斯世界纪录大全》,2014 年 7 月入选不可移动文物,2016 年 9 月入选首批"中国 20 世纪建筑遗产名录"。1969 年,邮电部发行《南京长江大桥胜利建成》邮票一套 4 枚作为纪念。

令人振奋的是,在今天的长江干流上各式各样的跨江大桥,已多达 168 座,仅武汉市跨江大桥就有 11 座。长江各支流上各种跨江大桥更是数不胜数。比如,"1573 长江大桥",位于泸州城东的一座独塔斜拉桥。这座桥桥长 1573 米、塔高 157.3 米。下游不远处,还有一座名叫"黄舣长江大桥"的高速公路桥,其桥墩就是酒杯形状,充满了"金樽清酒斗十千"的豪放与浪漫。

重庆自古以来便以山水之城著称,重庆长江索道始建于 1986 年,是我国自行设计制造的万里长江上第二条大型跨江客运索道(第一条为嘉陵江索道,1982 年 1 月 1 日建成,于 2013 年 12 月底拆除),被誉为万里长江第一条空中走廊和山城空中公共汽车。

2014 年东水门长江大桥通车后,开车过江只需要几分钟,走路也只需要 10 来分钟,越来越少的市民通过长江索道出行了。据说因高昂的拆除费用等，有部门提出将跨江索道转型为游览观光车。我在听这段历史时，真为长江索道感到庆幸。都说每个城市有属于自己的城市符号，北京的城市符号是故宫、西安的城市符号是兵马俑、上海的城市符号是外滩，那么对于重庆来说，它的城市符号也许就是长江索道，因为那是山城的历史，也是山城的未来和希冀！由于电影和抖音，现如今长江索道火成了重庆一大网红景点，影片《周渔的火车》《疯狂的石头》《日照重庆》《奔跑吧兄弟》等知名影视作品在此取景，让它从一条当地人习以为常的交通线路变成如今的重庆名片。长江索道每年游客接待量已经突破 500 万人次。在轿厢里横跨长江，可以从空中俯瞰气派的东水门大桥和长江风光。4 分钟的时间，长江两岸的风景一览无余，美不胜收。对于重庆人来说，长江索道不仅仅是最深刻的回忆，更是重庆这座城市发展的象征。

重庆长江大桥，又称"石板坡长江大桥"，是重庆市境内连接渝中区与南岸区的过江通道，位于长江水道之上，是长江中游第一座特大型城市公路桥，也是重庆市西南部的城市主干道的重要构成部分。重庆长江大桥于 1977 年 11 月 26 日动工兴建，于 1981 年 7 月 1 日通车运营，于 2003 年 12 月 28 日复线桥动工建设，于 2006 年 9 月 26 日复线桥通车运营。

截至 2020 年年底，重庆市区已有 30 座跨江大桥。重庆除了山城、雾都、火锅之都外，已经成为名副其实的桥都，天堑早已变通途！

中国现代桥梁之父茅以升先生说："造成的桥，就待在那里，一声不响地为人民服务，不管日里夜里风里雨里，它总是始终如一地完成任务。他不怕负担重，甚至超重，只要典型犹在、元气未伤，就乐于接受。这虽是人工产物，但屹立大地上，竟与山水无殊了。"

长江上的"桥"是一种文化，既是一种自强的文化，也是一种自信的文化，是连通的文化，是发展的文化，是从一穷二白到实现历史性跨越的见证，是从"沉沉一线穿南北"到"天堑变通途"的跨越文化！

习近平总书记指出，中国共产党和中国人民以英勇顽强的奋斗向世界庄严宣告，中国人民不但善于破坏一个旧世界，也善于建设一个新世界，只有社会主义才能救中国，只有中国特色社会主义才能发展中国！

第33讲

长江文化之"楼"文化

在我到过的长江沿岸城市，几乎都有亭台楼阁，都有各种各样的传说和故事。中国古代的楼阁，或用来纪念大事、或用来宣扬政绩、或用来镇妖伏魔、或用来求神拜佛，后来逐渐成为文人宴客、会友、吟诗、赏景的游览胜地。

黄鹤楼始建于三国时期，背依蛇山，俯瞰长江，对岸为龟山，是登高远眺的好地方。传说有位仙人曾在黄鹤楼上停留，然后乘上一只黄鹤离去，给人们留下无穷的想象。

历代名人如崔颢、李白、白居易、贾岛、陆游等都曾到这里游览、吟诗、作赋。唐代诗人崔颢的《黄鹤楼》，堪称千古绝唱，流芳百世。

> 昔人已乘黄鹤去，此地空余黄鹤楼。
> 黄鹤一去不复返，白云千载空悠悠。
> 晴川历历汉阳树，芳草萋萋鹦鹉洲。
> 日暮乡关何处是，烟波江上使人愁。

1927 年，国共合作破裂，在第一次国内革命失败前夕，毛泽东与杨开慧一起登上武昌蛇山。毛泽东极目远眺，望着烟雨蒙蒙，大江浩浩东去，龟蛇二山夹江对峙……毛泽东诗兴涌动，吟成了一首苍凉沉郁的诗作《菩萨蛮·黄鹤楼》：

茫茫九派流中国，沉沉一线穿南北。

烟雨莽苍苍，龟蛇锁大江。

黄鹤知何去？剩有游人处。

把酒酹滔滔，心潮逐浪高。

1926 年 9 月，毛泽东在为《农民问题丛刊》写的序言中说："农民问题乃国民革命的中心问题，农民不起来参加并拥护国民革命，国民革命不会成功"。

从 1927 年 1 月 4 日到 2 月 5 日，整整 33 天，行程 700 公里，毛主席考察了湖南 5 个县农民运动情况。1927 年 2 月 12 日，毛泽东回到武昌，在党组织安排下，租下了都府堤 41 号这栋民宅。毛泽东挥笔疾书，用 4 天时间写成了《湖南农民运动考察报告》，用实地考察所得的大量不可辩驳的事实论述了农村革命的伟大意义。

作为共产党的杰出领导人，当年的毛泽东在这里看到了中国革命的希望、未来中国的希望！是真正难以企及的"登高望远"！

阅江楼，坐落于南京市鼓楼区狮子山巅，壮美的扬子江从一旁奔流而过，从"阅江楼"三个字中也可感受到阅江览胜的意思。阅江楼不仅是江南第一名楼，还是江南四大名楼之一、中华十大文化名楼之一。

《水浒传》第三十九回，宋江因杀阎婆惜，刺配江州。这天他独自来到浔阳楼饮酒，触景生情，于是在墙壁上醉题反诗："自幼曾攻经史，长成亦有权谋。恰如猛虎卧荒丘，潜伏爪牙忍受。不幸刺文双颊，那堪配在江州。他年若得报冤仇，血染浔阳江口！心在山东身在吴，飘蓬江海谩嗟吁。他时若遂凌云志，敢笑黄巢不丈夫！"

在电视剧《解放大西南》第 25 集中，有这样一出戏：1949 年 12 月 12

日，在国民党政权即将分崩离析之际，身处成都的蒋介石第二天就要逃去台湾省。当晚，他在儿子蒋经国的陪同下，来到成都的望江楼公园，父子登上崇丽阁（俗称望江楼），打着手电筒，欣赏一副长联。

上联：几层楼独撑东面峰，统近水遥山，供张画谱。聚葱岭雪，散白河烟，烘丹景霞，染青衣雾。时而诗人吊古，时而猛士筹边。只可怜花蕊飘零，早埋了春闺宝镜。枇杷寂寞，空留着绿墅香坟。对此茫茫，百感交集。笑憨蝴蝶，总贪迷醉梦乡中。试从绝顶高呼，问问问，这半江月谁家之物？

看完上联，蒋经国说："写得好，写得好啊。"

蒋介石："好在哪？告诉父亲——你喜欢长联的哪句？"

蒋经国："试从绝顶高呼，问问问，这半江月谁家之物？"

下联：千年事屡换西川局，尽鸿篇巨制，装演英雄。跃冈上龙，殒坡前凤，卧关下虎，鸣井底蛙。忽然铁马金戈，忽然银笙玉笛。倒不若长歌短赋，抛洒些幽恨闲愁。曲槛回廊，消受得清风好雨。嗟予蹇蹇，四海无归。跳死猢狲，终落在乾坤套里。且向危楼俯首，看看看，那一块云是我的天！

看完下联，蒋经国问："父亲，在这下联中，你喜欢哪句？"

蒋介石："嗟予蹇蹇，四海无归。跳死猢狲，终落在乾坤套里。且向危楼附首，看看看，那一块云是我的天？"

此联长达212个字，借物抒情，说古寓今。读后令人嗟叹。这天正好是12月12日，蒋介石一定想起了13年前的这一天，发生了令他惊魂动魄的西安事变，又称双十二事变。而如今，大陆已丢，自己只能仓皇逃离。

我看了这段电视剧，头脑里闪现的是五代后主李煜的《破阵子》：

四十年来家国，三千里地山河。

凤阁龙楼连霄汉，玉树琼枝作烟萝，几曾识干戈？

一旦归为臣虏，沈腰潘鬓消磨。

最是仓皇辞庙日，教坊犹奏别离歌，垂泪对宫娥。

多景楼，位于江苏省镇江市北固山甘露寺内，因米芾题书"天下江山第一楼"匾额而闻名。南宋词人陈亮的《念奴娇·登多景楼》，则是一首借古论今之作。上片借批判东晋统治者偏安江左，谴责南宋统治者不图恢复中原；下片抨击空论清谈。词人主张，真正的爱国者应当像东晋的祖逖那样，中流击楫，义无反顾。

> 危楼还望，叹此意，今古几人曾会。
> 鬼设神施，浑认作，天限南疆北界。
> 一水横陈，连岗三面，做出争雄势。
> 六朝何事，只成门户私计。
> 因笑王谢诸人，登高怀远，也学英雄涕。
> 凭却长江，管不到，河洛腥膻无际。
> 正好长驱，不须反顾，寻取中流誓。
> 小儿破贼，势成宁问强对。

　　登"楼"望远，长江文化既是一种"先天下之忧而忧，后天下之乐而乐"的情操文化，又是一种"路漫漫其修远兮，吾将上下而求索"的求索文化；既是一种"正好长驱，不须反顾，寻取中流誓"的击楫文化，更是一种"把酒酹滔滔，心潮逐浪高"的改天换地文化。

第34讲

长江文化之"戏"文化

丘吉尔曾说:"我宁愿失去印度,也不肯失去莎士比亚。"

英国诗人柯尔律治说:"500个牛顿的灵魂才能构成1个莎士比亚。"

1616年,世界文化史上有三颗星辰陨落:一个是英国的莎士比亚,一个是西班牙的塞万提斯,一个是中国的汤显祖。

2016年11月我到坦桑尼亚出差时,文化部主办的"跨越时空的对话——纪念文学巨匠汤显祖和莎士比亚逝世400周年"展览正在坦桑尼亚国家博物馆开幕。

汤显祖是我国明代富有哲学气质的戏曲作家,他被称为"东方的莎士比亚"。《牡丹亭》《紫钗记》《南柯记》《邯郸记》被称为"临川四梦",也因为汤显祖在故居玉茗堂完成创作,又称为"玉茗堂四梦"。前两个是儿女风情戏,后两个是社会风情剧。

几百年来,"临川四梦"因何盛演不衰?

或许"四梦"概括了纷繁世间事,或许"四梦"揭示了万般总是情:"情不知所起,一往而深。生者可以死,死者可以生。生而不可以死,死而不可以复生者，皆非情之至也。"

情中有梦，梦中有情，令人怦然心动，又久久回味。

汤显祖《牡丹亭记题词》："天下女子有情，宁有如杜丽娘者乎！梦其人即病，病即弥连，至手画形容传于世而后死。死三年矣，复能溟莫中求得其所梦者而生。如丽娘者，乃可谓之有情人耳。情不知所起，一往而深，生者可以死，死可以生。生而不可与死，死而不可复生者，皆非情之至也。梦中之情，何必非真，天下岂少梦中之人耶？必因荐枕而成亲，待挂冠而为密者，皆形骸之论也。"

有一则为昆曲研究者奉若至宝的史料，记录在明人张大复的《梅花草堂笔谈》里："娄江女子俞二娘，秀慧能文词，未有所适。酷嗜《牡丹亭》传奇，蝇头细字，批注其侧。幽思苦韵，有痛于本词者……"俞二娘在读了《牡丹亭》以后，用蝇头小楷在剧本间做了许多批注，深感自己不如意的命运也像杜丽娘一样，终日郁郁寡欢，最后"断肠而死"。临终前从松开的纤手中滑落的，正是《牡丹亭》的初版戏本，而且"饱研丹砂，密圈旁注，往往自写所见，出人意表"。汤显祖得知消息后，挥笔写下《哭娄江女子二首》："画烛摇金阁，真珠泣绣窗。如何伤此曲，偏只在娄江。何自为情死，悲伤必有神。一时文字业，天下有心人。"

汤显祖逝世150年后，与他同为江西人的蒋士铨，写了一部《临川梦》。据日本学者青木正儿《中国近世戏曲史》记载，这部以剧作家汤显祖为主角的著作分上、下两卷，共20出，书中多次出现特殊人物俞二娘。例如，第四出《想梦》，写俞二娘耽读《还魂记》，柳生和杜丽娘竟幻影现身。第十出《殉梦》，写俞二娘读《还魂记》断肠而死。剧本下卷的故事情节超出了人们的想象。第十五出《寄曲》，写俞二娘死后20多年，她的乳母将俞二娘批点的《还魂记》送到了汤显祖手里。第十六出《访梦》，写俞二娘的亡魂打算拜访汤显祖。第十九出《说梦》，写汤显祖长子死而归天，与淳于棼、卢生、俞二娘、霍小玉在天王前相会，论世事皆梦。最后一出，则写汤显祖在玉茗堂睡觉，睡神引俞二娘的灵魂进入汤显祖的梦中，与之相会，汤显祖感其为知己。淳于棼、卢生、霍小玉等人也来见，玉茗花神传天王法旨迎众人入觉华宫。

　　我在汤显祖纪念馆曾看到一幅图片，是明朝伶人商小伶赴地而逝的图片。商小伶，杭州人，常饰《牡丹亭》中的杜丽娘。演杜丽娘时，十分入戏，每次都把人物演得出神入化、动人心魄，杜丽娘在台上哭，观众在台下哭。有一次，在演出《牡丹亭·寻梦》一段，唱道："待打并香魂一片，阴雨梅天，守得个梅根相见"，一句满面泪光，颓然倒地，气绝而亡，此事在焦循《剧说》中也有完整记载。

　　1958年，毛泽东等党和国家领导人在武汉洪山礼堂观看黄梅县黄梅戏剧团演出的黄梅戏《过界岭》，毛主席看完戏后，有疑问地说："你们湖北的黄梅戏怎么跑到安徽去了？"当时的湖北省委副秘书长梅白向毛主席汇报了有关情况之后，毛主席恍然大悟地说："原来你们的黄梅戏是大水冲到安徽去的啊！"毛主席还称赞说："你们黄梅人还是演自己的土戏好，乡土气味很深，很感人，我也成了黄梅佬。"

　　昆曲《桃花扇》写的是明代末年发生在南京的故事。全剧以侯方域、李香君的悲欢离合为主线，展现了明末南京的社会现实。同时也揭露了弘光政权衰亡的原因，歌颂了对国家忠贞不渝的民族英雄和底层百姓，展现了明朝遗民的亡国之痛。《桃花扇》是一部接近历史真实的历史剧，重大事件均属真实，只在一些细节上做了艺术加工。以男女情事来写国家兴亡，是此剧的一大特色。

只怕世事含糊八九件，
人情遮盖二三分。
眼见他起高楼，
眼见他宴宾客，
眼见他楼塌了。

昆曲《长生殿》云：
当年貌比桃花，今朝命绝梨花。
这钗和盒，是祸根芽。
死生仙鬼都经遍，

直作天宫并蒂莲，
才证却长生殿里盟言。

长江流域，戏曲种类繁多，面对滔滔江水，人们以戏传情、以戏解忧、以戏谋生、以戏谋兴。一方戏台，一字一字皆是千般情致、万缕柔肠，让人欲罢不能。戏文化就是情文化、梦文化，是人们难以割舍的精神家园！

渡江战役总前委
左起：粟裕 邓小平 刘伯承 陈毅 谭震林

第35讲

长江文化之"搏"文化

从"上帝折鞭处"的钓鱼城之战到"三国周郎赤壁"，从镇江抗英到石牌保卫战，从炮击英"紫石英号"到百万雄师过大江，长江沿线自古多战事……

合川钓鱼城，位于重庆市合川区嘉陵江南岸5公里处，占地2.5平方公里。据说，远古时代，洪水泛滥，民众逃到山上避难，饥饿难耐之际，巨神从天而降，立于山顶的巨大石头之上，手持长竿，从嘉陵江中钓起新鲜的鱼，以解百姓饥馑。人们感念巨神救命之恩，将山顶巨石称作"钓鱼台"，山也因此得名"钓鱼山"。

1259年，蒙古大军号称几十万人马，围攻合州钓鱼城，却始终无法攻克，战乱中蒙古大汗蒙哥阵亡在城下。之后，忽必烈在汉臣拥护下建立元朝。直到南宋灭亡后，忽必烈答应绝不伤害城中百姓，守将王立才弃城投降。弃城后，没有一个人乞求怜悯，守城的32名（一说36名）将军全部拔剑自刎，可谓忠烈千秋。从1227年开始到1279年结束，四川、重庆军民抗战时间居然长达半个世纪，其中坚守钓鱼城36年！钓鱼城保卫战，是南宋王朝与蒙古之间的生死决战，是中国历史和世界历史上的一场具有重大意义之战，创下了中外战争史上罕见的以弱胜强的战例。钓鱼城之战的失利，不仅导致蒙古灭宋战争的瓦解，也使蒙军的第三次西征陷入停滞，缓解了蒙古势力对欧、亚、非等国的威胁。钓鱼城也因此被欧洲人誉为"东方麦加城""上帝折鞭处"。

从鸦片战争到辛亥革命，从星星之火到两万五千里长征，从大渡河到金沙江，在半个多世纪的沧桑中，长江文化在曲折中不断校正航向，在演化变迁中发展成为一种符合时代精神和顺应世界潮流的新型文化。

鸦片战争，是1840—1842年英国对中国发动的一场非正义的侵略战争，也是中国近代屈辱史的开端，以中国失败并赔款割地而告终。中英双方签订了中国历史上第一个丧权辱国不平等条约《南京条约》，开始沦为半殖民地半封建社会，鸦片战争也揭开了近代中国人民反抗外来侵略的历史新篇章。鸦片战争后，一部分知识分子开始抛弃陈腐观念，注目世界，探求新知，寻求强国御侮之道，萌发了一股向西方学习的新思潮，对封建思想起到了一定的冲击作用。

1842年7月21日，英军使用1.2万余人、76艘战舰、724门炮击败镇江城外守军，越城而入，与1500名蒙古八旗兵巷战，英军死185人，清军全军覆没。全城惨遭焚掠，废墟一片。恩格斯在《英人对华的新远征》一文中，高度赞扬了镇江守军英勇抵抗侵略的英雄气概："驻防旗兵殊死奋战，直到最后一人……如果这些侵略者到处都遭到同样的抵抗，他们绝对到不了南京。"

《话说长江》纪录片中这样描述三峡：三峡倒更像一部辉煌的交响乐，它由瞿塘雄、巫峡秀、西陵险这三个具有各自不同旋律、不同节奏的乐章所组成，"英雄颂""云雨吟""勇士赞"。

瞿塘峡是三峡交响乐的第一乐章，如果称它为"英雄颂"似乎更恰当。您听，瞿塘嘈嘈急如弦，由江流组成的主旋律是多么高亢多么雄壮。您看，山水相争各不相让。在夔门口展开了一场惊心动魄的大搏斗。长江紧束腰身使出浑身力气，终于夺门而入，从巫山中间挤出一条弯弯曲曲的水路，奔腾咆哮，勇往直前。激流冲击巨石，跳荡出震撼天地的音响。它是那么百折不挠，锐不可当。正如陈毅同志诗中所说："三峡束长江，欲令江流改。谁知破夔门，东流成大海。"莫非这就是长江的性格、长江的胸怀。

郭沫若以 10 天时间完成的 5 幕话剧《屈原》于 1942 年 4 月由中华剧艺社在重庆国泰大剧院公演。郭沫若借屈原之口说出了抗战时期人们想说而不敢说的愤怒，借屈原的时代象征当时的时代，借以表达全国人民团结抗日的强烈愿望，控诉国民党当局的反动暴行。《雷电颂》尤其刚烈：

风！你咆哮吧！咆哮吧！尽力地咆哮吧！在这暗无天日的时候，一切都睡着了，都沉在梦里，都死了的时候，正是应该你咆哮的时候，应该你尽力咆哮的时候！

尽管你是怎样的咆哮，你也不能把他们从梦中叫醒，不能把死了的吹活转来，不能吹掉这比铁还沉重的眼前的黑暗，但你至少可以吹走一些灰尘，吹走一些沙石，至少可以吹动一些花草树木。你可以使那洞庭湖，使那长江，使那东海，为你翻波涌浪，和你一同地大声咆哮啊！

啊，我思念那洞庭湖，我思念那长江，我思念那东海，那浩浩荡荡的无边无际的波澜呀！那浩浩荡荡的无边无际的伟大的力呀！那是自由，是跳舞，是音乐，是诗！

毛主席曾写了一首《七绝·屈原》："屈子当年赋楚骚，手中握有杀人刀。艾萧太盛椒兰少，一跃冲向万里涛。"寥寥 28 个字，深刻形象地刻画了屈原的爱国情怀、浪漫气质，更揭示了以文做刀、以死醒世的战斗精神。

石牌是长江三峡西陵峡右岸（今宜昌市夷陵区境内）的一个小村庄，因峡江南象鼻山中一类似令牌的巨石而得名。它高 40 米，顶宽 12 米，厚 4 米，重达 4300 余吨。石牌很美，从石牌望出去，仿佛此处就是"江山如画"一词的诞生地。长江因它在这里突然右拐 110°，构成天险，为历代兵家必争之地。它挡在长江这个急弯的尖上，距西陵峡的东口有 20 多公里，所有的船都要在石牌的脚下转弯。正因为这个弯和两岸兀立的石壁，自古以来，它就是据守长江的天险。

1943 年 5 月，日本集结了陆、海、空三军 7 个师团 10 万人，向鄂西宜昌石牌要塞发动猛攻，企图夺取三峡门户，威胁中国陪都重庆。大敌当前，因石牌特殊的地理位置，蒋介石提出了应战宗旨：军事第一，石牌第一。经过一个多月的血腥厮杀，终于击退了日军的进攻，以伤亡15000人的代价歼敌25718人，击落敌机45架，炸沉敌舰122艘，是为鄂西会战。该会战中，"石牌保卫战"尤为关键、尤为惨烈、尤为传奇。

《中国国家地理》这样描写在这场战役中战死的少年："那时候，中国农民家的孩子营养普遍不好，十六七岁的小兵，大多还没有上了刺刀的步枪高。他们就端着比自己还长的枪上阵拼命。如果他们活着，都已是七八十岁的老人了。他们也会在自家的橘园里吸着小口的香茶，悠闲地看着儿孙，温暖地颐养天年。可他们为了别的中国人能有这一切，死掉了。"

石牌保卫战战前，胡琏率领众将登上高台，指天立誓："陆军第十一师师长胡琏，谨以至诚，昭告山川神灵：我今率堂堂之师，保卫我祖宗艰苦经营遗留吾人之土地，名正言顺，鬼伏神钦，决心至坚，誓死不渝。汉贼不两立，古有明训；华夷须严辨，春秋存义。生为军人，死为军魂。后人视今，亦尤今人之视昔，吾何惴焉！今贼来犯，决予痛歼，力尽，以身殉职。然吾坚信苍苍者天，必佑忠诚，吾人于血战之际，胜利即在握，此誓！"

石牌保卫战的意义极其重大，是抗战的重大军事转折点，西方军事家誉之为"东方斯大林格勒保卫战"，对中国抗日战争胜利产生了深远的影响。三国之后，三峡上下的战火停息了很多年，在没有烽烟的岁月里，殊为峻险的三峡成了诗人和散文家的乐园。20世纪的石牌之战再为忠勇之河续写了铿锵之史。我们的祖先留下来的是一条铁血长河，这条河是不能被外人辱没的。

张自忠是抗日战争时期牺牲在战场上的唯一一位集团军总司令。1940年5月1日，张自忠在告将士书中写道："国家到了如此地步，除我等为其死，毫无其他办法。要相信，只要我等能本此决心，我们国家及我五千年历史之民族决不致亡于区区三岛倭奴之手。为国家、民族死之决心，海不清、石不烂决不半点改变，愿与诸弟共勉之。"

1940年5月6日，时任第五战区右翼集团军兼第三十三集团军总司令张自忠渡襄河截击日寇出发前，致副总司令冯治安的诀别信，原件珍藏于中国第二历史档案馆。

信中写道："仰之吾弟如晤：因为战区全面战争之关系，及本身之责任，均须过河与敌一拼，现已决定于今晚往襄河东岸进发，到河东后，如能与三十八师、一七九师取得联络，即率两部与马师不顾一切，向北进之敌死拼。若与一七九师、三十八师取不上联络，即带马师之三个团，奔着我们最终之目标（死）往北迈进。无论做好做坏，一定求良心得到安慰，以后公私均得请我弟负责。由现在起，以后或暂别，永离，不得而知，专此布达。"

在湖北襄河南岸南瓜店，张自忠总司令率孤军过河抗击强敌。最后时刻，他对周围的部下说，今天就有敌无我、有我无敌，就战斗到最后为止。张自忠最后身中七枪，像山一样倒下了。

1949 年 4 月，中国人民解放军第三野战军正准备于次日在长江镇江段发起渡江作战。英国海军远东舰队"紫石英号"护卫舰（又译"紫水晶号"）无视人民解放军公告 1949 年 4 月 20 日外国舰船撤离长江的期限，闯入人民解放军前线预定渡江江段，不听从警告，遭人民解放军炮击，"紫石英号"随即开炮还击。在炮战中，"紫石英号"重创后搁浅。4 月 20 日下午至 21 日，人民解放军炮兵又将先后赶来增援的英国海军远东舰队"伴侣号"驱逐舰、"伦敦号"重巡洋舰、"黑天鹅号"护卫舰击退。随后，中国人民解放军与英国就事件责任及"紫石英号"被扣的问题展开接触和谈判，但一直未有结果。

4 月 30 日，我军发表了《为英国军舰暴行发表的声明》："长江是中国的内河，你们英国人有什么权利将军舰开进来？没有这种权利，中国的领土主权，中国人民必须保卫，决不允许外国侵犯。"并且要求"英国、美国、法国在长江黄浦江和在中国其他各处的军舰、军用飞机、陆战队等项武装力量，迅速撤离中国的领水、领海、领土、领空"。

1949 年 7 月 30 日晚，乘着台风登陆，"紫石英号"关闭了舰上的灯火以驶经的客轮为掩护悄悄地逃出了长江口。由于"紫石英号"已经逃遁，中英双方的谈判也再没有什么意义，也就中止了谈判。

炮击"紫石英号"，可以说是自鸦片战争以来，中国人第一次堂堂正正地在列强面前没有屈服，扬眉吐气地在列强面前打出了中国人民站起来了的第一炮。

长江文化之"祭"文化

众人皆知，长江沿线有著名的三大寺庙：南京夫子庙、上海城隍庙与武汉龙王庙，这三大庙都象征着中华文明五千年积淀的文化、艺术和信仰。

南京夫子庙，即南京孔庙、南京文庙、文宣王庙，位于南京市秦淮区秦淮河北岸贡院街，为供奉祭祀孔子之地，是中国第一所国家最高学府，也是中国四大文庙，为中国古代文化枢纽之地、金陵历史人文荟萃之地，不仅是明清时期南京的文教中心之一，同时是居东南各省之冠的文教建筑群，现为夫子庙秦淮风光带重要组成部分。

上海市城隍庙，道教庙宇，位于上海市黄浦区方浜中路，为"长江三大庙"之一。城隍，又称城隍神、城隍爷，是中国宗教文化中普遍崇祀的重要神祇之一，是中国民间和道教信奉守护城池之神。

武汉龙王庙，位于汉江与长江的交汇处的汉口岸，始建于明洪武年间，是"长江三大庙"之一。据《汉口竹枝词》记载，龙王庙码头始建于 1739年。明洪武年间，汉水改道由沌口改为龙王庙出口，龙王庙地段河面狭窄，岸陡水急，船多倾覆，素以险要著称，故有人在此筑龙王庙以祈求龙王爷保佑平安。

1930 年，国民政府修路，龙王庙及其牌坊全部被拆。1931 年发大水，汉口城整整被淹了两个月，死亡 33600 人。在新建的龙王庙公园内，一块镌刻着汉口源点来历的石碑注明，"龙王庙是汉水入江之口，乃武汉之地标，汉口之源点"。

龙蟠矶，又名龙蟠石，是于鄂州市东门外大江中的礁石，距离岸边约 200 米，因石势蜿蜒、矫若金龙，故名"龙蟠矶"。在龙蟠矶建有阁楼，名为"观音阁"。鄂州观音阁坐东朝西，逆水而立，阁长 24 米、宽 10 米、高 14 米，基座以条石垒成，阁身以青砖砌就，是典型的木框架结构亭阁式建筑，阁内有一亭三殿二楼，总面积 300 多平方米。鄂州观音阁布局得体，构筑精巧，朱槛回廊，重檐飞楹，显示出典型的江南民间建筑艺术特色，又集儒、释、道三教文化于一体，在万里长江之中仅此一处，故被誉为"万里长江第一阁"。

"神女应无恙，当惊世界殊。"巫山神女峰，被称为古老中国最多情的一块石头、神秘东方最多梦的一块石头。传说西王母之女瑶姬下凡助大禹治水，之后化身为石，为庄稼保丰收，为行船保平安。在百姓的眼中，神女是胸怀博大的护佑之神。而在文人墨客的笔下，巫山神女是充满神秘的美的精灵，是豪情奔放的爱的化身。飘逸在巫山云雨中的巫山神女，让人们有了无穷的想象空间。

战国末期的辞赋家宋玉的《高唐赋》，更是令少男少女心驰神往。序云：昔者，楚襄王与宋玉游于云梦之台，望高之观，其上独有云气，崪兮直上，忽兮改容；须臾之间，变化无穷。王问玉曰："此何气也？"玉对曰："所谓朝云者也。"王曰："何谓朝云？"玉曰："昔者，先王尝游高唐，怠而昼寝，梦见一妇人，曰：'妾，巫山之女也，为高唐之客，闻君游高唐，愿荐枕席。'王因幸之。去而辞曰：'妾在巫山之阳，高丘之阻，旦为朝云，暮为行雨。朝朝暮暮，阳台之下。'旦朝视之，如言。故为立庙，号曰'朝云'。"

一块石头、一幅美景，已在长江边展览了上千年。

屈原的吟咏、宋玉的遐想、李白的寻觅、刘禹锡的留恋、元稹的比照、苏轼的怅惘、陆游的感慨，及至当代伟人的浪漫勾画、当代诗人舒婷的深情呼唤……

> 美丽的梦留下美丽的忧伤
> 人间天上，代代相传
> 但是，心
> 真能变成石头吗？
> 与其在悬崖上展览千年
> 不如在爱人肩头痛哭一晚

王昭君被誉为三峡里的一流佳人，湘西河畔的宝坪村就是她的故乡。"昭君自有千秋在，胡汉和亲见识高"。据统计，古往今来，描写王昭君的诗歌有 700 多首。我觉得杜甫的《咏怀古迹（其三）》是其经典中的经典！

咏怀古迹（其三）

杜甫

> 群山万壑赴荆门，生长明妃尚有村。
> 一去紫台连朔漠，独留青冢向黄昏。
> 画图省识春风面，环佩空归夜月魂。
> 千载琵琶作胡语，分明怨恨曲中论。

嫘祖庙又名西陵山庙，为纪念黄帝正妃嫘祖而建，1993 年重建于西陵山。嫘祖又叫雷祖、累祖，民间蚕农称之为"蚕母娘娘"。据司马迁《史记·五帝本纪》记载："黄帝居轩辕之丘，而娶于西陵之女，是为嫘祖。嫘祖为黄帝正妃，生二子，其后皆有天下。"相传黄帝在与蚩尤的争斗中南下西陵后与当地的村女嫘祖结为夫妇。嫘祖秀丽聪慧，发明了养蚕、缫丝和纺织，与黄帝一起组织部落里的男女老少，男耕女织，共同创造了华夏古代文明，为开创中华基业，尽心尽力，被后世尊为"先蚕"。每年农历三月十五，嫘祖生日之时，嫘祖庙都会举行"先蚕节"，盛况空前。

西陵峡江北有岩壁，上有两块重叠下垂的褚黄色岩石，一块形似牛肝，一块形似马肺，故名牛肝马肺峡。牛肝和马肺其实都是地下水中的碳酸钙沉积形成的钟乳石。如今牛肝还完整，而马肺则在 1900 年被入侵的英国军舰轰掉了下半部。郭沫若游经三峡时在《过西陵峡二首》中云："兵书宝剑存形似，马肺牛肝说寇狂。"谴责英帝国主义侵略我大好河山的罪行。

郦道元《水经注》记载："白帝城西有孤石，冬出水二十余丈，夏即没，秋时方出。谚云：滟滪大如象，瞿塘不可上，滟滪大如马，瞿塘不可下。"《滟滪堆赋》是宋代文学家苏轼创作的一篇纪行赋。赋云："天下之至信者，唯水而已。江河之大与海之深，而可以意揣。唯其不自为形，而因物以赋形，是故千变万化而有必然之理。掀腾勃怒，万夫不敢前兮，宛然听命，惟圣人之所使……嗟夫，物固有以安而生变兮，亦有以用危而求安。得吾说而推之兮，亦足以知物理之固然。"

丰都鬼城旧名酆都鬼城，古为"巴子别都"，东汉和帝永元二年置县，距今已有近 2000 年的历史，位于重庆市下游丰都县的长江北岸，是长江游轮旅客的一个观光胜地。从重庆顺长江而下，丰都鬼城隐匿在岸边山峦中，更添一份神秘与阴森。从远处看，整个景区的建筑构成了一个阎王爷的头像造型，加上周围环境的阴森，不由得让人心里发毛。里面到处都是神话传说中的鬼怪人物，比如牛头马面、黑白无常。鬼门关，两旁的鬼怪雕刻很形象逼真。

丰都奈何桥景区，位于名山半山腰，据说是一座沟通历史与现实，连接阴曹和阳界，审视善良与罪恶，宣制生存与死亡的"试金桥"。左边是健康桥，象征着年年健康，右边是财富桥，象征着年年有财。传说人去世便要喝下孟婆汤，过了奈何桥，就将前世忘却，投向新生。过奈何桥，可夫妻牵手通过，走双数步；或是单身前来的人，走单数步，方可幸福平安。桥上抹过香油，走过不可滑倒，否则便有坎坷之嫌。

初到丽江古城，"天雨流芳"四个大字映入眼帘。据当地人介绍，"天雨流芳"，意为天降润雨，滋生万物，也有皇恩浩荡之意。相传明朝初年，一位名叫木高的土司在自己府第里的一个牌坊上所书。"天雨流芳"在佛经教义里也形容释迦说法的时候，天空有阵阵香花飘落。纳西语音意则为"读书去吧"。汉纳两语，一音双意，确实令人拍案叫绝。张小平在《天雨流芳》

一文中这样描述丽江古城："长江从雪山走来，在石鼓镇折过第一湾便浃浃东去，将华夏大地流泻出条幅的美，江湾腹地即是神话乐土——丽江。这里，金沙江边红崖上不时隐现出五彩斑斓的花马，古称'花马国'。世纪之交的一个秋雨流香天，我像千年前的'子在川上'，深深遥望了一回长江第一湾，而后转头向那'花马国'进发去……"

木府是丽江木氏土司衙门的俗称，位于丽江古城狮子山下，是丽江古城文化之"大观园"。整个建筑群坐西向东，是一座辉煌的建筑艺术之苑。古代著名旅行家徐霞客曾叹木府曰："宫室之丽，拟于王室"。纳西族人原来没有汉族的姓氏，朱元璋建立明王朝后，远在滇西北丽江纳西族土司阿甲阿得审时度势，于1382年"率从归顺"，举人臣之礼，此举大获朱元璋赏识，朱将自己的姓去掉一撇和一横，钦赐其汉姓"木"，从此纳西传统的父子连名制得以改成汉姓名字。木氏认为木姓为皇帝所赐，只能木氏贵族专用，于是木氏仿效朱元璋，在"木"上添一撇，表示戴上木家草帽；旁边再加一"口"，表示背着木家的篮筐，"木"字便成了"和"字，赐给木氏以外的官员和百姓们以"和"为姓。丽江古城没有城墙，也是因为文字。木氏土司认为，给"木"加上框，就成为"困"字，所以丽江是没有城墙的。

在第一湾的青山绿水间，藏着一个古老的纳西族小镇。由于虎是纳西人崇拜的图腾，这个小镇就叫虎族之花。明代嘉庆年间，土司木高为了纪念自己两次征战所取得的胜利，用白色大理石打造了一面直径1.5米、厚0.5米的石鼓，并将其竖立在一座亭子里。从此以后，这个小镇也就改名为石鼓镇。传说这面石鼓非常神奇，它能像镜子一样观照人间的吉凶福祸。每当天下要出现大动荡和降临大灾难时，鼓面上便会裂开一条细缝。而当天下太平和国家昌盛时，鼓面上的裂缝又会悄悄弥合。把一面纯自然的石鼓变为能预测社会兴衰治乱的神物，这不仅反映了纳西族人天人合一的丰富想象，而且给万里长江第一湾披上了一层更加神秘的色彩。

三星堆遗址位于四川省广汉市西北的鸭子河南岸，分布面积12平方公里，是迄今在西南地区发现的范围最大、延续时间最长、文化内涵最丰富的古城、古国、古蜀文化遗址。三星堆遗址被称为20世纪人类最伟大的考古发现之一，昭示了长江流域与黄河流域一样，同属中华文明的母体，被誉为

"长江文明之源"。 2020 年 11 月 18 日，三星堆遗址当选"巴蜀文化旅游走廊新地标"。

三星堆出土的文物是宝贵的人类文化遗产，在中国的文物群体中，属最具历史、科学、文化、艺术价值和最富观赏性的文物群体之一。在这批古蜀秘宝中，有高 2.62 米的青铜大立人，有宽 1.38 米的青铜面具，更有高达 3.95 米的青铜神树等，均堪称独一无二的旷世神品。而以金杖为代表的金器，以满饰图案的边璋为代表的玉石器，亦多属前所未见的稀世之珍。

在三星堆出土文物中，表现人"眼睛"的文物不仅数量众多，而且这些文物本身珍贵、奇特，如一件大面具，眼球极度夸张，瞳孔部分呈圆柱状向前突出，长达 16.5 厘米。古蜀人为什么如此重视刻画眼睛？铜面具眼睛瞳孔部分为什么要作圆柱状呢？据说这与古蜀人崇拜祖先有关。《华阳国志》记载："蜀侯蚕丛，其目纵，始称王"，其墓葬称为"纵目人冢"。据学者研究，所谓"纵目"，即是指这种铜面具眼睛上凸起的圆柱，三星堆出土的突目铜面具等，正是古代蜀王蚕丛的神像。据史书记载，蜀王蚕丛原来居住于四川西北岷山上游的汶山郡，而这一地方"有碱石，煎之得盐，土地刚卤，不宜五谷"。导致甲亢病流行，而甲亢病患者的一个重要特征就是眼睛凸出。据此推测，蜀王蚕丛很可能是一个严重的甲亢病患者，生前眼睛格外凸出。而他的后人在塑造蚕丛神像时，抓住了这一特点并进一步"神化"，这就是蜀王蚕丛神像被刻画成"纵目"的原因。

长江北岸边的湖北黄梅，是中国禅文化的发源地，全国六座禅宗祖庭，该县占两座。驰名中外的千年古刹四祖寺、五祖寺分别坐落于境内西山和东山；禅宗六位祖师中，四祖道信、五祖弘忍、六祖慧能都曾在该县修行并传承衣钵。有关禅宗祖师的故事在这里广为流传，形成了"黄梅禅宗祖师传说"。

南北朝，佛教禅宗传到了五祖弘忍大师，弘忍大师在黄梅开坛讲学，手下弟子 500 余人，其中翘楚者当数大弟子神秀。弘忍要在弟子中寻找一个继承人，所以他就对徒弟说："你们都做一首偈子（有禅意的诗），谁做得好就传衣钵给谁。"神秀的偈子是："身是菩提树，心为明镜台。时时勤拂拭，勿使惹尘埃。"

当庙里的和尚都在谈论这首偈子的时候，被厨房里的一个火头僧慧能禅师听到了。他听别人说了这个偈子后也做了一个偈子："菩提本无树，明镜亦非台，本来无一物，何处惹尘埃。"他这个偈子更契合禅宗顿悟理念。

弘忍看到这个偈子以后，问是谁写的，人说是慧能写的，于是他叫来了慧能，当着慧能和其他僧人的面说："写得乱七八糟，胡言乱语"，并亲自擦掉了这个偈子，然后在慧能的头上打了三下就走了。慧能理解了五祖的意思，于是他在晚上三更的时候去了弘忍的禅房，弘忍向他讲解了《金刚经》这部佛教最重要的经典之一，并传了衣钵给他。为了防人迫害，慧能连夜远走南方，隐居10年之后在莆田少林寺创立了禅宗的南宗。

可见，长江之"祭"文化，既是一种人文荟萃、深奥玄密的文化，也是一种豁然开朗的"顿悟"文化！

长江文化之"御"文化

　　岷江是长江上游的一大支流,流经的四川盆地西部是中国多雨地区。千里岷江携带着高山上的雪水和雨水,冲出高山峡谷,一路咆哮而下,在川西平原肆意泛滥成灾。号称"天府之国"的成都平原,在古代是一个水旱灾害十分严重的地方。"蚕丛及鱼凫,开国何茫然""人或成鱼鳖",就是那个时代的写照,这种状况是由恶劣的自然条件造成的。

　　举世闻名的都江堰水利工程就矗立在岷江进入川西平原的咽喉处。都江堰水利工程由鱼嘴分水堤、飞沙堰溢洪道和宝瓶引水口组成。鱼嘴分水堤坝把岷江一分为二。正常情况下,内江进水 60%,碰到洪水的时候,这个比例就自然地颠倒过来。飞沙堰溢洪道,是用来排泄洪水、泥沙和调节水量的,在旱季,它把岷江的水拦住,全部流入内江。在大雨季节,它又把内江容纳不了的水溢出,自动流入外江。宝瓶引水口,是内江的咽喉,由玉垒山凿开缺口而成。公元前 256 年,李冰父子以火烧石,利用热胀冷缩原理在玉垒山凿出了一个宽 20 米、高 40 米、长 80 米的山口,因形状酷似瓶口,故取名"宝瓶口",开凿玉垒山分离的石堆叫"离堆"。在高处极目远眺,玉垒山俨然横空出世的巨作，绝水兀立。从母体玉垒山开凿出来的离堆仿佛中流砥柱，巍然屹立在水中，桀骜不驯的江水不再肆恣妄为，而是缓缓地注入宝瓶口，蜿蜒而出，润泽良田，造福黎民，使川西平原成为"水旱从人，不知饥馑"的天府之国。

战国秦昭襄王末年，李冰被任命为蜀中郡守。李冰上任期间，时值蜀地洪灾泛滥，李冰决定建造一处水利工程，永解蜀地水患。李冰根据道家"道法自然""天人合一"的思想，征发数万民工在岷江上游修建了著名的都江堰水利工程。

李冰父子在修建都江堰时发明了"深淘滩，低作堰"治水方法。从古至今，每年到了枯水期季节，人们都要对都江堰河道进行清淤工作，将凤栖窝之下水域的泥沙清理干净，令河道能够正常进行排水。清理泥沙究竟该挖多深？早在 2000 年前，李冰父子命人在凤栖窝沙土一定深度下埋藏石马，一旦清淤时挖到石马，则证明清淤深度合适。后世人们又改石马为卧铁，并将这种测量方法沿袭了下来。

在四川省都江堰的凤栖窝下方，埋藏着四根"卧铁"，它们顺着河道方向并排而卧。据史书记载，这 4 根卧铁之中，最里面的一根，埋于明万历三年（1575 年），为当时郭庄所铸造。第二根卧铁的铸造年代为清同治三年（1864 年），由当时官员何咸宜主持修铸。第三根卧铁为 1927 年民国时士绅管兴文所铸。第四根卧铁则是在 1994 年，即都江堰建堰 2250 周年时所铸造，并于 1998 年正式安放水下。前往都江堰的游客在离堆古园内喷泉处可看到复制品。

2000 多年前，都江堰取得这样伟大的科学成就，世界绝无仅有，至今仍是世界水利工程的最佳作品。1872 年，德国地理学家李希霍芬称赞"都江堰灌溉方法之完善，世界各地无与伦比"。1986 年，国际灌排委员会秘书长弗朗杰姆、国际河流泥沙学术会的各国专家参观都江堰后，对都江堰科学的灌溉和排沙功能给予高度评价。

都江堰可谓是千古受益的伟大工程，也是中华民族改造自然的奇迹之一。李冰治水，功在当代，利在千秋。

2000 年 11 月，都江堰与青城山一起被联合国教科文组织遗产委员会列入《世界遗产名录》。

1918年，孙中山先生在《建国方略》一文中提出了建立三峡工程的原始设想："当以水闸堰其水，使舟得溯流以行，而又可资其水力。"

三峡大坝位于西陵峡中段、湖北省宜昌市境内的三斗坪，距下游宜昌葛洲坝水利枢纽工程38公里，是当今世界上最大的水利枢纽工程。三峡工程是迄今世界上综合效益最大的水利枢纽，发挥了巨大的防洪效益和航运效益。三峡大坝的建成，形成了长达600公里的水库，最深蓄水175米，成为世界罕见的新景观。

由"堰"到"坝"，由"疏"到"拦"，既是智慧，更是跨越，长江之"御"文化既是中国人勤劳智慧的象征，更是中国人高峡出平湖的伟大创举！

第38讲

长江文化之"通"文化

　　万里长江从"世界屋脊"——青藏高原奔腾而下，在巴塘县城境内进入云南，与澜沧江、怒江一起在横断山脉的高山深谷中穿行形成了"三江并流"的壮丽景观。到了丽江市石鼓镇与香格里拉市南部沙松碧村之间，突然来了个100多度的急转弯，转向东北，形成了罕见的"V"字形大弯，"江流到此成逆转，奔入中原壮大观"，人们称这天下奇观为"长江第一湾"。相传三国时期，诸葛亮在此"五月渡泸，深入不毛"。忽必烈在此"革囊渡江"，1253 年 9 月，忽必烈率军到达金沙江西岸，命令将士杀死牛羊，塞其肛门，"令革囊以济"，渡江后入丽江，大败大理守军，这就是昆明大观楼长联里"元跨革囊"的出处。"元跨革囊"，促进了忽必烈平大理国和元代的统一，结束了中国历史从唐末以来的分裂局面。同时也促进了丽江纳西族地区政治、经济的发展：一是丽江纳西族结束了长期的各部落分立的局面，实现了全民族的统一；二是统一后的纳西族首领得到了中央政权的任命，土司世袭制由此开始。

　　唐朝时，很多中国人为中日两国人民的交流做出了贡献。他们当中，最突出的是高僧鉴真。鉴真原姓淳于，14 岁时在扬州出家。由于他刻苦好学，中年以后便成为有学问的和尚。742 年，他应日本僧人邀请，先后 6 次东渡，历尽千辛万苦，终于在 754 年到达日本。他留居日本 10 年，辛勤不懈地传播唐朝多方面的文化成就。同去的人，有懂艺术的，有懂医学的，他们也把自己的所学用于日本。

鉴真东渡带去了很多佛经和医书到日本，他主持重要佛教仪式，系统讲授佛经，成为日本佛学界的一代宗师。他指导日本医生鉴定药物，传播唐朝的建筑技术和雕塑艺术，设计和主持修建了唐招提寺。这座以唐代结构佛殿为蓝本建造的寺庙是世界的一颗明珠，保存至今。鉴真死后，其弟子为他制作的坐像至今仍供奉在寺中，被定为"国宝"。

郑和，一说本姓马，为明成祖朱棣赐姓郑，世称"三保太监"。郑和七下西洋，据《明史·郑和传》记载，郑和出使过的国家或地区多达 36 个。郑和来到南洋以后，告诫那些"喜战好斗"的岛国："循礼安分，毋得违越；不可欺寡，不可凌弱。""不服，则耀武以慑之"，于是"凡所号令，罔敢不服从"。郑和又从崇仰佛教或传播伊斯兰教着手，使有关地区和国家的人民有了统一的宗教信仰。这对于平衡各国之间的关系，缓解因为宗教信仰等问题而导致的国与国之间的紧张局势，起到重要的作用。此外，郑和还通过教化民众，扶助弱小民族，抑止强暴，促成了各国间和平局势的建立。"海道由是而清宁，番人赖之以安业。"郑和下西洋航路之远、之繁复，在世界航海史上是划时代的。尽管由于历史条件的限制和各种局限性，地理大发现的历史使命未能由郑和船队来完成，但他们所经历的航路，在那么广大的范围内，发展起了亚非各个沿海国家和地区之间纵横交错的海上交通，沟通和加强了西太平洋和印度洋沿岸各国之间的联系，对世界文明的发展做出了重大的贡献。

"一叶飘摇扬子江，白云尽处是苏洋"，这是南宋文天祥写的两句诗，长江滋润着九州大地，长江和黄河一道培育着中华文化。长江造就的土地，不论过去、现在还是久远的未来，都长满着金灿灿的稻谷、香喷喷的鲜花，伟大的长江母亲，你无时无刻不以浩瀚而甜蜜的乳汁养育着中华大地的炎黄子孙。

蜀道，是古代由长安通往蜀地的道路。蜀道穿越秦巴山脉，道路崎岖难行，以至于诗仙李白在诗作《蜀道难》中发出了"蜀道难，难于上青天"的感叹：

噫吁嚱，危乎高哉！

蜀道之难，难于上青天！

蚕丛及鱼凫，开国何茫然！

尔来四万八千岁，不与秦塞通人烟。

西当太白有鸟道，可以横绝峨眉巅。

地崩山摧壮士死，然后天梯石栈相钩连。

上有六龙回日之高标，下有冲波逆折之回川。

黄鹤之飞尚不得过，猿猱欲度愁攀缘……

西成高铁，是一条连接陕西省西安市和四川省成都市的高速铁路，是中国首条穿越秦岭的高速铁路。西成高铁全长658公里，2017年12月6日全线通车，使得重庆、成都、西安三城之间的铁路行程被缩短到1~5小时。

千里川藏线，天堑二郎山。雅安市天全县二郎山，是川藏线上从成都平原到青藏高原的第一座高山，当年筑路部队在修建川藏公路的二郎山险峻路段时，每公里就有7位军人为它献出了生命。20世纪50年代，中国人民解放军18军将士不畏艰险，克服重重困难，与雅安人民并肩战斗，将公路修到西藏。川藏公路里程之长，跨越高山大河之众，修筑维护之艰险世所罕见。

1951年夏天，西南军区战斗文工团在副政委魏风的率领下，到二郎山一带慰问筑路部队。路途中，男高音歌唱演员孙蘸白忽然想起由时乐濛作曲的大合唱《千里跃进大别山》中的歌词，情不自禁地哼唱起来。孙蘸白边唱边想，如果把这首曲子填上修筑川藏公路的内容，也许会受到筑路指战员的欢迎。于是，他把自己的想法告诉了魏风。魏风一听，觉得这是个好主意，就把填词的任务交给了洛水。洛水也被筑路官兵们的精神感动了，欣然接受了任务，投入到创作之中。于是《歌唱二郎山》便诞生了。

二呀么二郎山，高呀么高万丈，
古树那荒草遍山野，巨石满山岗。
羊肠小道那难行走，
康藏交通被它挡那个被它挡；
二呀么二郎山，哪怕你高万丈，
解放军，铁打的汉，
下决心，坚如钢，
要把那公路修到西藏！

第 39 讲

长江文化之 "红" 文化

　　安徽省安庆地区，有一个传奇的红色家庭，父子三人先后投身革命，并在中共五大同时被选为中央委员。父亲一生为信仰所驱，曾是全中国青年的精神领袖；两个儿子在我党担任重要职位，一年内先后为革命献出宝贵生命。他们就是大名鼎鼎的陈氏父子三人：陈独秀、陈延年、陈乔年。

　　辛亥革命后，陈独秀积极参加武装讨伐袁世凯，失败后被捕入狱。出狱后，他前往日本，帮助章士钊创办《甲寅》杂志。这时起，他开始用家乡的独秀山为自己取笔名"独秀"。1915 年，从日本归国的陈独秀在上海创办《青年杂志》(后改名《新青年》)，高举民主和科学的大旗，向中国根深蒂固的封建意识形态发起猛烈进攻，1917 年出任北京大学文科学长，延揽了许多知名学者参与新文化运动，其后领导轰轰烈烈的五四运动，并于 1920 年 8 月在上海发起成立了中国共产党最早组织。

　　就在陈独秀义无反顾擎起新文化运动大旗之时，他的长子陈延年和次子陈乔年也怀抱救国之志来到上海半工半读。两位少年白天在外发行《新青年》，晚上就住在《新青年》编辑部。他们吃苦耐劳、自力更生的精神，为世人所赞。

1917年，兄弟二人进入震旦大学（今复旦大学）学习。1919年，陈延年和陈乔年赴法留学。在周恩来、赵世炎等积极争取下，他们转向马克思主义，离开法国，留学苏联，走上革命道路。从苏联回国后，陈延年先任社会主义青年团中央驻粤特派员，后任中共广东区委书记；陈乔年先任中共北京地委组织部长，不久改任中共北方区委组织部长。兄弟一南一北，父亲在上海居中，共同为革命事业而奋斗。

1927年，蒋介石发动"四·一二"反革命政变，中共五大于特殊时期在武汉召开。陈独秀、陈延年、陈乔年父子三人在会上同时被选为中央委员，成为中共党史上的一段特殊记忆。

然而，正当陈延年、陈乔年意气风发，欲与反动敌人斗争到底之时，不幸降临了。1927年6月26日上午，时任江苏省委书记的陈延年与赵世炎等在上海区委所在地秘密召开江苏省委成立大会时被国民党军警发现，因而被捕。1927年7月4日夜，在上海龙华警备司令部，几个国民党军警押着一个年轻人准备行刑。面对死亡的威胁，年轻人毫无惧色。军警喝令他跪下，他昂首挺胸，站得笔直，毫不理会。军警费了很大劲才将他按倒在地，但刚一松手，他又站了起来。军警恼羞成怒，竟残忍地将他乱刀砍死。这位壮烈牺牲的年轻人就是陈延年。陈延年牺牲时曾留下一句名言："革命者决不下跪，只能站着死！"这成为许多革命者的座右铭。

陈延年牺牲后，陈乔年化悲愤为力量，继续投身革命工作，并担任江苏省委组织部长。在极险恶的环境下，他与省委书记王若飞等不断变化斗争方式，在隐蔽战线上与敌人巧妙周旋，使得在大革命中遭受严重破坏的上海各级党组织得以恢复并巩固。1928年2月16日，正在上海召开秘密会议的陈乔年不幸被捕。1928年6月6日，年仅26岁的陈乔年在哥哥洒下热血的地方——上海龙华英勇就义，兄弟俩牺牲的时间相隔不到一年。

恽代英，原籍江苏武进，出生于湖北武昌。恽代英是中国无产阶级革命家，中国共产党早期青年运动领导人之一，黄埔军校第四期政治教官。恽代英在学生时代时就积极参加革命活动，是武汉地区五四运动主要领导人之一。1921年加入中国共产党，1923年任上海大学教授，同年8月被选为中国社会主义青年团中央执委会候补委员、宣传部主任，创办和主编的《中国青年》培养和影响了整整一代青年。

1930 年 5 月 6 日，恽代英在上海被国民党当局逮捕，被关押在南京江东门外"中央军人监狱"，化名为王作林。在狱中，恽代英面对敌人的威逼利诱，坚贞不屈。后来被叛变的原中共中央政治局候补委员、特科负责人顾顺章指认，暴露了身份。1931 年 4 月 29 日，恽代英被杀害于南京，年仅 36岁。他的《狱中诗》所展示的共产党人的坚贞不屈，读来让人感动不已：

> 浪迹江湖忆旧游，故人生死各千秋。
> 已摈忧患寻常事，留得豪情作楚囚。

1931 年 4 月 5 日，在响亮的"中国共产党万岁"口号声和悲壮的国际歌声中，一位著名的共产党人在济南纬八路英勇就义。这位烈士便是中国共产党第一次全国代表大会代表，唯一的少数民族代表——邓恩铭。殉难前，邓恩铭强忍着病痛给母亲写了题为《诀别》的诗：

> 卅一年华转瞬间，壮志未酬奈何天；
> 不惜唯我身先死，后继频频慰九泉。

何叔衡是中共一大代表中年龄最长者。毛泽东评价他："何胡子是一条牛，是一堆感情。"诗人萧三云："做事不辞牛负重，感情一堆烈火燃。"

主力红军长征后，留在赣南的何叔衡年近六旬。1935 年年初中央局书记项英派便衣队送何叔衡和病弱的瞿秋白等去闽西。他们一行昼伏夜行，2月 14 日凌晨到达了上杭县水口镇附近。不太熟悉陌生环境的便衣队一时大意，天亮后在小村做饭冒出炊烟，结果很快保安团便包围上来。何叔衡不愿拖累同志，面色苍白地向带队的邓子恢喊："开枪打死我吧！"邓子恢让特务员架着他跑，到了一个悬崖边，何叔衡突然挣脱警卫，纵身跳了下去。邓子恢后来痛心地回忆，当时他们过了这座山，依托一条小河将追兵打退，何叔衡若能被架着再跑一段，也许可免于殉难。

后人根据邓子恢的回忆，一直认为何叔衡是坠崖而亡。60 年代福建当地公安机关审讯一个当时的反动团丁时，才知道进一步的详情。据凶手交代，他和另一团丁在战后搜索时，在山崖下发现了一个躺着的老人，这两个家伙搜身时，老人突然苏醒，抱住凶手的腿欲搏斗，结果被连击两枪打死。何叔衡在"新民学会"时就以性情刚毅著称，临难不苟正是他这种品格的表现。

有关资料显示：1949 年 11 月 30 日，重庆解放。原中共川西特委委员车耀先的二女儿车毅英离开欢迎解放军进城的人群，独自一人跑向歌乐山。多年以后，车毅英这样描述当日的所见所闻："白公馆里人去楼空，渣滓洞的余火还在冒烟。渣滓洞楼下的 8 间牢房里堆满了烧焦的尸体，没有头，没有足，只有一块块焦黑的躯体。围墙的缺口处、房前屋后、厕所内，另有 20 多具尸体躺在那里。松林坡上三个大坑，满是尸体，血水横流。看见一个个死难者睁目仇恨的眼神、紧握的拳头和流出的鲜血，我说不出一句话。歌乐山上一点声音也没有，可怕的寂寞，一片荒凉。"1949 年 12 月 1 日出版的重庆《大公报》以"蒋匪灭绝人性屠杀革命志士"为题，记下惨绝人寰的一笔："一位青年妇人，正抱着她的一个一岁多的孩子，在那里痛哭，找她丈夫的尸体。天！这怎么找得到！那么多焦尸，已没有一个还像人样，没有一个能认清面目。"

小萝卜头，本名宋振中，乳名森森，别名小萝卜头，江苏邳县（今邳州市）人，为革命烈士宋绮云和徐林侠的幼子，宋振中八个月大的时候，就随父母被带进监狱，由于终年住在阴暗、潮湿的牢房里，八九岁却只有四五岁孩子那么高，成了一个大头细身子、面黄肌瘦的孩子，难友们都疼爱地叫他"小萝卜头"。1949 年 9 月 6 日，小萝卜头一家倒在了血泊里，他们被杀害后，就地被埋在小屋里，特务还在地面浇灌了水泥，冲洗了地面上的血迹，以掩盖自己的罪行。小萝卜头牺牲时，年仅 8 岁，为中国年龄最小的烈士，此时距离新中国成立仅 24 天。重庆解放后，当小萝卜头的遗骸被发现时，他的两只小手死死地握在胸前。里面握着的，是狱中的老师送给他的那一小截铅笔。

在重庆"11·27"大屠杀那天，只有小说《红岩》的作者罗广斌一人从白公馆虎口脱险。重庆解放后，罗广斌做的头一件事，就是带着大家冲进白公馆，冲进平二室牢房，撬起屋角的一块木地板，五星红旗还在。那是狱中难友们听说新中国成立后用被面、草纸和饭米粒制作成的红旗。攥着它，几个人抱头哭起来。

红岩村是中共中央南方局和八路军驻重庆办事处所在地，重庆谈判期间，毛泽东主席在此居住，更使它闻名天下。这里原是爱国知识妇女饶国模经营的一片花果农场，1945年毛泽东到重庆时，曾专门设宴答谢饶国模对党的帮助。国共谈判破裂，她送别八办的同志时曾写下这样的诗句——"他年凯旋高歌时，红岩便是众人家！"1950年春，饶国模从刚刚解放的重庆来到北京，周恩来夫妇在家召集在京的红岩村20多位老"村民"，设家宴款待她。不久，她回到重庆，在"七一"这一天正式将红岩村的土地房屋无偿地捐献给人民政府。不久，那里便成为万民参观的纪念地。

在中共中央的领导下，以周恩来为代表的南方局在抗日战争及解放战争初期的斗争中形成了红岩革命精神，即刚柔相济、锲而不舍的政治智慧；"出淤泥不染，同流不合污"的政治品格；以诚相待、团结多数的宽广胸怀；善处逆境、宁难不苟的英雄气概。

红岩村岔路口有一棵黄葛树，是饶国模创办大有农场时亲手种植的，已有上百年历史。1976年曾遭遇雷电劈击，树干空朽，后经科学嫁接成活。这是外界人士寻访红岩的重要路标，有句话叫"走红岩，投八路，抬头先看黄葛树"。岔路口往左通向国民参政会大楼，往右通往八路军驻重庆办事处。细心的游客会发现，向左是向下走，向右则是向上走，岂不是也印证了共产党才是蒸蒸日上的人民政党。当年，国民政府得知中共中央南方局驻扎在红岩村时，便在相邻的地方也盖了栋楼，监视南方局的一举一动。1960年，郭沫若先生重返红岩，曾留下这样一句诗："农场名大有，榕树界阴阳"。因此，这棵黄葛树也被称为"阴阳树"。

第40讲

长江文化之"求"文化

　　1927年1月4日至2月5日，作为中央农委书记的毛泽东身着蓝衫草鞋，在戴述人的陪同下，徒步700公里，足迹遍及湘潭、湘乡、衡山、醴陵、长沙5个县，召开各种类型的调查会，目睹了农民群众的革命热情，获得了宝贵的第一手材料。2月12日，毛泽东回到中央农民运动委员会驻地武昌，在武昌都府堤41号住所，写下了中国革命史上的重要文献——《湖南农民运动考察报告》，用大量确凿的事实驳斥了攻击农民运动的种种谬论。毛泽东这样描述他眼中的湖南农村："农会势盛地方，牌赌禁绝，盗匪潜踪。有些地方真个道不拾遗，夜不闭户"，他由衷地欢呼，农民运动好得很！在历史的紧要关头，为革命进一步指明了方向，推动了农村大革命运动的继续发展。

　　1927年蒋介石发动反革命政变后，在汉口召开的中共中央八七会议上，毛泽东发言："以后要非常注意军事，须知政权是由枪杆子中取得的。"他首次提出"枪杆子里面出政权"的著名论断，中国革命走向伟大的历史转折。

　　1958年9月13日下午3：30，新中国建成的第一个大型钢铁基地武钢的第一座大型高炉流出了第一炉铁水。一号高炉当时日产生铁 2000 吨以上，年产量可达 75 万吨，比那时号称"西欧最大高炉"的英国威尔思公司四号高炉日均产量还高 500 余吨。当时无论在规模上、技术上都是世界一流的。当年，英国媒体曾预言，一号高炉出铁是"天方夜谭"，而武钢人凭着一股精神和冲天干劲，仅用 14 个月 13 天便完成了"不可能完成的任务"，为中国争了气！

毛主席亲临武钢视察，并从一位炼钢工人手中接过一块蓝色的炼钢视镜走近炉前，认真观看，详细询问，摄影师留下了毛主席的汗水浸透了衣服和头发、头发也凌乱极了的一张珍贵照片，新中国的开国领袖令人泪目。

1919 年 9 月，重庆留法预备学校正式开学，校址设在重庆市夫子祠内，重庆商会会长汪云松兼任校董事长。一年后，经过学校毕业考试、法国驻重庆领事馆的口试及体格检查，80 多名学生取得了赴法勤工俭学的资格，邓小平（当时叫邓希贤）就是其中之一。1920 年 8 月 28 日，邓小平搭乘"吉庆号"轮船启程出川，从此邓小平再没有回过广安。

汪云松，重庆人，晚清秀才，曾经担任过知县、知府等职位，辛亥革命后，就辞官回家跟随自己的父亲做起了商人，在浚川银行、大中银行担任过经理，还做过商会的会长等。后来经邓小平向中央推荐，汪云松到北京列席了第二届全国政协会议，历任全国政协委员、西南军政委员会委员、重庆文史馆副馆长、重庆市第一届人民代表大会代表。1958 年 2 月 8 日，汪云松因病去世。逝世前，嘱托家人将家藏多年的珍贵文物全部捐给了国家。

1969 年 10 月，邓小平再次受到错误批判被押送离京，下放到江西南昌市城郊的新建县拖拉机修配厂接受劳动改造。其间，邓小平夫妇被安排在位于新建县望城岗南昌步兵学校（现南昌陆军学院）内的将军楼居住。

从住所将军楼到拖拉机修配厂，邓小平用双脚在本没有路的地方走出了一条小路，后来当地人把这条小路亲切地称为"小平小道"。这里也被认为是邓小平设计中国改革开放和现代化建设的重要思想萌芽地。

在"小平小道"景区纪念馆内，邓小平于 1986 年 12 月 14 日会见贝宁总统克雷库的一段谈话板上这样写道："'文化大革命'中我被打倒两次，这种经历并不都是坏事，使我有机会冷静总结经验。因为有了那段经历，我们才有可能提出现行的一系列政策，特别是提出怎样建设社会主义的问题。"

长江沿岸更有家喻户晓的三国故事。唐代诗人杜甫在《蜀相》里写道："三顾频烦天下计，两朝开济老臣心。出师未捷身先死，长使英雄泪满襟。"

1044 年，宋代腾子京被贬岳阳，他对岳阳楼进行了修整和重建，并请范仲淹写一篇文章记述这件事，从未去过岳阳楼的范仲淹挥毫写下了著名的《岳阳楼记》，写出了忧国忧民的绝句："居庙堂之高则忧其民，处江湖之远则忧其君。是进亦忧，退亦忧。然则何时而乐耶？其必曰'先天下之忧而忧，后天下之乐而乐'乎！"

汨罗江在洞庭湖东侧，属洞庭湖水系。在汨罗江注入湖口以上约 1.5 公里处，潭水很深，据说是三闾大夫屈原投江殉难处，名曰河泊潭，有石碑记其事。战国末年，因为反对楚怀王和楚襄王的对外政策，屈原被流放至汨罗江畔的玉笥山，在这里他写出了一生中最重要的作品《离骚》《天问》等，将楚辞这一体裁发扬至前所未有的高度。公元前 278 年，楚国都城郢（今湖北省江陵县境内）被秦国攻占，屈原感到救国无望，于农历五月初五端午节写完一生中最后一首诗《怀沙》后自投汨罗江，满怀着对黑暗的憎恨，怀沙自沉。"变白以为黑兮，倒上以为下。凤皇在笯兮，鸡鹜翔舞……邑犬群吠兮，吠所怪也。非俊疑杰兮，固庸态也。"

《屈原庙赋》是宋代文学家苏轼的赋作。赋云："浮扁舟以适楚兮，过屈原之遗宫。览江上之重山兮，曰惟子之故乡。伊昔放逐兮，渡江涛而南迁。去家千里兮，生无所归而死无以为坟。悲夫！人固有一死兮，处死之为难。徘徊江上欲去而未决兮，俯千仞之惊湍。赋怀沙以自伤兮，嗟子独何以为心。忽终章之惨烈兮，逝将去此而沉吟。"

宋代大文豪苏东坡曾被贬谪到黄州，在那里他得以接近人民，可以日夜亲近从家乡流过来的长江。天地变得开阔了，胸中充溢着激荡的豪情，他写下了《赤壁赋》《后赤壁赋》和《赤壁怀古》等不朽诗篇。在长江边的古战场，东坡居士缅怀古人、追忆风流：大江东去，浪淘尽，千古风流人物……江山如画，一时多少豪杰……

苏东坡因"乌台诗案"死里逃生，壮年的他跟跟跄跄地来到黄州，前途未卜。黄州当时只是长江边上一个穷苦的小镇，在汉口下面约 60 里地。

在黄州他举目无亲，房无一间、地无一垄，一家老少20多口人的食宿都成了棘手的问题。按例，地方官府不会为贬谪官员提供住宿，无奈之余，大家只好挤在一处废弃驿站——临皋亭中。他的《寒食节二首》描述了当时的萧瑟境况：

> 自我来黄州，已过三寒食。
> 年年欲惜春，春去不容惜。
> 今年又苦雨，两月秋萧瑟。
> 卧闻海棠花，泥污燕支雪。
> 暗中偷负去，夜半真有力，何殊病少年，病起头已白。
> 春江欲入户，雨势来不已。
> 小屋如渔舟，蒙蒙水云里。
> 空庖煮寒菜，破灶烧湿苇。
> 那知是寒食，但见乌衔纸。
> 君门深九重，坟墓在万里。也拟哭涂穷，死灰吹不起。

在黄州，苏轼的性格开始慢慢收敛，逐步变得深邃、豁达。从这首《定风波》可见一斑：

> 莫听穿林打叶声，何妨吟啸且徐行。
> 竹杖芒鞋轻胜马，谁怕？一蓑烟雨任平生。
> 料峭春风吹酒醒，微冷，山头斜照却相迎。
> 回首向来萧瑟处，归去，也无风雨也无晴。

余秋雨在《苏东坡突围》中这样写道："苏东坡成全了黄州，黄州也成全了苏东坡。苏东坡写于黄州的那些杰作，既宣告着黄州进入了一个新的美学等级，也宣告着苏东坡进入了一个新的人生阶段……"

1922年，张人亚加入中国共产党，是当时上海最早的，也是仅有的几个工人党员之一。1927年4月，蒋介石发动"四·一二"反革命政变。

1928年，张人亚秘密回到宁波镇海霞浦老家，请求父亲张爵谦将他带回来的一批书刊和文件收藏好。为了完成儿子托付的大事。张爵谦编了个"不肖儿在外亡故"的故事，为张人亚和他早逝的妻子修了一座合葬"衣冠冢"，并用油纸裹好文件藏进空棺里。

1951年，年事已高的张爵谦请人打开了儿子的空坟，将文件取出，交还给国家。这批珍贵文物由张人亚父子二人用生命守护，共有36件，其中1920年由陈望道翻译的《共产党宣言》是我国现存最早的中文全译本，1995年11月，经国家文物局专家组鉴定，被确认为国家一级文物。

1932年12月23日，张人亚带病从瑞金赴福建长汀检查工作，途中因病殉职，时年34岁。当时环境恶劣，通信不畅，殉职后的张人亚埋在何处，不得而知。1933年1月7日，江西瑞金中央苏区的《红色中华》第三版左下角刊登了一篇题为《追悼张人亚同志》的短文，悼念时任中华苏维埃共和国中央工农检察委员会委员、中央出版局局长兼代中央印刷局局长的张人亚。在这份悼词中，张人亚被称为"最勇敢坚决的革命战士"。

2013年9月26日，习近平总书记会见第四届全国道德模范及提名奖获得者。习近平把目光转向第一排一位老人，饱含深情向大家介绍，这位全国道德模范就是开国将军甘祖昌同志的夫人龚全珍老人，甘祖昌在中华人民共和国成立后回家当了农民。半个世纪过去了，我们仍然要弘扬这种革命精神，要一代一代传承下去，向老前辈致敬！

甘祖昌1928年参加中国工农红军，在井冈山革命斗争和二万五千里长征中经受了严峻的考验，中华人民共和国成立后任新疆军区后勤部部长，1955年被授予少将军衔。在长期的革命战争中，甘祖昌头部三次负重伤，严重的脑震荡后遗症使他难以坚持领导工作，领导和同志们都建议他到条件比较好的地方去长期休养，但甘祖昌要求回到家乡务农。1957年8月，在被授予少将军衔后不到两年，甘祖昌主动向组织上辞去新疆军区后勤部长职务，带着妻子龚全珍，回家乡江西省莲花县坊楼乡沿背村务农。甘祖昌将每月工资几乎全捐献出来，用于修电站、建学校、救济贫困户。妻子龚全珍也全力配合丈夫，到当地学校当老师，把自己工资的大部分花在支援农村建设上。群众称他的形象是：一身补丁打赤脚，一根烟斗没有嘴，白罗布手巾肩上搭，走路笔挺快如风。甘祖昌回乡 29 年，一直坚持与疾病做顽强的斗争。他对脑震荡后遗症的办法不是"营养疗法"，也不是卧床休息，而是夏天烈日晒、冬天北风吹。经过十几个寒暑的锻炼，脑子里淤血消散，脑震荡后遗症竟奇迹般地痊愈了。

1986 年 3 月 28 日，甘祖昌这位为中国革命事业奋斗一生的老战士，停止了呼吸，走完了他从农民到将军、又从将军到农民的全部战斗历程。他留给妻子和儿女唯一的遗产是一只铁盒子，里面用红布包着 3 枚闪亮的勋章。

2017 年 5 月 20 日，长江首部漂移式多维体验剧《知音号》正式对外公演，108 分钟，500 多人一场，场场爆满。在市场票房、行业认可度以及消费者口碑上，赢得了满堂彩。

《知音号》与传统实景演艺不同，它以 20 世纪初武汉民生公司的"江华轮"为原型，打造了一条 20 世纪 20—30 年代风格的蒸汽游轮，并复建一座汉口老码头，船和码头即剧场，实景演出以在长江上漂移的方式进行。船剧同名的"知音号"，取意源于大武汉"知音之城"的历史和武汉人海纳世界的情怀。樊跃导演表示，与以往任何演艺形式不同，《知音号》在打造两个博物馆：一个是大武汉的城市记忆，一个是人们心中久违的灵魂情感。

踏上这艘满载故事的"知音号"，人们将融于其中，与表演者共同完成关于城市、人生与爱的碰撞，直击心灵。当你踏入码头的那刻起，周边的现代楼宇仿佛早已隐去，入目可见的是彬彬有礼穿着民国船员服饰的检票员、复古做旧的栈桥长廊、亮着霓虹灯光的小商铺、身着旗袍的租赁店接待员，以及不远处那艘仿佛穿越时光而来的"知音号"。复古的码头与栈桥、120 米长的江轮，共同构成了全场景式的剧场环境，也成为游客一个追忆武汉本土文化、释放怀旧情愫的出口。码头上穿梭卖报的小童、卖哈德门的小贩卖力吆喝、提皮箱戴礼帽的绅士、旗袍淑女匆忙赶船，一瞬间，好似穿越回百年以前，而这正是这部大剧要把观众带入的第一情境。旅程中，观众与演员融为一体，共同探究剧情，体验寻找、发现、相遇与团聚的全过程，最后凝聚成触及观众心灵的真情实感。"在这里，你会分不清谁是观众，谁是演员。"这是大部分游客体验《知音号》后的评价。走在知音号甲板上，我不由想起纳兰性德的《木兰词》："人生若只如初见，何事秋风悲画扇。等闲变却故人心，却道故人心易变。"

自 2013 年开始，每年紫藤盛花期后，苏州博物馆都会推出他们的文创镇店之宝——文徵明紫藤种子。文创种子三颗一盒，每盒 25 元，每年限量 1000 份，往往预售之时便会被一抢而空，激烈程度堪比春运抢票。

苏州城内不乏比文藤更老的树木，为何没专门做过宣传的文藤种子，反而会脱颖而出成为"网红爆款"呢？这无疑源于其背后的文化内涵。据苏州博物馆介绍："苏州人文徵明是明代画坛领军人物，文藤因而便有了一种苏州文脉延续和象征的寓意，这颗种子也具有了薪火相传的意义。当你种下这颗种子，看到它发芽、抽叶，你也会有一种思接千古的感觉，仿佛古人的生活就在眼前。"

文徵明手植紫藤，是苏州园林的古木名景，在原拙政园中园大门内庭一隅，现该区域已划归隔壁的苏州博物馆管理。紫藤为拙政园建园之初，江南四大才子之一的文徵明亲手栽植。文徵明是明代著名画家、书法家，"吴门画派"创始人之一。他与拙政园主王献臣交往甚密，拙政园建成后，王氏经常邀其宴饮赏游。文徵明是一位酷爱紫藤的花痴，在拙政园乐而忘返的同时，还在园内亲手种植了这株紫藤。紫藤主干胸径达 22 厘米，夭矫蟠曲，鹤形龙势，花时璎珞流苏，下垂如串紫玉，极有观赏价值，被誉之为"苏州三绝"之一。

视线转向江西景德镇。景德镇陶瓷是中国伟大发明中技术含量最高的创造之一，是中华民族文明的重要组成部分。陶瓷最早在中国产生，从黄帝、尧、舜至夏商时期，它是以彩陶为标志来证明其发展历程的。元朝伊始，景德镇即成为中国陶瓷产业中心，其生产的白瓷与釉下蓝色纹饰形成鲜明对比，青花瓷自此兴起，深受世界喜爱。明时，景德镇陶瓷制造无与伦比，其工艺技术和艺术水平独占鳌头，几乎达到了登峰造极的地步。康熙、雍正、乾隆三代则是清代陶瓷最为辉煌的朝代。

景德镇瓷器以"白如玉，明如镜，薄如纸，声如磬"著称海内外。"集历代名瓷于一地，述千年历史于一时"，古往今来，人们只要一说到"瓷器"，就自然而然地想到景德镇，"瓷都"之称已被习惯性地拿来当作这座千年古城的"代名词"。景德镇作为"官窑"基地，长期以"瓷老大"自居，中华人民共和国成立后的计划经济时代，政府统购统销的意识根深蒂固，主动营销氛围不浓、竞争意识淡薄，错失了产业发展的良好机遇。改革开放后，一直靠为官方服务、由官方订货而生存的景德镇陶瓷不可避免地走向了衰落。

物换星移，景德镇瓷艺在经过一场阵痛和痛苦煎熬后，通过自身的过滤与代谢，终于迎来了"承前启后、继往开来、百花齐放、争奇斗艳"的春天。如今，景德镇瓷坛人才辈出，不断涌现出来一批批观念新、思想强、实力厚、干劲足的瓷坛新秀，他们在搏击技艺的浪潮中，不为世俗所吸引，不为利禄所低头，耐得住寂寞，守得住阵地，潜心搞钻研，全力搞创作，精益求精，敢于创新，带来了一股清新力量，使得景德镇艺术陶瓷长盛不衰、后继有人。

汪曾祺是这样写成都的：在我到过的城市里，成都是最安静，最干净的。在宽平的街上走走，使人觉得很轻松，很自由。成都人的举止言谈都透着悠闲。这种悠闲似乎脱离了时代，以致何其芳在抗日战争时期觉得这和抗战很不协调，写了一首长诗：《成都，让我来把你摇醒》，诗中云：成都又荒凉又小，又像度过了无数荒唐的夜的人，在睡着觉，虽然也曾有过游行的火炬的燃烧……让我打开你的窗子，你的门，成都，让我把你摇醒。在这阳光灿烂的早晨！

有一次去成都，朋友推荐晚上去太古里看看，到了以后，不得不惊讶于太古里的流光溢彩和浪漫时尚。太古集团是一家老牌英资洋行，清朝时就开始与中国进行贸易活动，据资料介绍太古集团的创始人约翰·施怀雅的儿子一直想为 Swire 找一个中文名字。有一年春节，他发现很多住户的门前都挂了写着"大吉"两个字的春贴，他就觉得"大吉"是一个"好"名字。不过，他误将"大吉"写成了"太古"，于是 Swire 的中文名字就命名为"太古"。果真如此的话，那么这个跨国公司的中文名字就是两个错别字了。成都远洋太古里的"里"字意味"街巷"，成都远洋太古里还特别引入"快里""慢里"概念。"快里"由三条精彩纷呈的购物街贯通东西两个聚集人潮的广场，众多国际品牌以独栋或复式店铺完整展示它们的旗舰形象，为成都人提供畅"快"淋漓的逛"街"享受。"慢里"则是围绕大慈寺精心打造的慢生活里巷，以慢调生活为主题。值得把玩的生活趣味、大都会的休闲品位、林立的精致餐厅、历史文化及商业交融的独特氛围，呈现出成都远洋太古里另一张动人面孔。一快一慢、动中有静，不正是当今大成都的生活写照吗？

1291 年，位于吴淞江支流海浦边上的上海镇正式升格为县。那时，它只是一个小小的渔镇，几条窄窄的街弄，咿咿呀呀的独轮车载着海鲜咸货，在码头和水产市场间来往穿梭。在此后 700 多年的潮涨潮落中，它饱经沧桑。百年沧桑巨变，中外文化交融，逐步形成了独具一格的"海派文化"。石库门就是其重要的文化符号。石库门建筑以石头做门框、乌漆实心厚木做门扇，上有铜环一副，是最具上海特色的民居。其平面和空间形式更接近于江南传统的二层楼三合院或四合院，采用的联排式布局却来源于欧洲，外墙雕花和门头装饰也多为西式图案。石库门是融合中西的建筑遗产。上海是一个海纳百川的城市，它不断吸纳着来自全球最新最时尚的元素，充实着自己中西合璧的文化。上海的传统文化是从各种外来文化中精练出最值得借鉴的那部分，揉和传承下来，便成了今天上海人引以为豪的海派文化。

海派文化，是植根于中华传统文化基础上，融汇吴越文化等中国其他地域文化的精华，吸纳消化一些外国的主要是西方的文化因素，创立了新的富有自己独特个性的海派文化，其特点是吸纳百川、善于扬弃、追求卓越、勇于创新。海派文化的基本特征是开放性、创造性、扬弃性和多元性。

余秋雨，可以说是当代海派文化的代表人物，《文化苦旅》是余秋雨的一部散文集，于 1992 年首次出版，是余秋雨先生 20 世纪 80 年代末和 90 年代初在海内外讲学和考察途中写下的作品，也是他的第一部文化散文集。全书分四个部分，分别为如梦起点、中国之旅、世界之旅、人生之旅。作者喟叹："每到一个地方，总有一种沉重的历史气压罩住我的全身，使我无端地感动，无端地喟叹……我站在古人一定站过的那些方位上，用先辈差不多的黑眼珠打量着很少会有变化的自然景观，静听着与千百年前没有丝毫差异的风声鸟声，心想……而中国文化的真实步履却落在这山重水复、莽莽苍苍的大地上。"

他在《漂泊者们》中这样描述漂泊世界各地的中国人："离别了土地又

供奉着土地，离别了家乡又怀抱着家乡，那么，你们的离别又会包含着多少勇气和无奈！在中国北方的一些山褶里有一些极端贫瘠的所在，连挑担水都要走几十里来回，但那里的人家竟世世代代不肯稍有搬迁——譬如，搬迁到他们挑水的河边。他们是土地神的奴隶，每一个初生婴儿的啼哭都宣告着永久性的空间定位。"

由此，我联想到美国作家赛珍珠获得诺贝尔文学奖的描述中国农民的小说《大地》。在《大地》中，赛珍珠成功地塑造了农民王龙的形象，他来自社会的最底层，视土地为信仰，一生勤勤恳恳，虽然遭遇天灾人祸，却坚韧顽强，坚信只要有土地就有未来，土地就是他的命，靠着双手和汗水，他不仅守住了自己的一点土地，而且不断买下新的土地，甚至让自己一跃成为地主。直到弥留之际，王龙还是对土地爱得热忱，他对儿子们说："我们是从土地上来的……我们还必须回到土地上去……如果你们守得住土地，你们就能活得下去……"

在小说出版的20世纪上半叶，作品跨越了当时东西文化间存在的巨大鸿沟，有力地改变了不少西方读者眼中中国那种"历史悠久而又软弱落后的神秘国度"印象，客观地促进了东西方文化的沟通。

正如在1938年12月盛大的诺贝尔文学奖授奖仪式上，瑞典学院主持人所言："赛珍珠女士，你通过那些具有高超艺术品质的文学著作，使西方世界对于人类伟大而重要的组成部分——中国人民有了更多的理解和认同……你赋予了我们西方人某种中国精神，使我们认识和感受到那些弥足珍贵的思想和情感，而正是这样的思想情感，才把我们大家作为人类在这地球上连接在一起。"

1931年，美国一家濒临破产的出版社正准备发行一部描写中国农村家庭故事的小说，出版人沃尔什将这看作最后一搏的机会。小说的名字叫《大地》，作者赛珍珠，之前已经被多家出版社拒绝出版。

1931年，《大地》终于出版了，同一年，日本发动"九一八事变"，侵华战争开始。在国际上都在关注中国的时候，赛珍珠的《大地》很快销售超过100万册。《大地》不仅成为风靡全球的畅销书，也挽救了濒临破产的出版社。

黄强在《诗情画意说长江》里这样写道:"长江流域形如一架手推童车,将中华民族的历史,从远古轻轻推来。两百万年前,这里就有人类活动的足迹。一万多年前,这里就播下文明的种子。先民在这里披荆斩棘,狩猎耕作,构室筑屋,熔铸冶炼。那饱满的稻粒、精致的榫卯,还有那彩陶、美玉、丝绸、漆器,至今让人震撼无比。"

2020 年 11 月 14 日,习近平总书记在南京主持召开全面推动长江经济带发展座谈会并发表重要讲话。习近平总书记指出,要保护传承弘扬长江文化。长江造就了从巴山蜀水到江南水乡的千年文脉,是中华民族的代表性符号和中华文明的标志性象征,是涵养社会主义核心价值观的重要源泉。要把长江文化保护好、传承好、弘扬好,延续历史文脉,坚定文化自信。要保护好长江文物和文化遗产,深入研究长江文化内涵,推动优秀传统文化创造性转化、创新性发展。要将长江的历史文化、山水文化与城乡发展相融合,突出地方特色,更多采用"微改造"的"绣花"功夫,对历史文化街区进行修复。

长江文化博大精深,长江文化的发掘、研究和推广、传承任重道远,我辈需努力践行之。

项目策划：段向民
责任编辑：张芸艳
责任印制：孙颖慧
封面设计：武爱听
图片提供：刘运泽

图书在版编目（ＣＩＰ）数据

国家文化公园40讲/周庆富编著.--北京：中国旅
游出版社，2022.1
（国家文化公园精品文丛）
ISBN 978-7-5032-6878-6

Ⅰ.①国…Ⅱ.①周…Ⅲ.①文化—国家公园—研究
—中国Ⅳ.①G122

中国版本图书馆 CIP 数据核字 (2021) 第 271586 号

书　　　名：国家文化公园 40 讲

作　　　者：周庆富
出版发行：中国旅游出版社
　　　　　（北京静安东里 6 号　邮编：100028）
　　　　　http://www.cttp.net.cn　E-mail:cttp @ mct.gov.cn
　　　　　营销中心电话：010-57377108，010-57377109
　　　　　读者服务部电话：010-57377151
排　　　版：小武工作室
经　　　销：全国各地新华书店
印　　　刷：北京工商事务印刷有限公司
版　　　次：2022 年 1 月第 1 版　2022 年 1 月第 1 次印刷
开　　　本：720 毫米×970 毫米　1/16
印　　　张：16.25
字　　　数：247 千
定　　　价：68.00 元
ＩＳＢＮ　　978-7-5032-6878-6
